D1718522

# Magersucht & Androgynie

PATRICIA BOURCILLIER

# MAGERSUCHT & ANDROGYNIE

## oder Der Wunsch,
## die Geschlechter zu vereinen

Steinhäuser Verlag

Cover: "Proserpina in der Unterwelt", 1989:
Marianne Lindow

Lektorat:
Burga Rech

Die Deutsche Bibliothek - CIP-Einheitsaufnahme

**Bourcillier, Patricia:**
Magersucht & Androgynie oder der Wunsch, die Geschlechter
zu vereinen / Patricia Bourcillier. - Wuppertal : Steinhäuser,
1992
ISBN 3-924774-16-1
NE: Bourcillier, Patricia: Magersucht und Androgynie oder der Wunsch,
die Geschlechter zu vereinen

**DORO gewidmet**

Ich danke Bernd Sebastian Kamps, der mir 1992 an langen Sommer- und Herbstabenden bei der sprachlichen Korrektur meines Manuskripts half und mir in den Augenblicken des Zweifelns nahestand.

Ich danke allen Freunden, die mich in den letzten zwei Jahren umsorgt haben.

10

# Vorwort

Patricia Bourcilliers Buch "Magersucht & Androgynie" berücksichtigt so sehr die existentielle Gegebenheit der Magersucht, daß es eines Sinnspruchs oder einer Redensart zu Anfang nicht bedürfte. Dennoch, hätte ich nach einem Motto gesucht, wäre ich bei Baudelaire fündig geworden, der da sagt, es sei für einen Mann "ein homosexuelles Vergnügen, eine intelligente Frau zu lieben" (Epilog, Seite 336).

Entsprechend nämlich empfinde ich bei diesem geradezu 'körper-bildenden' Buch. Es läßt die Magersucht aus der psychologischen Flächigkeit symptomatischer Abweichungen vom Gewöhnlichen heraustreten. Ich begegne in diesem Buch dem Zwittrigen, dem Mann-Weiblichen, wie es in der Natur bei bestimmten Blütenständen zu finden ist. Wo die Natur zum Mythos und zur Poesie gerät, fühlt, mißt, wiegt, beklopft und behorcht die Autorin die Magersucht - wie eine ärztliche Seherin.

Viele gemeinsame Erfahrungen, die wir in der kunsttherapeutischen Arbeit mit Magersüchtigen sammelten, verbinden mich mit Patricia Bourcillier. Sie setzte immer dann mit ihren vorsichtigen Benennungen ein, wenn ich aufhörte, mit den Magersüchtigen zu zeichnen und zu malen, und erschloß so die Magersucht als Such-Krankheit. Was ich mir vielleicht nach diesen Erfahrungen zugute halten kann, ist, gewünscht und dies Patricia auch vermittelt zu haben, daß dieses Buch geschrieben würde. Jetzt ist es da!

Es beschreibt Androgynie als den Weg, Magersucht zu relativieren bzw. nicht mehr nötig zu haben. Vice versa wird am Beispiel der weiblichen Magersucht spannend nachgewiesen, daß der Kampf der Geschlechter nicht einfach zu lösen ist.

Interessant ist u.a. der von der Autorin herausgearbeitete Aspekt, daß viele Magersüchtige ins Ausland gehen, um sich eine Zeitlang in Sprachlosigkeit und Schweigen zurückzuziehen. Fremdsprachigkeit scheint Heilung über biographische Erschütterungen zu ermöglichen. An der Magersucht zu leiden, heißt, die eigene Sprache als *andere* Sprache zu spüren. Bei der eigenen Sprache zu bleiben, gibt dieses Buch Mut, so daß die Magersüchtigen es lesen müssen und die Therapeutinnen und Therapeuten es lesen dürfen.

Peter Rech

# Einleitung

Es ist viel geschrieben worden über diese jungen Menschen, Frauen im besonderen, die NICHTS mehr essen, weil sie plötzlich abmagern und leicht wie Sylphen werden wollen. Nun ist aber die Mahlzeit schon immer ein Mittler menschlicher Beziehungen auf jeder Ebene gewesen, Symbol der Kommunikation und des Teilens. Überall und jederzeit war sie Zeichen herzlicher Gastfreundschaft. Sie brachte die verschiedensten Menschen einander näher, und die Wärme, die eine geteilte Freude hervorruft, erweckte ein Klima des Vertrauens. Die mystische oder erotische Mutterliebe wurde in allen Kulturen in Umgangssprache ("ich habe dich zum Fressen gern") und Poesie mit der Nahrung gleichgesetzt.

Was ist also geschehen, wenn eines Tages Tausende von jungen Leuten die fürs Leben unentbehrliche Nahrung zurückweisen, sich über die Naturgesetze hinwegsetzen und vorgeben, leben zu können, auch ohne sich um Wachstum, Gesundheit und das allen gemeinsame Schicksal des menschlichen Daseins zu kümmern? Warum wurde der Wunsch, "dünn zu sein", ad absurdum geführt in der Sucht der Mager-Sucht (Anorexie) und der Sucht der Eßsucht (Bulimie)?

Der Ehrgeiz der magersüchtigen Frau ist schrankenlos. Erstrebt wird ein Zustand, in dem sie sich selbst genügt durch die Zuflucht in ein geschlossenes System, auf das die Außenwelt keinen Einfluß ausüben kann.[1] Die Anorexie als vollständige Essensverweigerung ist damit das Gegenteil der Bulimie. Es handelt sich bei ihr nicht um einen Mangel an Appetit, wie es der medizinische Fachausdruck "Anoressia" (Appetitlosigkeit) suggeriert, sondern um einen Kampf gegen den Appetit und damit um eine aktive und eigensinnige Weigerung, sich zu ernähren. Die Anorexie ist aber auch eine Abwehrreaktion gegen die Bulimie, eine ausgearbeitete Strategie der Verteidigung, die in ihrer Hartnäckigkeit und Eigensinnigkeit nur schwer zu überwinden ist.

Eine Eßstörung, die Symptome des Gegensatzpaares Anorexie und Bulimie in sich vereinigt, kommt allerdings immer öfter vor und wird "Eß- und Brechsucht" genannt. Nun ist der schnelle und heimliche Verzehr großer Nahrungsmengen, der durch selbstherbeigeführtes Erbrechen beendet wird, vielen klassischen Anorektikerinnen bekannt. Nach der Psychotherapeutin Hilde Bruch wurde nicht klar begründet, daß die Bulimie tatsächlich eine Rolle bei der echten Anorexie spielt. Anorektikerinnen, die sich Freßorgien und selbstinduziertem Erbrechen ergeben, hat es immer gegeben. Was bei der Einordnung daher zählt, ist das Körperbild, das bei vielen eß- und brechsüchtigen Frauen anorektisch bleibt: der Körperkult ist einer ihrer Hauptbeschäftigungen. Die Idealfigur ist gestaltlos, ohne Fülle und in der Schwebe. Der Körper ist kein Körper mehr, sondern ein Körperbild, ein phantasiertes Körperbild, in das diese meist jungen Frauen sich in Unberührbarkeit entfremden. Für

[1] Vgl. Bernard Brusset: L'assiette et le miroir. L'anorexie mentale de l'enfant et de l'adolescent. Toulouse, Ed. Privat, 1977, S.24.

sie ist Nahrung die Hölle, nicht das Leben. Vermutlich aus diesem Grunde betrachtet Hilde Bruch die Bezeichnung "Bulimarexie" als semantische Abscheulichkeit.[1] Die Bulimikerin ißt in der Tat, um sich zu beruhigen und sich lebendig zu fühlen; sie hat aus ihrer Kindheit die physische Begierde des Körpers und auch dessen Kraft behalten. Sie fühlt sich ihres Körpers sicher. Er trägt in sich die Spuren ihres Leids. Ganz im Gegensatz hierzu lehnt die Anorektikerin ihren Körper ab und versucht ihn zu vergessen und ins Geistige zu überhöhen. Abführmittel helfen sowohl den Anorektikerinnen als auch den Bulimikerinnen bei Reinigung, Säuberung und Wegwerfen der unerwünschten und unmittelbar nach der Aufnahme gedanklich schon fäkalisierten Nahrung sowie bei der imperativen Notwendigkeit, einen flachen, glatten, leeren Bauch und ein "sauberes" Inneres zu bekommen[2].

Wenige oder gar keine Nahrungsmittel zu sich zu nehmen, bedeutet für die junge Anorektikerin, keine Wahl, also keinen Wunsch bzw. kein Begehren zu haben. Der Triumph über Körper und Begehren, die Vorstellung einer federleichten Figur, der Sieg der Askese, all das bekräftigt sie in ihrer Essensverweigerung. Sie fürchtet beim geringsten Nachgeben, in die Sklaverei der Eßlust und der fleischlichen Lust zu fallen. Körperliche Funktionen erscheinen ihr dreckig, unrein oder verführerisch. Der minderwertige und durch die Erbsünde schuldige Körper wird dem Geist untergeordnet, da das Gute mit dem Geist und das Böse mit dem Körper in Zusammenhang gebracht werden. Ist es die Weigerung, das Paradies der Kindheit zu verlassen, den

---

[1] Vgl. H. Bruch: Conversations avec des anorexiques. Paris, Ed. Payot, 1990, S.124.
[2] Vgl. P. Aimez & J.Ravar: Boulimiques. Paris, Ed. Ramsay, 1988, S.79.

Zustand vor jener "Schuld"? Oder ist es die Weigerung, in eine Welt von Kampf und Konkurrenz zu treten? Im Gegensatz zu dem braven und lieben Bild, das Anorektikerinnen von sich zeichnen, hassen sie Familie, Schule und Institutionen. Sie stehen immer draußen, immer abseits, immer am Rande, am weißen Papierrand, wo NICHTS geschrieben steht, in der menschenleeren Wüste, wo Leben und Tod ineinanderfließen. Die sogenannten Magersüchtigen sind entwurzelte Menschen, Fremde im eigenen Lande, Heimatlose im eigenen Ort, und sie hungern nach den grundsätzlichen Dingen, nach Liebe und Anerkennung.

Sie nahmen das Kreuz auf sich, sie gingen
von Dorf zu Dorf.
Sie gingen auf die Straßen hungrig, ohne
Brot in der Hand.
Sie gingen in der Hitze durstig, sie nahmen
kein Wasser zum Trinken.
Sie gingen hinein in die Dörfer, ohne einen
Einzigen zu kennen,
Sie wurden begrüßt um Seinetwillen.

(Psalms of Heraclides)

# I. HISTORISCHE ANMERKUNGEN

## Das Auftreten der Magersucht

Das Fasten finden wir in allen Religionen. Es bezweckt nicht, schlank oder gesund zu werden. Beabsichtigt wird das Heraustreten aus der Verkörperung. Dabei spielt der Verzicht auf feste Nahrung eine wichtige symbolische Rolle. Das Vermeiden bestimmter Speisen oder der zeitweise völlige Verzicht auf jede Nahrung kann unterschiedliche Ursachen und Motive haben. Die fleischlose Zeit ist im Christentum das Heraustreten aus der engen Kammer des Körpers und der symbolische Verzicht auf erdiges Besitzen-Wollen. Im Fasten geschieht der Wandel von Haben zu Sein. Es ist dem Menschen vorbehalten, Tiere können nicht fasten. Allein der Mensch kann bewußt entscheiden, freiwillig eine Zeitlang ohne Nahrung zu leben, um so zu geistiger Nahrung zu gelangen. Auf diese Weise glaubt er zu erfahren, daß es das "andere" Leben außerhalb des Kerkers gibt und daß seine Gefängnismauern für kurze Zeit durchlässiger geworden sind.
Sinn und Funktion des Fastens bestehen nach Döbler

ursprünglich in der Vertreibung von Geistern, wie es in den Ordensregeln des Heiligen Basilius (ca. 330-379) geschildert wird, oder es dient, wie in den Ordensregeln des Heiligen Augustinus (388/89) als Mittel, "den eigenen Körper und seine Begierden zu beherrschen."[1] Das Fleisch wird oft in der Versuchung des Heiligen Antonius dargestellt: es erscheint als eine teuflische Erscheinung, die den Körper des Menschen bewohnt (avoir le diable au corps, "den Teufel im Körper haben", heißt es in der französischen Umgangssprache). Das Fleisch ist aber nicht nur unfähig, sich den geistigen Werten zu öffnen, sondern es ist auch der Sünde geneigt. Daher die Wichtigkeit, die das Christentum der Jungfräulichkeit beigemessen hat...

Seit den ersten christlichen Jahrhunderten hat die Jungfräulichkeit den höchsten Rang erworben, unmittelbar nach dem Martyrium und sogar als dessen Stellvertreterin. Unter diesem Gesichtspunkt können wir daher die Heiligkeit der Jungfrauen als unablässiges Opfer interpretieren, durch das die ewige Unschuld an die Stelle der Ursünde des Menschen tritt. Sowohl die Anorexie als auch die Askese der Heiligen zeigt, daß die christliche Idee der Erlösung durch das Leid eine wichtige Rolle spielt. Das Leitthema vieler Heiligen war die Identifizierung mit dem Leidensweg Christi, schreibt T. Habermas[2]. Das Leitthema vieler magersüchtigen Frauen ist die Identifizierung mit dem "geopferten Kind". Die Heiligen aßen auf einer geistigen Ebene. Die Religion war ihre Nahrung. Sie verleibten sich den heiligen Geist ein, erhoben den Tagesablauf zum Ritual.

---

[1] H. Döbler, zitiert von B. Blank: Magersucht in der Literatur. Frankfurt, Fischer, 1988, S.49.
[2] T. Habermas: Heißhunger. Historische Bedingungen der Bulimia nervosa. Frankfurt am Main, Fischer Taschenbuch Verlag, 1990, S.45.

Mit solch innerer Haltung fühlten sie sich während des Fastens wach und inspiriert, auf jeden Fall nicht krank, und diese Haltung finden wir bei magersüchtigen Frauen wieder. Erstrebt wird von beiden eine Läuterung des Geistes. Beide versprechen sich vom Fasten eine Auferstehung bzw. eine Erlösung. Doch versprechen sich magersüchtige Frauen keinen Zugang zur Heiligkeit, sondern eher eine "Auferstehung des Fleisches", die bekundet, daß der vollkommene Mensch wiederaufleben muß. "Ich werde aus ihrem Fleisch das Herz aus Stein entfernen und euch ein Herz aus Fleisch dafür geben", versprach das Christentum den Gläubigen durch den Mund Ezechiels. Gerade dies wird von den magersüchtigen Frauen beansprucht: die Vollkommenheit des Menschen ("das zu Fleisch gewordene Wort"), die Christus verkörpert hat. Sie leben deshalb ganz und gar nicht fleischlos, sondern sind trotz ihrer ätherischen Erscheinung sehr 'eingefleischt'. Wer sich beim Zurückhalten der Nahrung unablässig Gedanken um Essen oder Körper macht, ihn täglich wiegt und mißt, fastet nicht, er hungert bloß. Er unterscheidet nicht mehr, was körperliche und geistige Begierde und was Sättigung ist. Jenseits der jeweils als pathologisch, mystisch oder selbstopfernd beurteilten Verhaltensweisen, sei es für eine Partei, das Wohl eines Volkes oder für Gott, drängt sich dennoch der Vergleich einer magersüchtigen Frau wie Simone Weil mit der Heiligen Thérèse de Lisieux auf, wenn wir uns auf die Hypothesen der beiden französischen Autorinnen G. Raimbault und C. Eliacheff beziehen, die im Kampf der jungen magersüchtigen Frauen gegen den Appetit ein Ringen um Selbstwerdung sehen, eine Bitte um die Anerkennung ihres Begehrens, ihres Hungers nach etwas anderem, und die Inschrift in der lebensnotwendigen symbolischen Ordnung, damit das Tierische vom Menschlichen unterschieden werde.

In allen Religionen ist das Fasten der Weg, der zur Reinigung, zur Buße und zum Verzicht auf die irdischen Gelüste zugunsten des Himmlischen führt und damit zum geistlichen Leben, zur moralischen Kraft, zum Wunsch, Gott zu gefallen und an seiner Allmächtigkeit teilzunehmen. Die Frage zu stellen, ob solche heilige Figuren a posteriori die Bezeichnung von "Anoressia nervosa" verdienen, ist vermutlich sinnlos, da eine Entwicklung der Begriffe stattgefunden hat. Eine Übereinstimmung mit den gerade geschilderten Mechanismen wird man aber in dem von Tilman Habermas untersuchten Fall sehen dürfen, der Magersucht mit Heißhungeranfällen und selbstinduziertem Erbrechen schildert. Diese erste dokumentierte Beschreibung in Deutschland geht auf das Bayern des 9. Jahrhunderts zurück. Eine junge Bäuerin, Friderada von Treuchtlingen, bekommt heftige Freßanfälle, derer sie sich schämt. Als sie später in einem Kloster aufgenommen wird, unterwirft sie sich langen Fastenzeiten. Sechs Wochen lang wird sie sorgfältig - auf Anordnung des Bischofs - kontrolliert, um sicher zu sein, daß es sich nicht um einen Betrug handelt, doch es wird festgestellt, daß sie tatsächlich keine Nahrung zu sich nimmt. Drei Jahre später wird das Wunder ausgerufen, da sie immer noch nichts gegessen hat. Heute würde die Medizin Friderada als magersüchtig abstempeln und eine heimliche, auf das Minimum reduzierte Nahrungsaufnahme postulieren.

Mit circa sieben Jahren faßte Katherina von Siena (1347-1380) -wie viele Mädchen ihrer Zeit- den Entschluß, ihre Jungfräulichkeit der Madonna zu schenken, und sie hörte auf, Fleisch zu essen. Sie gab es während der Mahlzeiten entweder dem Bruder oder warf es Stück für Stück der Katze zu, ohne daß jemand aus der

Familie es jemals bemerkte.[1] Mit fünfzehn Jahren hörte sie endgültig auf, normal zu essen. Sie ernährte sich nur noch von Brot und Kräutern und trank nur Wasser.

"In der Zeit, wo ich die Ehre hatte, Zeuge ihres Lebens zu sein, lebte Katherina ohne jede Hilfe von Nahrung und Getränken", schreibt ihr Beichtvater. "Sie entzog sich dem Schlaf und schlug sich mit einer Eisenkette. Askese, Entbehrungen und flagellantische Selbstkasteiung führten schließlich zu ihrem Tode im Alter von dreiundreißig Jahren."[2]

In diesem Alter (dem Alter Christus') hatte sie ihrem Beichtvater von einer Vision erzählt, in der Jesus ihr erschienen war, um ihr seine Wunde zu zeigen, "auf die gleiche Art und Weise wie eine Mutter ihre Brust dem Säugling reicht". Weil sie in Tränen ausgebrochen war, hatte er sie ans Herz gedrückt und ihre Lippen gegen die heilige Verletzung gepreßt.[3] Für Katherina stand das Blut Christi in seiner Symbolik stellvertretend für die Muttermilch. Indem sie ihrem Körper Nahrung und Sexualität entzog, versuchte sie wie auch die magersüchtige Frau, einen Raum für sich zu finden, der sie befriedigte: "ein Krümchen weniger und dafür ein bißchen mehr Begehren."[4] "Begehren", glaubte die dänische Schriftstellerin Tania Blixen, die am Anfang unseres Jahrhunderts die "dünnste Person der Welt" sein wollte, "vereint alle Menschen, und die Leugnung des Begehrens trennt sie von der 'wahren Menschlichkeit'."[5]

Der amerikanische Historiker Rudolph M. Bell unter-

[1] G. Raimbault & E. Eliacheff: Les indomptables figures de l'anorexie. Paris, Ed. Jacob, 1989, S.339.
[2] P. Aimez & J.Ravar, a.a.O., S.24.
[3] G. Raimbault & E. Eliacheff, a.a.O., S.262.
[4] Ebd.
[5] J. Thurman: Tania Blixen. Ihr Leben und Werk. Reinbek bei Hamburg, Rowohlt Taschenbuch Verlag, 1991, S.524.

suchte die sozialen Bedingungen der heiligen Anorexia in der Toskana des 14. Jahrhunderts. Auf der individuellen Ebene handelt es sich immer um eine junge Frau, die eine eigenartige Geschichte hat und kämpft, um auszudrücken, was sie unter einem menschlichen Leben versteht, und dies mit den gleichen sozialen weiblichen Werten, die gerade vorherrschen: Geistlichkeit und Fasten im mittelalterlichen Christentum; Schlankheit, Kult eines gesunden Körpers und Beherrschung seiner Äußerungen im 20. Jahrhundert. In beiden Fällen geht es um Anerkennung und Gleichberechtigung, und auf der familiären Ebene kann man die Gemeinsamkeiten kaum übersehen. Im Fall von Katherina von Siena ist ein Gebet an Gott häufig eine Art Handel, eine Suche, die sich kaum von den Szenen unterscheidet, die sie ihrer Mutter machte, und die sehr den Szenen ähneln, die das magersüchtige Mädchen den Ärzten oder ihrer Familie macht. Katherina erwartete von Gott Liebesbeweise und die richtige Antwort auf die Frage ihres Seins. Das magersüchtige Mädchen sagt ihrer Mutter indirekt: "Ich verweigere die Nahrung, die mich als Wesen zerstört, da du mir das Sein verweigerst".

Alle Symptome der strengen "Anorexia nervosa" sind bei Katherina von Siena vertreten. Solange sie noch lebte, wurde ihre Heiligkeit dennoch in Frage gestellt. Ihre merkwürdige Eßgewohnheiten gerieten in den Verdacht, vom Teufel angeregt zu sein. Von der Kirche wurde sie lange als Hexe oder Simulantin angesehen. Für eine junge Frau des 14. Jahrhunderts war es schwierig, die Kleriker davon zu überzeugen, daß sie von Gott auserwählt worden sei. Für eine junge Frau des 20. Jahrhunderts ist es kaum weniger schwierig, die Ärzte davon zu überzeugen, daß die Essensverweigerung die für sie einzige mögliche Lebensweise ist. Die Strategie bleibt aber in beiden Fällen die gleiche, schreiben G.

26

Raimbault et C. Eliacheff: Die Unterordnung wird simuliert, eine scheinbare Zusammenarbeit eingehalten, die Eßzufuhr aber weiterhin aufs Minimum reduziert. Dennoch unterscheidet sich das asketische Fasten grundsätzlich vom anorektischen Fasten durch die Bezugnahme auf Gott, die in der Anorexie gemeinhin völlig fehlt. Die magersüchtige Frau führt keinen Dialog mit Gott. Sie versucht hingegen einen Zustand zu erreichen, in dem sie sich selbst genügt, in dem sie niemanden braucht. Sie will ihr eigener Gott sein. Wenn man davon ausgeht, daß das Wort "Religion" aus dem lateinischen "religare" (verbinden) stammt, so ist die Phantasie der Autarkie, die Verneinung jeder Bindung nicht nur un-religiös, sie ist geradezu teuflisch. Die teuflische Seite der Magersucht, die jedem Diskurs entgeht (das WORT - die Sprache - ist angeblich in Gott), ist besonders geprägt, wenn sie im Zusammenhang mit der Wiederholung der Freßanfälle und Erbrechen der Nahrung steht: jede Bindung wird verneint.

Es wird heute behauptet, daß wir unter psychosomatischen Störungen leiden, wenn wir keine Wörter besitzen, die unser Leid artikulieren können. Früher lieferten Ekstase, Stigmatisation sowie der Tastsinn der Mystikerin die weite Skala einer eigenen Sprache, schreibt Michel de Certeau. Aus den Wahrnehmungen, die sie durchdrangen, formten sie ein Mittel, das Unsagbare auszudrücken. Diese Wahrnehmungen waren direkt mit dem Körper verbunden; im Mittelalter hatten sie einen außerordentlichen Charakter, im 20. Jahrhundert aber haben sie keinen Platz und sind abnorm. Katherina von Siena lebte in einer Zeit, in der die "Mystikerin" als sprachliche Kategorie gar nicht existierte, ihr späterer Status als Heilige gehorcht also historischen Bestimmungen. Nach Michel de Certeau fängt man erst im 17. Jahrhundert an, von "Mystikerinnen" (mit Agnes von

Jesus im 17. Jahrhundert, Louise Lateau im 19. Jahrhundert, Thérèse Neumann und Marthe Robin im 20. Jahrhundert) zu sprechen. "Mystisch" heißt etymologisch "heimlich", "verborgen gehalten". Daher scheint es also zunächst paradox, sichtbare und sogar auffällige Stigmatisierungen und Leidensäußerungen wie Lähmungen, Schmerzen, Schwindel- und Krampfanfälle als "mystisch" zu bezeichnen, da sie angeblich auf etwas hinweisen, das "heimlich", "unsichtbar" bleibt.[1] Die Mystikerin darf nicht auf diese zwei Aspekte beschränkt werden, aber sie ist zweifellos in einem Raum zwischen dem Wesentlichen und dem "Unsagbaren" anzusiedeln. Die wahrnehmbare Erfahrung drängt sich der Mystikerin in Form einer Wahrheit auf, die keine andere Rechtfertigung hat als die Anerkennung durch die Institutionen.

Auch die Anorektikerin sagt von ihrer magersüchtigen Erfahrung, daß sie meist ganz bewußt mit einer Diät anfing. Schnell drängen sich ihr aber Entbehrungen auf, denen sie nicht widerstehen kann. Für die Anorektikerin haben die sichtbarsten Symptome keine Wichtigkeit und werden sogar offen verleugnet. Das Wesentliche ist anderswo und ist unsagbar. Der Körper ist das Feld eines namenlosen Leidens, kein Wort existiert, um das Unsagbare auszudrücken. Wie die Mystikerin weicht auch die Anorektikerin von der Norm ab und abstrahiert von ihrem biologischen Wissen um den Körper. Ein Mädchen oder eine Frau mit einem typischen magersüchtigen Verhalten wird daher als eine Kranke, eine Mystikerin, eine Hexe oder eine Hysterikerin angesehen, je nach der Zeit oder den kulturellen Zusammenhängen, in denen sie lebt. "Im Mittelalter hätte man mich der Hexerei beschuldigt und auf einem Scheiterhaufen

---

[1] G. Raimbault & C. Eliacheff, a.a.O., S.233-234.

verbrannt", schreibt die junge Valérie Valère in ihrem Bericht über "Das Haus der verrückten Kinder". "Was für ein Glück, ich hätte gehabt, was ich suche, und hätte nur kurze Zeit gelitten, verglichen mit dem, was mich erwartet"[1], ist aber ihre Schlußfolgerung.

Das mystische Fasten unterscheidet sich dennoch vom anorektischen Fasten grundsätzlich durch den Bezug auf das Andere - Gott -, der bei den Anorektikerinnen fehlt. Die ersten Beschreibungen von jungen Frauen, die das Essen verweigern, ohne eine mystische Krise durchzumachen, stammen erst aus dem 17. Jahrhundert. Im Jahre 1686 wendet sich eine zwanzigjährige junge Engländerin, Miss Duke, wegen Appetitlosigkeit und Verdauungsstörungen an den Arzt Richard Morton. Seit zwei Jahren waren ihre Monatsblutungen ausgeblieben. Als sie Morton rufen ließ, konnte sich dieser nicht daran erinnern, jemals im Laufe seiner medizinischen Laufbahn ein noch im Leben derart abgezehrtes Wesen gesehen zu haben. Er glaubte, daß der Zustand der Patientin durch große Sorgen, Überlastung und eine zu starke Familienautorität bedingt war. Dennoch hörte Miss Duke nicht auf, Tag und Nacht zu studieren, und starb drei Monate später nach einem Ohnmachtsanfall. Dank der bemerkenswert genauen Angaben über die von Morton beschriebene "nervöse Schwindsucht", die seiner Meinung nach mit den Leidenschaften des Geistes, einem unzeitgemäß eifrigen Studium und einem Übermaß an elterlicher Abhängigkeit verbunden war, ist die Anorexia nervosa drei Jahrhunderte danach deutlich zu erkennen. Morton hat auch als erster die Schwindsucht von der Chlorose, im deutschen als Bleichsucht bezeichnet (Anämie durch Eisenmangel), und von der Appetitlo-

---

[1] V. Valère: Das Haus der verrückten Kinder. Ein Bericht. Frankfurt/Main, Fischer Taschenbuch Verlag, 1982, S.34.

sigkeit des Melancholikers und des Hypochonders unterschieden.

Doch erst zwei Jahrhunderte später beginnt die medizinische Geschichte der Anorexie. Das Krankheitsbild wurde
mit den fast gleichzeitig durchgeführten Arbeiten des
Engländers Gull (1868-1874) und des Franzosen Lasègue (1873) als "anorexia nervosa" und "hysterische
Anorexia" bezeichnet. Die beiden Mediziner waren der
Meinung, unabhängig voneinander, daß die Krankheit
auf psychopathologische Faktoren zurückzuführen sei.
Lasègue hat sich im besonderen für die Interaktionen
zwischen der Patientin und ihrer Familie interessiert.
Dieser Ansatz, in dem die Betroffene als Teil eines
"engverwobenen Ganzen" angesehen wird, wurde vor
erst gar nicht langer Zeit von den Familientherapeuten
wieder aufgegriffen.

Dennoch war die Magersucht damals nicht immer
einfach zu diagnostizieren und gab Anlaß zur Verwechslung mit anderen Krankheitsbildern wie der Chlorose
oder der Melancholie. Nach Thomä fanden Verwechs-
lungen mit Schizophrenie und Depression statt.

Magersucht kann auch gleichzeitig mit einer anderen
Krankheit wie zum Beispiel der Tuberkulose auftreten.
Starker Gewichtsverlust ist beiden Erkrankungen ge-
meinsam, doch Huebschmann weist auf eine weitere
Parallele hin, wenn er sagt, die Magersucht könne als
Zeichen einer fundamentalen Störung des Kommunika-
tionsverhaltens und im Initialstadium auch des Sozial-
verhaltens gedeutet werden.[1] Franz Kafka starb zwar an
Tuberkulose, schilderte aber in seiner Erzählung "Der
Hungerkünstler" in brillanter Knappheit "das Wesen, die
Tragik und die Sehnsucht der Magersüchtigen."[2]

---

[1] H. Huebschmann, zitiert von B. Blank, a.a.O., S.55.
[2] G. Schütze, zitiert von B. Blank, a.a.O., S.55.

Man kann sich natürlich fragen, welche Konsequenzen die Identifizierung der Anorexia nervosa hatte. 1873 wurden Neurosen (und die Hysterie im besonderen) definiert. Der Psychiater Charcot, der als einer der Urväter der modernen Psychiatrie gilt, vertrat zum Beispiel die Ansicht, daß man die Patientinnen isolieren müßte. Im 19. Jahrhundert beruft sich der Psychiater auf drei Instanzen, die seine Funktion definieren: die Ordnung, die Autorität und die Bestrafung. Seine Funktion hat also nichts mit Behandlung zu tun, sondern mit der Ausstellung von Bescheinigungen über gesetzmäßige Isolierungen. Seine Vollmacht innerhalb der Anstalt unterscheidet ihn von anderen Ärzten. Als verbeamteter Mediziner besitzt er - genau wie Polizei und Justiz - die Macht, jemanden einzuweisen oder frei zu lassen. Außerdem hat er die Pflicht, die Geisteskranken zu beobachten und ihre Symptome zu klassifizieren.[1] Die Tatsache, daß die Anorektikerin ihre Eltern erst wiedersehen darf, wenn sie an Gewicht zugenommen hat, ist charakteristisch für das Prinzip der Bestrafung nach Charcot. Wer die Autorität besitzt, kann von dieser Funktion nach freiem Belieben Gebrauch machen.

Das ist auch heute nicht viel anders. In einigen Kurkliniken werden magersüchtige Patientinnen so lange in kahlen Zimmern eingesperrt, bis sie so erniedrigt sind, daß sie "freiwillig" das Essen zu sich nehmen. Eß- und brechsüchtige Frauen werden möglichst rund um die Uhr - und auf der Toilette durch verglaste Türen - überwacht, um Rückfälle zu verhindern. Bei derlei Methoden nimmt es nicht Wunder, daß die Frauen zwar nach relativ kurzer Zeit als scheinbar geheilt entlassen werden können, zu Hause jedoch schnell zu den ursprünglichen Verhaltensmustern zurückfinden. Wie gewalttätig

---

[1] G. Raimbault & C. Eliacheff, a.a.O., S.17.

Isolierungsmaßnahmen sein können, darüber schrieb die talentierte junge Valérie Valère. Ihr Bericht über "Das Haus der verrückten Kinder" wurde in Frankreich zum Bestseller und sensibiliserte schließlich die Öffentlichkeit für das Problem der Isolation bei der Magersucht.

## Die Isolation

"Das Haus der verrückten Kinder" (1978) wurde von einem 15-jährigen Mädchen beschrieben. Zwei Jahre zuvor war sie wegen Pubertätsmagersucht in einer Zelle eines großen Pariser Krankenhauses eingesperrt und von der Außenwelt isoliert worden. Der Bericht der jungen Schriftstellerin überrascht damit, daß die Anordnungen der Ärzte des 20. Jahrhunderts fast identisch sind mit denen der Psychiater des 19. Jahrhunderts. Heutzutage werden in Frankreich nur noch Anorektikerinnen der Isolation unterworfen, da kein Psychiater in Paris sich noch trauen würde, Hysterikerinnen oder andere Neurotiker abzusondern. Der von Valéries Mutter konsultierte Psychiater, in den 70er Jahren "in Mode", stellt auf eine verblüffende Weise den Sinn von Charcots Maßnahmen wieder her:

"Angesichts der zögernden Haltung meiner Mutter verfügte der Professor, daß es auf jeden Fall keine andere Wahl gäbe, daß, falls ich am nächsten Tag nicht von selbst in die Klinik ginge, man mich abholen würde, daß meine Mutter sich eines Mordes schuldig mache, falls sie mich mir selbst überließe"[1], schreibt die Betroffene.

Die zu Charcots Zeiten im wechselnden Gebrauch von Bedrohung und Verführung erfahrenen Nonnen sind nun

---

[1] V. Valère, a.a.O., S.27-28.

durch moderne Krankenschwester ersetzt, die jedoch nach wie vor mit den Patientinnen das gleiche "Spiel" treiben, bei dem das Ziel das gleiche bleibt: zunächst die Gewichtszunahme, und dann, als Belohnung dafür, der Besuch der Eltern.[1] Dies wird auch von Valérie bestätigt:

"Jede Woche einmal kam meine Mutter in die Klinik. Sie ging einige Meter von mir entfernt, hinter der Mauer, an mir vorbei, lieferte Sachen und Bücher für mich ab und ging mit den einunddreißig Kilo in ihrer Tasche wieder weg. Um jedem Versuch zuvorzukommen - der in meinem Fall überhaupt nicht eintreten konnte -, trat plötzlich eine Krankenschwester in mein Zimmer und erzählte mir von den herrlichen Ferien, die sie verbracht hatte, und so lief keine von uns Gefahr, der anderen zu begegnen. Über ihre Vorsichtsmaßnahmen konnte man nur lachen: Sie war wirklich die letzte, die ich sehen wollte, sie, die sagte: 'Ich werde nicht nachgeben':

Sie, die sagte: 'Willst du mich krank machen?'

Sie, die sagte: 'Du siehst wohl ein, daß du nicht hier bleiben kannst'.

Und sie soll die Belohnung für meine vier Kilo sein! Stellen Sie sich das vor!"[2]

Valérie Valère ist kein Einzelfall. Viele andere bekannte Künstlerinnen und Schriftstellerinnen sind an ihrem Hang zum einsamen Kampf gescheitert. Frauen wie Virginia Woolf oder Tania Blixen waren durch ihre Erziehung vom Leben abgeschirmt und in der Furcht und Scham vor den eigenen Trieben erzogen worden. Beide schwärmten für Tiere, Hunde im besonderen, und fühlten sich "zur Wildnis in allen ihren Formen hingezo-

[1] G. Raimbault & C. Eliacheff, a.a.O., S.20.
[2] V. Valère, a.a.O., S.68-69.

gen, waren aber im Bannkreis des heimischen Feuerscheins gefangen."[1] Wie die ersten von Freud rekrutierten Hysterikerinnen hatten sie große Schwierigkeiten, sich von ihren gesellschaftlichen Privilegien zu befreien. "Dazu mußten sie nicht nur 'widernatürlich', sondern auch 'undankbar' handeln und der Vorwurf der Undankbarkeit ist die beklemmendste aller psychischen Zwangsjacken."[2] Schließlich verweigerten sie das Essen.

Viele magersüchtige Frauen von heute empfinden es ähnlich und erzählen, daß es für sie kaum möglich ist, der Familie zuwiderzuhandeln und sich über ihre "Aufopferung" hinwegzusetzen. Oft stehen hohe Leistungsanforderungen in Schule und Ausbildung gegen die gleichzeitige Erwartung, später Hausfrau und Mutter zu werden. Die neuen Töchter wollen daher beides erfüllen, und nach außen schaffen sie es sogar. Beruflich erfolgreich, ein oder zwei Kinder und kein Gramm Fett zuviel: dies die typische makellose Fassade, bevor sie zusammenbricht. Viele dieser Frauen fühlen sich elend, wenn sie "dick" sind, und leiden wie damals Virginia Woolf oder Tania Blixen unter Schlaflosigkeit und Kopfschmerzen, "ständig auf der Kippe zwischen ... Groll und ... Freude".[3] Sie sind von ihrem Gewicht und der Nahrung besessen, sind über-perfektionistisch und depressiv, in ihrem Verhalten aber eigensinnig. Selbstmord in irgendeiner Form verfolgt sie, allerdings eher als Gedankenspiel denn als praktische Lösung.

Das Porträt dieser Frauen ähnelt ziemlich genau dem Porträt, das auch von Virginia Woolf und Tania Blixen gezeichnet werden kann, nur fehlt bei beiden noch die Bezeichnung "Magersucht". Judith Thurman berichtet in

---

[1] J. Thurman, a.a.O., S.81.
[2] Ebd.
[3] Ebd., S.157.

ihrer ausführlichen Biographie über Tania Blixen:
"Tanne war in fürchterlichen Stimmung, sie litt unter
einer 'wahrlich grauenhaften Melancholie, der Art
Gemütsverfassung, in welcher man am liebsten sterben
würde und gleichzeitig alle anderen umbringen könnte'"[1], aber so sehr sie auch "Tod und Selbstmord verklärte, so besaß sie doch (...) einen außerordentlichen
und fast schon heroisch zu nennenden Überlebenswillen."[2] Diesen verzweifelten Überlebenswillen werden
wir in jeder Lebensgeschichte zeitgenössischer magersüchtiger Autorinnen wiederfinden: bei den Französinnen
Simone Weil (1909-1944), Violette Leduc (1907-1972),
Valérie Valère (1961-1983), Marie-Victoire Rouiller
(1942-1987) und bei der Amerikanerin Maryse Holder
(1941-1977). All diese Beispiele verdeutlichen die zwei
Suchtformen der Magersucht: einerseits die Magersucht
im engeren Sinne (Anorexia nervosa) und die Eß-
Brechsucht (Bulimia nervosa) andererseits, die zum Teil
fließend ineinander übergehen.

## Die Bulimie und ihr
## Verhältnis zur Magersucht

Der aktuelle Begriff der Bulimie ist viel jünger als der
der Anorexie: Friderada von Treuchtlingen, bulimisch im
9. Jahrhundert, ist eine Einzelfallbeschreibung, nach der
ein Jahrtausend verging, bevor die Bulimie von Lasègue
wieder als einheitlicher Symptomkomplex beschrieben
wird, nämlich als falsche, fordernde und zwanghafte
Begierden so wie sie sich bei einigen Hysterikerinnen,
Opfer eines "imaginären Hungers", beobachten ließen.

---

[1] J. Thurman, a.a.O., S.144.
[2] Ebd., S.159.

Unter den unzähligen Symptomen der "Angstneurose" zitiert auch Freud die "Freßanfälle", die häufig von Schwindelanfällen begleitet werden. Während die Bulimie zuvor mit der "Anoressia nervosa" oder der Hysterie in Zusammenhang gebracht worden war, findet sie nun, mit Freud, einen neuen Rahmen begrifflicher Bezugnahme. Karl Abraham (1925) und Therese Benedeck (1936) zählen später die Bulimie zu den "oralen Perversionen" mit zwanghaftem Charakter. Die Bulimie wird damit begrifflich in die Nähe der Drogensucht gerückt. Fenichel nennt sie daher auch "Sucht ohne Droge" (1945).

Während der 70er Jahre wird die Definition des Begriffs durch den abgöttischen Kult der Schlankheit erschwert, der die Existenz von Millionen von Frauen plötzlich verändert. Viele unter ihnen, die sich endlosen Diäten unterziehen, leiden unter schlechter Laune, Gereiztheit, Konzentrationsschwierigkeiten oder verdeckter Depression. Einige erbrechen das Essen nach jeder Mahlzeit. Um 1952, ihrer Zeit zwanzig Jahre voraus, joggte Marilyn Monroe vor dem Frühstück durch die Straßen Hollywoods. "Du sitzt allein herum", erinnerte sie sich später, "draußen ist es Nacht (...) Du hast Hunger, und du sagst dir: 'Es ist gut für meine Taille, wenn ich nichts esse. Es gibt nichts besseres als einen waschbrettflachen Bauch.'"[1] Hilde Bruch berichtet im einzelnen einige Beobachtungen von eß- und brechsüchtigen Patientinnen, die sich "regelrecht den Bauch vollstopfen". Sie sind von ihrem Gewicht und von der Nahrung besessen und legen übersteigerten Wert auf ihr Äußeres, tragen aber nach außen gern ein scheinbar aufgeschlossenes und aktives Verhalten zur Schau. Charakteristisch für den familiären Hintergrund sind Trennung, Schei-

---

[1] A. Summers: Marilyn Monroe. Die Wahrheit über ihr Leben und Sterben. Frankfurt/Main, Fischer Taschenbuch Verlag, 1988, S.26.

dung oder das völlige Fehlen eines Elternteils oder beider Eltern während der Frühkindheit. Bulimikerinnen tendieren bei Ablehnung außerdem zu depressiven, zusammenbruchähnlichen Reaktionen und neigen gelegentlich zum Alkohol- und Tablettenmißbrauch sowie zu Selbstmordversuchen. In diesem Persönlichkeitsprofil erkennt man auch Marilyn Monroe wieder: "In mir stecken eine Menge Leute", sagte sie in ihrem letzten Interview. "Manchmal erschrecken sie mich. Ich wünschte, ich wäre bloß ich selbst."[1]

Man weiß inzwischen, daß viele Mädchen, die in der Pubertät magersüchtig waren, irgendwann dazu übergehen, die Nahrung wieder zu erbrechen. Bulimikerinnen sind oft leicht untergewichtig oder finden sich selbst mit "Idealgewicht" noch zu dick. Sowohl Magersucht als auch Bulimie werden von R. Battegay daher als Hungerkrankheiten bezeichnet, denen tiefe Depressionen zugrundeliegen. Die Geschlechtsidentität von Bulimikerinnen ist aber, im Unterschied zu der von Magersüchtigen, auf den ersten Blick unauffällig. Ihr emotionaler Hunger wird nicht zur Schau getragen. Was für sie dennoch problematisch ist und sich auch in der Symptomatik äußert, ist ihr Verhältnis zu ihrem Körper. Sie akzeptieren zwar dessen weibliches Geschlecht, erleben ihn aber eher als unvollkommen und deshalb beschämend. Die Scham ist das zentrale Erlebnis in der Bulimie, und diese Scham bezieht sich nicht nur auf die Symptomatik selbst, sondern auch auf den eigenen Körper. Sie belegt, daß die Betroffenen noch keine subjektiv befriedigende psychosexuelle Geschlechtsidentität gefunden haben.[2] Die zunehmende Bedeutung dieses Symptombildes begleitet jedenfalls als Phänomen

[1] Ebd., S.15.
[2] T. Habermas, a.a.O., S.206.

eine Mode, die aus der weiblichen Schlankheit ein kulturelles Ideal machte. Unentwegt wird seit den sechzigern Jahren behauptet: "Wer schön sein will, muß schlank sein". Leiden, um schön zu sein, mußten die Frauen schon immer. Das ersehnte Schönheitsideal der letzten Jahrzehnte ist die Figur der abgemagerten Mannequins und Photomodelle, "die uns mit dem leeren Blick der Unterernährten oder dem erhabenen Ausdruck überlegener Kreaturen, die über das primitive Bedürfnis des Essens erhaben sind, aus den Zeitschriften entgegenstarren", schreiben die Autoren Arline und John Liggett.[1] Dieses Ideal steht im Gegensatz zu dem Überfluß der Nahrungsmittel (im besonderen des Fleisches) und der schwindelerregenden Konsumsteigerung im allgemeinen. In den von Hungersnöten gepeinigten Ländern bringt eher Fettleibigkeit Prestige. Nach Joan Jacob Brumberg ist Nahrung eine Symbolsprache und ist Hunger die Stimme "junger Frauen, die nach einem Idiom suchen", indem sie durch Essensverweigerung etwas über sich selbst aussagen können.[2] Was von der Anorektikerin im Grunde abgelehnt wird, ist der Mangelzustand. Sie sagt: "Mir fehlt nichts, also esse ich nichts." Die Bulimikerin hingegen lehnt die Fülle, die Überfüllung ab. Sie sagt: "Mir fehlt alles, also esse ich alles bzw. irgendwas." Nach dem Philosophen Jean Baudrillard beschwört die Anorektikerin den Mangel durch die Leere; die Bulimikerin beschwört dagegen die Fülle durch das Übermaß. Beides sind für ihn homöopathische Endlösungen, Vernichtungslösungen. Unsere westliche Kultur wird auf eine erschreckende Weise von anorektischen und bulimi-

---

[1] A. & J. Liggett: Die Tyrannei der Schönheit. München, Heyne Verlag, 1990, S.14.
[2] Zitiert von N. Wolf: Der Mythos Schönheit. Reinbek bei Hamburg, Rowohlt, 1990, S.266.

schen Frauen parodiert: eine Kultur des Ekels, der Austreibung, der Anthropoämie, des Wegwerfens.[1] In der Anorexie sieht Joan Jacob Brumberg einen "Schrei der Verwirrung in einer Welt, die zu viele Wahlmöglichkeiten enthält."[2] Dies gilt auch für die Bulimie. "In vielerlei Hinsicht spiegelt der Konflikt, den die Frauen mit ihrem Körper auszutragen haben, genau ihre ambivalente Einstellung zum stereotypen Rollenbild der Frau in der Gesellschaft wider", schreiben Arline und John Liggett: "liebevolle Ehegattin, treusorgende Mutter, helfende Muse und noch allzu oft Bürger zweiter Klasse"[3]. Und Habermas: "Die relativ neue, scheinbar widersprüchliche Erwartung an junge Frauen, für das andere Geschlecht unabhängig zu sein - d.h. vor allem, unabhängig zu wirken -, die in der Analyse der Werbung deutlich wird, paßt zu dem Körperideal, das Schlankheit mit Attraktivität für andere und Autonomie gleichsetzt.[4] Daß Frauen ihren Körper auf ein bestimmtes Ideal hintrimmen, ist nichts Neues. Neu ist nach der Literaturwissenschaftlerin Naomi Wolf die eindeutige Verknüpfung von schlankem und sportlichem Körper und der von ihm symbolisierten Autonomie mit dem Ideal der sexuellen Attraktivität, das das der Autonomie zu verraten droht. Bulimikerinnen orientieren sich sehr stark an dieser Idealvorstellung von einer jungen Frau und leiden darunter, diesem Ideal nicht zu entsprechen. Dieses Selbsterleben konkretisiert sich auch im Heißhungeranfall, in dem sie sich als abhängig und unkontrolliert erleben. Die Slogans, die bei Frauen immer wieder neue Anstrengungen, aber auch Resignation auslösen, ähneln den Zuschreibungen, mit denen manche Eltern ihre

---

[1] J. Baudrillard: Amérique, Paris, Ed. Grasset et Fasquelle, 1986, S.42.
[2] Zitiert von N.Wolf, a.a.O., S.266.
[3] A. & J. Liggett, a.a.O., S.14.
[4] T. Habermas, a.a.O., S.205.

39

Kinder mißhandeln: "Streng dich gefälligst an - du schaffst es ja doch nicht". Denn nicht nur der Körper soll anderen gefallen. Auch andere, oft gegensätzliche elterliche Ansprüche haben bulimische Frauen im Laufe ihrer Kindheit verinnerlicht.

Auch die Hysterie des 19. Jahrhunderts und die "hysterische Persönlichkeit" des 20. Jahrhunderts ist vielfach als von der damaligen Frauenrolle geprägt interpretiert und ihr Verschwinden mit dem Wandel der Frauenrolle begründet worden. Nach dem Historiker Tilman Habermas kann sie also als "Vorläufer der Bulimie in ihrer Funktion als westeuropäische ethnische Störung junger Frauen angesehen werden."[1] Sexuelle Themen treten aber nicht mehr so deutlich wie bei der Hysterie oder Zwangsneurose in Erscheinung. Während Hysterikerinnen ihr Leiden dramatisierten, versteckt die Bulimikerin ihre Symptomatik und ihr Leiden. Der Schönheitskult ersetzt heute die Tabuisierung der sexuellen Lust in der jüdisch-christlichen Tradition durch die Tabuisierung oraler Lust. Früher hatten die Frauen genital-keusch zu sein, heute sind sie oral-keusch für die Schönheit.

All dies geschieht, als ob die traditionelle sexuelle Schuldfrage, die scheinbar durch die Liberalisierung der Sexualität und die Emanzipation der Frau weggefegt wurde, sich verschoben und auf eine orale Schuld übertragen hätte. Nach Aimez und Ravar wird diese Verschiebung auf eine karikaturale Art bei manchen Müttern bulimischer Patientinnen beobachtet, die die sexuelle Freiheit ihrer Tochter respektieren, die aber, was das Essen angeht, ihnen das Leben zur Hölle

---

[1] T. Habermas, a.a.O., S.207.

machen.[1] Später wird die Aggression und die Auflehnung zum Teil gegen die "böse-Mutter-Gesellschaft" übertragen (manche stehlen die Lebensmittel), zum Teil gegen sich selbst gerichtet. In diesem Sinne hat die Geschichte der Bulimie gewissermaßen erst begonnen. Die Definition der Frauenrolle ist nicht mehr klar genug, so daß die Freiheit der Wahl von vielen jungen Frauen teuer bezahlt wird. Ekel, Heißhunger, Überfressensein und Widerwillen sind der Preis dafür.

Anorexie hat es zwar schon gegeben, bevor Schlankheit zur Mode wurde, doch wurde früher die Beherrschung der physiologischen Bedürfnisse im Rahmen eines ritualen Fastens anerkannt und bewundert. Zum Ziel hatte dieses asketische Fasten in jeder Religion das Erreichen der göttlichen Einheit. Die Anorektikerin aber bezieht sich auf keine Religion. Sie "fastet" allein. Eben diese Einsamkeit hat sie dann auch mit der Bulimikerin gemein. In beiden Fällen fehlt jeder Bezug auf das Andere, auf das Göttliche. Das asketische Fasten wird von der Anorektikerin ad absurdum geführt, genauso wie auch das orgiastische Gastmahl des Bacchantenfestes von der Bulimikerin ad absurdum geführt wird. Die Bulimikerin kennt keine mystische Ekstase, keine Berauschtheit, keine Festlichkeit. Sie ist keine Bacchantin, die sich sinnlich dem Dionysoskult bis zum Wahnsinn oder bis zum Tode hingibt. Sie stopft sich heimlich den Bauch voll und findet schon allein hierin Befriedigung, in einem phantasiearmen Autoerotismus.[2] Sie beansprucht wie die Anorektikerin in der Tat den Status einer einsamen Esserin. Ein solcher Rückzug widerspricht nicht nur grundlegenden menschlichen, sondern auch tierischen Gesetzen, da auch Tiere die

[1] P. Aimez & J. Ravar, a.a.O., S.239.
[2] P. Aimez & J. Ravar, a.a.O., S.40.

Nahrung entweder teilen oder mit einem Gegner darum kämpfen, folglich in jedem Fall in Kommunikation zur Außenwelt treten. "Derjenige, der allein ißt, ist schon tot", schreibt Jean Baudrillard in seinem Buch über Amerika. Anorexie und Bulimie erscheinen daher als die beiden extremen Formen einer ähnlichen Verzweiflung: "Verzweiflung des Nicht-Seins" nach S. MacLeod, "orale Verzweiflung" nach der Psychoanalytikerin Christiane Olivier. Auf jeden Fall hängt die Eßstörung mit der Ablehnung des Körpers, mit dem Suchen nach einer Identität und hier im besonderen einer weiblichen Identität zusammen. "Ich will keine Frau sein, weil ich es vorziehe, ich selbst zu sein, ohne die Magersucht, wäre ich niemand, ein NICHTS gewesen", behaupten viele Betroffene. "Anorexie schien mir der einzige Weg zu sein, die Würde meines Körpers zu erhalten, die er als kindlicher Körper besaß und die er als weiblicher Körper zu verlieren drohte", schreibt Naomi Wolf in diesem Zusammenhang. "Diese pubertäre Hungerei war, was mich betraf, eine sich hinziehende Unlust, eine Frau zu werden, da dies bedeutete, schön sein zu müssen."[1] Während die Anorektikerin sich zu Tode hungert, um leben zu können, gibt aber die Bulimikerin ihrer Begierde nach. Beide sind dennoch unersättliche Hungrige. Beide sind ständig von den Gedanken an Nahrung und an das Bild ihres Körpers besessen. Sie identifizieren sich mit ihrem Körper. In der Anorexie geht es um den abgezehrten, leeren, mal als Besiegten, mal als Sieger empfundenen Körper, in Schach gehalten zwar, aber allmächtig. In der Bulimie wird hingegen die narzißtische Niederlage und die vollkommene Machtlosigkeit durch den beschämenden, vollgestopften und schlaffen Körper zum Ausdruck gebracht:

[1] N. Wolf, a.a.O., S.290.

"Sechs Jahre lang habe ich durch ein wildes Nachfüllen und Ausleeren meinen jugendlichen Körper ausgefragt. Ich war ständig hin und hergerissen zwischen dem Wunsch, ihn begehrenswert zu sehen und der Versessenheit, ihn zu verzerren", erzählt Marie-Claude in Nicole Châtelets Novelle "Die Schöne und ihre Bestie".[1] Die existentielle Frage nach der Weiblichkeit, nach dem "In-der-Welt-Sein" in einem weiblichen Körper stellt also eine der grundsätzlichen Dimensionen der Anorexie und der Bulimie dar: "Was ist es überhaupt, eine Frau zu sein?"

Die heimlichen Nahrungsorgien selbst weisen auf die eigenartige Behandlung hin, die dem Körper der Bulimikerin vorbehalten bleibt: er wird versteckt, verleugnet, beiseitegeschafft, "gefangen" gehalten. Viele bulimische Frauen erleben sich als "Moglerinnen", und das Schamgefühl, das sie bei ihrem Versteck-Spiel empfinden, breitet sich wie ein Schatten über ihren menschlichen Beziehungen aus. Ihre Energie wird dafür verwendet, die makellose Fassade aufrechtzuerhalten. In ihrem tiefsten Inneren sind sie aber davon überzeugt, ein NICHTS zu sein, was zwangsläufig zu ständigem Überkompensieren führt (meist wird die Kleidung den Ekel vor dem Körper maskieren und überkompensieren). Hierauf fußt eine der Komponenten des Perfektionismus, der bei vielen bulimischen Frauen auffallend ist. Oft wird ein ermutigender Lebensrahmen durch die tägliche Ausübung eines Berufs (den viele erfolgreich ausüben) geschaffen; das "Berufs-Ich" wird zu einer Art völlig angepaßten "Hilfs-Ich"; wehe den Tages- und Wochenenden, wenn das beruhigende Schnurren des Hilfs-Ichs aufhört: die Ängste, die Abwesenheit der Wünsche, das Gefühl von

---

[1] N. Châtelet: La belle et sa bête, in: Histoires de bouches. Paris, Mercure de France, 1986, S.153.

Leere, Betrügerei und existentieller Sinnlosigkeit kommen gewaltsam zurück, und die wiederholten Eßanfälle müssen dann all diese Grübeleien ersticken.

Damit das bulimische Phänomen deutlich veranschaulicht wird, ist es wichtig, auf die Etymologie des Wortes "Bulimie" zurückzugreifen, da sie uns mit dem tierischen, unkontrollierten Aspekt des Freßanfalls konfrontiert. Das Wort "Bulimie" stammt aus dem Griechischen "boulimia" (limos = Hunger / bous = Ochs), "Ochsenhunger" wörtlich übersetzt. Dieser Ausdruck ist unerwartet passend, schließt er doch das stille Widerkäuen, die Leere der Zähmung und einen furchterregenden, ungestillten Hunger in sich. Es ist, als ob es in der Bulimie einen Tauschwert zwischen der aufgezehrten, gleich erbrochenen Nahrung und einer riesigen Menge Liebe, mit der die Betroffenen nicht umgehen können, gäbe, schreibt C. Balasc.[1] Es kommt noch hinzu, daß der Ochse ein Tier ist, das bei den Griechen oft den Göttern geopfert wurde. Ist es dann so erstaunlich, daß Bulimikerinnen vielfach unter den Krankenschwestern, Krankengymnastinnen, Altenpflegerinnen, Lehrerinnen oder Sozialarbeiterinnen zu finden sind? Es ist auffällig, daß viele von ihnen in helfenden Berufen tätig sind. Nun können diese sogenannten "oralen" Berufe, die viel Selbstaufgabe mit sich bringen, ungemein frustrierend für junge Frauen werden, die schon zu Hause überfordert werden durch einen Haushalt, den sie meist allein führen, und eine Familie, deren Sorgen und Probleme sie auf sich laden. Anstatt ihr Leiden auszusprechen, schweigen sie und fressen ihre Enttäuschung und Wut in sich hinein.

Die Franzosen Pierre Aimez und Judith Ravar, die seit

---

[1] C. Balasc: Désir de rien. De l´anorexie à la boulimie. Paris, Ed Aubier, 1990, S.23.

Jahren in Paris das Leiden bulimischer Frauen untersuchen, haben ebenfalls festgestellt, daß viele von ihnen
sich unter den Schauspielerinnen oder den Mannequins
wiederfinden. Die Suche nach einer Identität führt
manche Jugendliche in den Theaterberuf, der ihnen die
Möglichkeit gibt, ihre Rollen zu vervielfältigen. Die
Wichtigkeit des Scheins und der Druck des Berufs-
milieus auf die äußere Erscheinung lassen manche
Schauspielerinnen oder Mannequins in den Teufelskreis
der Bulimie geraten.[1] Noch beunruhigender ist der
impulsive Mißbrauch von Tabletten, Alkohol und
Drogen, um alles zu vergessen, oder der unwiderstehliche Drang, irgendetwas zu stehlen (vor allem in den
Kaufhäusern, aber auch aus der Handtasche der Mutter).
Für viele Bulimikerinnen zählen nur Menschen, von
denen sie etwas bekommen können: Geld, Nahrung,
Worte, Zuneigung, Verfügbarkeit - all das erweckt ihre
Begierde und ihr Begehren. Das bulimische Subjekt
funktioniert also in einer Logik des Notwendigen und
des Bedürfnisses, sich in einem Zustand des Bedürfnis-
ses zu befinden: natürliches Bedürfnis im Fall der
Anorexie, das durch die Weigerung seiner Befriedigung
aufrechterhalten wird; oder erschaffenes, künstliches
Bedürfnis im Fall der Bulimie (die Nahrung wird nicht
gekostet und der Verzehr riesiger Nahrungsmengen anäs-
thesiert den Geschmack). Gesucht wird der Zustand des
Mangels, und was fehlt, ist gerade dieses toxische
Objekt (Nahrungs-Objekt, Alkohol-Objekt, Drogen-
Objekt, usw.). Es muß fehlen bzw. abwesend sein, damit
dieser unbeschreibliche Mangel notwendigerweise als
"Loch" genannt wird: ein Loch, das nur durch ein
Objekt gestopft, abgedichtet werden kann. Und nur
dieses Objekt kann Lust erzeugen. Außer dem toxischen

[1] P. Aimez & J. Ravar, a.a.O., S.144.

Objekt gibt es NICHTS; der Andere wird in seinem Dasein verleugnet, indem er als Begehrender und Lustgebender gemieden wird. Das bulimische Subjekt identifiziert sich nicht mit einem anderen Menschen aus Fleisch, sondern mit einem Wesen des Windes, schreibt C. Balasc. Es identifiziert sich mit idealisierten Projektionen von sich selbst.[1] Nicht anders ist es bei der Anorektikerin, wenn man von Valérie Valères Romanfigur "Malika" ausgeht:

"Bei ihr gibt es nicht diesen schrecklichen Unterschied zwischen Hüften und Taille. Alles ist ganz gerade, nicht wie bei den anderen Frauen, die sich den Bauch einschnüren, damit das, was sie für eine besondere Zierde halten, noch deutlicher hervortritt ... Und dann ist Malikas Oberkörper auch ganz flach, nichts bewegt sich. Ein Busen ist zwar auch schön, aber ein flacher Oberkörper ... Natürlich kommen Sie mir jetzt wieder mit Ihren verdrängten homosexuellen Neigungen ... Nur ist Malika eben ein Mädchen."[2]

Hier offenbart die Anorexie ihre Verführungs- und Faszinierungskraft dadurch, daß sie in der Phantasie als das von jeder Geschlechtlichkeit befreite Wesen erscheint: Malika ist "ein Mädchen", ein geschlechtloses Neutrum, das unbewußt eine virtuelle Bisexualität aufrechterhält. "Das Frauensein lehnte ich nicht deshalb ab, weil ich es vorgezogen hätte, ein Mann zu sein, sondern weil ich lieber ein Mädchen sein wollte", schreibt auch die Betroffene Sheila MacLeod in diesem Zusammenhang.[3]

Die endgültige Geschlechtlichkeit, die die Pubertät mit

---

[1] C. Balasc., a.a.O., S.26.
[2] V. Valère: Malika. München, Deutscher Taschenbuch Verlag, 1989, S.192.
[3] S. MacLeod: Hungern, meine einzige Waffe. Ein autobiographischer Bericht über Magersucht. München, Kösel Verlag, 1983, S.101.

sich bringt, ist immer eine Beendigung; sie gefährdet das "androgyne Ideal", das während der Latenzperiode aufrechterhalten wird. In der Anorexie entspricht die Angst des Mädchens, auf den Höhepunkt von Spannung und Bedeutung gesteigert, einem Schwindel am Rande der nicht zu akzeptierenden sexuellen Wirklichkeit. Die Sexualität erleichtert sich in einer Beschwörung. Die rein geistige Erscheinung der anorektischen Frau wird auf diese Weise zu einem Bestandteil von phantastischen Realisierungsmodi, von der träumerischen Befreiung im Hinblick auf ihre Stellung als Frau. Sie versucht, die sich ausschließenden Reize der männlichen und der weiblichen Welt zu vereinigen, und es gelingt ihr sogar - auf dem Gebiet des Scheins und auf Kosten ihrer Gesundheit - das aus der Eingeengtheit jedes begrenzten Wesens entstandene Frustrationsgefühl zu lindern, besessen von jenem Gesetz, das sie dazu zwingt, nichts anderes zu sein als das, was sie ist: ein Wesen des Bedürfnisses.

Die englische Schriftstellerin Virginia Woolf hat infolgedessen versucht, durch ihre Schriften das Männliche und das Weibliche zu transzendieren. Sie glaubte, daß alle großen Autoren androgyne Denker sind, da gerade die Poesie ein Streben der Wörter nach der verlorenen Androgynie bedeutet, nach dem Bild einer Welt, die selbst geteilt wurde und seitdem an einer mächtigen innewohnenden Sehnsucht leidet. Die anorektische Frau kann daher in ihrem Wunsch nach Einheit als Symbol eines unberührbaren Wesens angesehen werden. Ihre Taille ist von einem Keuschheitsgürtel gefangen, den sie festschnürt, um zu verbergen, daß NICHTS zu sehen ist, NICHTS zu nehmen ist: ein Bild läßt sich nicht berühren (in allen Schattierungen des Wortsinns). Das Schweigen, in dem sie sich eingeschlossen hat, ist alles, was ihr vom Leben übrigbleibt. Der stigmatisierte Körper, die

Leere des skelettartigen, abgetöten Körpers, bringt zum
Ausdruck, wie diese bildhafte Darstellung des androgynen Menschen Form annimmt und dem unheimlichen
Grauen nahekommt, wenn keine symbolische Wunsch-
erfüllung stattfindet.

## Magersucht als Zustand
## der Undefinierbarkeit

Mit der Barbie-Puppe kam 1959 das neue Schönheitsideal: Beine bis zum Hals, Haare blond bis zur Wespen-
taille, so infizierte sie heillos Millionen Mädchen mit
dem Virus "Idealfigur". Das Zeitalter der Magersucht
fing nun erst richtig an. Heute ist der häufigste Grund,
sich beim Essen zurückzuhalten, der Wunsch nach einer
schlanken sportlichen Körpergestalt. Die Schlankheit der
Frau kulminiert in der Leichtathletik, einer von Fort-
pflanzungszwängen befreiten Sexualität, einer Art
androgyner Unabhängigkeit. Was auf diese Weise wie
eine Darstellung der freien Sexualität begann (1965 kam
gleichzeitig mit Twiggy die Pille auf den Markt), hat
allmählich eine einschränkende und entfremdende
Funktion bekommen, die den weiblichen Körper bedroht.
Die sexuelle Befreiung hielt plötzlich alle "in einem
Zustand der Undefinierbarkeit", schreibt J. Baudrillard.
Die magersüchtige Frau wurde zur Karikatur unserer
Zeit, da sie durch ihre Magerkeit die Frage nach ihrer
eigenen Definition stellte: "Was bedeutet es eigentlich,
eine Frau zu sein?". Niemand weiß nun genau, woran er
ist. Dieses Phänomen wurde schon durch die Popstars
der 80er Jahren, durch diejenigen, die die Herausforderung der Undefinierbarkeit stellen und die mit den
Geschlechtern spielen, deutlich. Weder männlich noch
weiblich, auch nicht unbedingt homosexuell sind Boy

George, Michael Jackson, Prince, David Bowie, Grace Jones, Sinead O'Connor, Annie Lennox und viele andere. Die Helden der vorausgehenden Generation verkörperten die explosive Figur von Sex und Lust; die Idole von heute stellen die Frage nach dem Geschlechtsunterschied und nach ihrer eigenen Undefinierbarkeit. Michael Jackson überrascht und erfreut seine Fans als zierliche Märchenfigur und überbrückt bei seinen Video-Clips die starren Trennungslinien zwischen den Geschlechtern, indem er sich ein immer weiblicheres Gesicht zuschneiden läßt. Ganz bewußt wird da die geheimnisvolle Faszination der Androgynie, die die Zuschauer in ihrer Doppeldeutigkeit verwirrt, als wirksame Waffe eingesetzt, um die Aufmerksamkeit des Publikums zu erlangen. Jackson wurde schließlich zur Verkörperung einer "anorektischen Generation", weil er sich auf nichts mehr festlegen ließ, weder auf Hautfarbe, noch auf Rasse oder Geschlecht, und sich als Mensch definierte, der "sein Leben in der Hand hat".[1] Sein Erfolg war seine Botschaft, und darin war er maßlos und zielstrebig. Dies führt aber zwangsläufig zu Einsamkeit. Sein anorektisches Körperbild drückt dieses Unbehagen, diese beunruhigende Fremdheit aus: "Bin ich geschlechtlich? Welches Geschlecht habe ich? Ist Sex überhaupt notwendig? Wo liegt der sexuelle Unterschied?"

Ausgehend von der Hypothese der Undefinierbarkeit können wir feststellen, daß das magersüchtige Subjekt nach einem Schönheitsideal strebt, das die Macht jener Faszination behält, die die unbestimmten Formen der Frühjugend ausübt. Es trotzt der Zeit und hält die Formveränderungen zurück, um eine relativ geschlechtliche Undefinierbarkeit offen zu lassen. Fast könnten wir sagen, daß die Magersucht das Verlangen einer Identität

[1] M. Jackson: Moonwalk. Goldmann Taschenbuch Verlag, 1988, S.216.

jenseits der Geschlechtlichkeit widerspiegelt. Unisex oder bisexuell stellt das magersüchtige Körperbild ein neutrales Geschlecht dar und erhält unbewußt eine mögliche Bisexualität aufrecht, das sogenannte "androgyne Ideal", das schon von Virginia Woolf beschrieben wurde: "Man hat einen profunden, wenn auch irrationalen Instinkt, der für die Theorie spricht, daß die Einheit von Mann und Frau die größte Befriedigung mit sich bringt, das vollkommenste Glück", sagte sie in ihrer Rede "Ein Zimmer für sich allein".[1] "Vielleicht kann ein Geist, der nur maskulin ist, ebensowenig schöpferisch sein wie ein Geist, der rein weiblich ist", dachte sie. Die Verbindung zwischen Schlankheit und Zugehörigkeit zu einer höheren sozialen Schicht konnte sich außerdem auch als wesentlich für die Entwicklung solcher Ideale verstehen. Virginia Woolf war sich ihres Standes bewußt, und Tania Blixen hielt Distanz zu den Siedlern in Afrika, die ihr nicht ebenbürtig waren. Nach Susan Sontag wäre die Magersucht in dieser Hinsicht mit der Tuberkulose im vorigen Jahrhundert vergleichbar. Die Psychoanalyse ist aber, was den Einfluß der Mode auf die Magersucht betrifft, einer ganz anderen Meinung. Sie erkennt zwar - könnte sie es überhaupt bestreiten? - die Idealisierung der Schlankheit und noch mehr den derzeit zunehmenden Muskelbau des weiblichen Körpers in der Werbung an, konzentriert sich jedoch seit den fünfziger Jahren auf die Mutter-Kind-Beziehung bzw. auf die Rolle der prä-ödipalen Erfahrung in der Entstehung der Magersucht. Tatsächlich fällt der Anfang der Nahrungs-verweigerung mit dem bewußten Wunsch zusammen, ein paar Pfunde zu verlieren, aber Magersucht hat nichts mit einer Abmagerungskur zu tun, die sich verselbständigt

---

[1] V. Woolf: Ein Zimmer für sich allein. Frankfurt/Main, Fischer Taschenbuch Verlag, 1991, S.113.

und über die die Betroffene die Kontrolle verloren hat. Die meisten Autoren deuten mittlerweile Eßstörungen bei Frauen als Ausdrucksform gegen familiäre und gesellschaftliche Gewalt. Vor allem bulimische Frauen waren in ihrer Kindheit oder als Heranwachsende häufig Opfer sexuellen Mißbrauchs oder sexueller Belästigung. Als Virginia Woolf schrieb, daß jede Frau "ein Zimmer für sich allein" benötige, meinte sie nicht nur den physischen Raum, sondern auch die Integrität des Körpers und das Recht auf sexuelle Enthaltsamkeit.

Ni homme, ni femme, ni androgyne, ni fille,
ni jeune, ni vieille, ni chaste, ni folle, ni
pudique, mais tout cela ensemble.  (Nerval)


Weder Mann noch Frau, noch androgyn,
noch Mädchen, noch jung, noch alt, noch
keusch, noch verrückt, noch schamhaft,
sondern all dies zusammen.

## II. AUF DER SUCHE NACH DER VERLORENEN GANZHEIT

## Das Problem der Identität

Anorexie und Bulimie erscheinen in der Suche nach Schlankheit um jeden Preis als zwei Formen einer "Hungerkrankheit". In beiden Fällen stützt sich die Eßstörung auf eine Ablehnung von Nahrung durch den realen Körper in einem verzweifeltem Versuch, sich vom Begehren und von der Macht einer männerbeherrschten Gesellschaft zu befreien. Luce Irigaray (1979) beschreibt diese "Doppelgesichtigkeit" der Frau und ihres Körpers so: "Die Ware - die Frau - ist in zwei unversöhnliche Körper geteilt: ihren "natürlichen" Körper und ihren gesellschaftlich wertvollen, austauschbaren Körper, (mimetischer) Ausdruck männlicher Werte."[1] Später schrieb die betroffene Maryse Holder in diesem Zusammenhang:

---

[1] Zitiert von L. Gast: Magersucht. Der Gang durch den Spiegel. Centaurus Verlagsgesellschaft, 1986, S.151.

"Stan und sein ewiges, wenn du fett bist, brauchst du erst gar nicht zurückzukommen, hängen mir auch zum Hals raus. Niemand hat Interesse an der netten, cleveren Dicken."[1]

Das allgemeine Wohlbefinden scheint für Bulimikerinnen stark von ihrem Körpergewicht abzuhängen; wiegen sie mehr als sie eigentlich möchten, fühlen sie sich in ihrem Körper äußerst unwohl. "Alles, was ich möchte, schreibt Maryse, "ist ein Mann, dem ich gefalle."[2] "Stoße auf meine Probleme und mein widerwärtiges Ich und meine Unfähigkeit, geliebt zu werden, ich bin häßlich. Ich habe keine Familie (...) ich rauche mich zu Tode, suche verzweifelt nach Liebe".[3]

Der Verzehr toxischer Objekte ist dann der Rettungsreflex derjenigen, die sich tief in ihrem Inneren verarmt und liebeshungrig (oder schuldig) fühlen. Unsere westliche Gesellschaft nimmt sich zwar vor, alle Bedürfnisse der Jugendlichen zu erfüllen - und natürlich beginnt dies mit der Nahrung -, ohne sich aber über ihre wahren Bedürfnisse Gedanken zu machen. Nun findet der Mensch seinen Selbstwert und seine Identität nur gemäß seiner - bewußten und unbewußten - Wünsche. Das Mästen eines Menschen führt dazu, daß er als Individuum mit eigenen Wünschen verneint wird. Das Erfüllen der Bedürfnisse schließt außerdem die Möglichkeit des Mangels aus, aus dem heraus das Begehren entsteht. Die Konsumgesellschaft, in der wir leben, tendiert dazu, sich wie eine mästende "Mutter" zu verhalten, die die Befriedigung materieller Bedürfnisse auf Kosten des begehrenden Ergießens des Subjekts privilegiert. Durch

---

[1] M. Holder: Ich atme mit dem Herzen. Reinbek bei Hamburg, Rowohlt Taschenbuch Verlag, 1990, S.363.
[2] M. Holder, a.a.O., S.182.
[3] M. Holder, a.a.O., S.188.

die Magersucht lehnt sich die Frau gegen die Insignifikanz auf, die dem Leben des Menschen jeden Sinn
raubt, und ihr abgemagerter Körper richtet sich auf als
Repräsentant eines Raumes, der keine lebendige Sprache
kennt, sondern nur einen alltäglichen pflichtbewußten
Diskurs, in dem sie schon vor ihrer Geburt versenkt
worden ist: einen Diskurs, der nur von Bedürfnissen
handelt. In einer Welt, die durch den Konsum regiert
wird, äußert die magersüchtige Frau gerade durch ihren
Verzicht auf die physiologischen Bedürfnisse des
Körpers die Leere und die Abwesenheit des Begehrens
im Leben des Menschen.

Schon 1882 schrieb Eleanor Marx, die magersüchtige
Tochter von Karl Marx, an ihre älteste Schwester Jenny:
"Was weder Papa noch die Ärzte noch sonst jemand
verstehen will, ist, daß ich hauptsächlich seelischen
Kummer habe... Sie können und wollen nicht sehen, daß
seelische Bedrängnis genauso eine Krankheit ist wie
körperliche Beschwerden es wären."[1]

Essen heißt also für die magersüchtige Frau, einer
Allmächtigkeit den Vortritt zu lassen, die ein reales
Objekt - die Nahrung - aufzwingt, und so das ernährte
Wesen auf ein Wesen reduziert, das von Bedürfnissen
lebt. Durch ihre Essensverweigerung wollte Eleanor
Marx, wie viele magersüchtige Frauen heute, von ihren
Eltern einen Liebesbeweis, einen Beweis ihres Begeh-
rens - was sie aber anscheinend nicht erreichte:
"Ich klage überhaupt nicht gern und vor allem gegen-
über Papa nicht - denn er schimpft mich dann richtig
aus, als ob ich mich auf Kosten der Familie 'gehen

---

[1] O. Meier (Hrsg.): Die Töchter von Karl Marx. Unveröffentlichte Briefe. Brief
47, Eleanor an Jenny, 15.1.1882. Frankfurt/Main, Fischer Taschenbuch Verlag,
1983, S.168.

ließe'."[1]

Diese Verwechslung der Sache mit der Person finden wir auch bei Kafka in dem Brief an den Vater wieder: "Seit jeher machtest du mir zum Vorwurf (und zwar mir allein oder vor anderen, für das Demütigende des letzteren hattest Du kein Gefühl, die Angelegenheiten Deiner Kinder waren immer öffentlich), daß ich dank Deiner Arbeit ohne alle Entbehrungen in Ruhe, Wärme, Fülle lebte".[2]

Die junge Valérie Valère mußte auch früh lernen, daß Liebe und Anerkennung nur mit der Verleugnung der eigenen Bedürfnisse, Regungen und Gefühle wie Haß, Ekel, Widerwille und somit um den Preis der Selbstaufgabe zu erkaufen sind. Diese von Alice Miller beschriebene Entleerung, das "Einfrieren der Gefühle", machte aber schließlich ihr Leben sinnlos und weckte in ihr Todesgedanken. Sie verweigerte das Essen, weil sie es nicht mehr ertrug, immer im Schatten der Familie zu leben. Ihre Magersucht wurde zur Rebellion, ein Ausdruck für ihr Streben nach einem autonomen Selbst und stellte die Verdichtung eines Ringens zwischen dem Individuum und den Anderen um die Kontrolle über den Körper dar:

"Nur diese 9 Kilo interessieren euch, wenn ich nur zunähme, auch ohne etwas über mich preiszugeben, würdet ihr mich gehen lassen, ihr seid nichts als Heuchler, nichts als Scharlatane"[3], warf Valérie den Psychiatern vor.

Auf eine erschütternde Art denunzierte sie in ihrem Bericht über "Das Haus der verrückten Kinder" die

[1] O. Meier, a.a.O., S.168.
[2] F.Kafka: Brief an den Vater. Frankfurt/Main, Fischer Taschenbuch Verlag, 1975, S.29.
[3] V. Valère: Das Haus..., a.a.O., S.64.

klassische Psychiatrie und zeigte, wie diese trotz ihres riesigen Apparats im Grunde hilflos bleibt:

"Das, was die Psychiater sagen, ist falsch, das kommt nicht einfach so, ohne daß man es gewollt hat und reiflich überlegt hat. Man kann nicht von einem Tag auf den anderen keinen Hunger, keinerlei Bedürfnisse mehr haben, das ist falsch! Das ist ein Training, ein Ziel: Nicht mehr wie alle anderen zu sein, nicht mehr Sklave dieses körperlichen Verlangens zu sein, nicht mehr diese Fülle mitten im Bauch zu spüren und nicht die falsche Freude, die sie empfinden, wenn der Dämon des Hungers sie zwickt. Ich habe den Eindruck, daß diese Regel in eine andere Welt führt, in eine reine Welt, ohne Anfälle, ohne Unrat, dort tötet sich niemand, weil niemand ißt."[1]

Durch die Magersucht wird also der Rückzug aus der aggressiven und brutalen Horde der Menschen dadurch ermöglicht, daß die junge Frau ihren Körper verschwinden läßt und unsichtbar macht. Diese Aufhebung des Körpers ist in Verbindung zu sehen mit der autoaggressiven Tendenz der Anorektikerin, macht sie durch Totstellen unerreichbar.

"Der schlechte Körper, der vom Selbst festgehalten wird, behütet die Existenz eines guten, idealisierten, annehmbaren und respektierten Ichs"[2], schreibt die Familientherapeutin M. Selvini Palazzoli. Der knochige Körper verkündet: "Ich habe gesiegt; ich bin jetzt jemand." Für Valérie Valère war "Körper-sein" gleichbedeutend mit "Sache-sein". Das Krankenhauspersonal und der Psychiater hörten nur auf Zahlen, genau wie ihre Mutter und ihre Großmutter: Valérie wog 31 Kilo, als sie eingewiesen wurde.

[1] V. Valère: Das Haus..., a.a.O., S.122.
[2] M. S. Palazzoli: Magersucht. Stuttgart, Klett-Cotta, 1986, S.116.

Der Kampf gegen den Körper ist demnach ein verzweifelter Kampf gegen Verdinglichung, ein Paradox, denn während Valérie sich weigert, eine "Sache" zu sein, trägt sie ihren Kampf nicht auf einer geistigen Ebene aus, sondern viel mehr auf einer rein materiellen: der des eigenen Körpers. Der eigene Körper wird wie ein materielles "Objekt" behandelt, das man nach Belieben gestalten kann. Ziel ist es, einen makel- und tadellosen, unterworfenen und gehorsamen Körper zu besitzen, da das Körper-Ideal auch mit einem Ich-Ideal gleichgesetzt wird. Magerkeit hat dennoch im Vergleich zu Schlankheit im wesentlichen "die Bedeutung von Gewichtlosigkeit und Leere",[1] schreibt S. MacLeod. So ging es auch Valérie:

"Ich spüre nur Leere in mir, eine unendliche Leere, so unauslösbar wie die der Korridore."[2] "Ich weiß nicht einmal mehr, daß ich existiere, daß ich das Recht habe zu existieren."[3]

Wenn man den Aussagen vieler Betroffener Glauben schenken will, handelt es sich in der Magersucht also weniger um eine Unterordnung unter die kollektiven Ideale der Schlankheit als vielmehr um einen Versuch, irgendeine Kränkung oder Unvollständigkeit aus der Kindheit für sich wiedergutzumachen. "Der 'Hunger' ist nicht nur eine Angelegenheit des Magens, sondern auch des Narzißmus. Erhält ein Individuum im Kleinkindesalter nicht genügend Bestätigung in Form von Wärme, Stimulation und Kognitionsmöglichkeiten", so bleibt es nach R. Battegay "ungestillt im Bereich des Selbst. Es bleibt 'liebeshungrig'".[4] Dieses "Hungrig-sein" nach

---

[1] S. MacLeod, a.a.O., S.98.
[2] V. Valère: Das Haus... , a.a.O., S.154.
[3] V.Valère: Das Haus... , a.a.O., S.157.
[4] R. Battegay: Die Hungerkrankheiten. Unersättlichkeit als krankhaftes Phänomen. Frankfurt/Main, Fischer Taschenbuch Verlag, S.17.

Liebe bedeutet für Battegay, daß der betreffende Mensch "zeitlebens eine Leere in seinem Selbst und in seinem Selbstgefühl schmerzend erlebt und alles daran setzt, diese schmerzlich empfundene Befindlichkeit zu beheben."[1] Wenn die Frau in ihrer weiblichen Identität nicht gefestigt ist, wird dieser Ur-Schmerz bei jeder Veränderung neu belebt: in der Pubertät, während der Jugendzeit, bei Schwangerschaften ("Werde ich eine gute Mutter sein?") oder in den Wechseljahren. Und wenn das Hungern der amerikanischen Autorin Maryse Holder ein Protest war, die Rolle einer erwachsenen Frau zu übernehmen, so war es gleichzeitig auch eine beißende Antwort angesichts der Unmöglichkeit, die ideale ältere Frau zu sein:

"Kotzen, meine Metapher", schreibt sie. "Unglücklicherweise kann man sein Alter nicht auskotzen."[2]

Bei der Magersucht handelt es sich um den sehnsüchtigen und verzweifelten, stummen Hilfeschrei angesichts einer unformulierbaren Verlassenheitsangst oder diesem "Gefühl der Nichtigkeit", das von Franz Kafka in dem Brief an seinen Vater deutlich beschrieben wurde:

"Noch nach Jahren litt ich unter der quälenden Vorstellung, daß der riesige Mann, mein Vater, die letzte Instanz, fast ohne Grund komme und mich in der Nacht aus dem Bett auf die Pawlatsche tragen konnte und daß ich also ein solches Nichts für ihn war."[3]

An dieser Stelle muß betont werden, daß zunehmend auch junge Männer an Magersucht leiden, um zu verstehen, daß die Wichtigkeit, die der besonderen Eigentümlichkeit des Mutter-Tochter-Verhältnisses in der Magersucht beigemessen wird, relativiert und durch die

[1] Ebd.
[2] M. Holder, a.a.O., S.205.
[3] F. Kafka, a.a.O., S.11.

Berücksichtigung anderer Dimensionen vervollständigt werden muß. Viele Betroffene finden die schweren Mahlzeiten und nichtssagenden Unterhaltungen ihres Familienlebens spießbürgerlich und verabscheuenswert. Dies finden wir auch bei Kafka wieder:

"Was auf den Tisch kam, mußte aufgegessen, über die Güte des Essens durfte nicht gesprochen werden. Du aber fandest das Essen ungenießbar, nanntest es 'das Fressen': das 'Vieh' (die Köchin) hätte es verdorben. Weil Du entsprechend Deinem kräftigen Hunger und Deiner besonderen Vorliebe alles schnell, heiß und in großen Bissen gegessen hast, mußte sich das Kind beeilen, düstere Stille war bei Tisch, unterbrochen von Ermahnungen: 'zuerst iß, dann sprich' oder 'schneller, schneller' oder 'siehst du, ich habe schon längst aufgegessen.'"[1]

Es handelt sich bei der Magersucht daher um eine multifaktorielle, existentielle Krise, die natürlich durch das kulturelle Klima ermutigt wird. Was auf jeden Fall den Kern der magersüchtigen Pathologie (im griechischen Sinne von pathos = Leiden) ausmacht, ist das Problem der Identität. Die jungen magersüchtigen Frauen versuchen in der Tat, immer wieder neu zu definieren, was sie sein möchten: "eine Sy'phe oder vielmehr eine Elfe", "eine Tochter des Meeres" oder "eine Abenteuerin, Kultursuchende, Vamp" (Maryse Holder), unendliche Variationen unterschiedlicher Charaktere, aus Angst zu erfahren, wer sie tatsächlich sind. Die Anhänger Lacans würden in diesem Zusammenhang auch die "Angst vor dem Ursprung" anführen, da die Anorektikerinnen in ihrer Frühkindheit "im Stich gelassen" oder bei der Geburt "unerwünscht" gewesen seien. Eben diese Klage finden wir auch bei den oben schon genannten

---

[1] F. Kafka, a.a.O., S.17.

Schriftstellerinnen (V. Woolf, T. Blixen, S. Weil, V. Valère, M. V. Rouiller, M. Holder) wieder. Virginia Woolf schreibt über ihre Eltern: "Und obwohl sie ihre Familie in Grenzen halten wollten, bewies mein Empfängnis (Geburt 1882), daß sie keinen Erfolg hatten. Adrian sollte dann noch, auch gegen ihre Absicht, (1883) folgen."[1] Das Verhältnis zu dem Körper gibt der existentiellen Angst vor dem Ursprung eine besondere Note: der Körper selbst wird als leer empfunden, fühlt sich von innen her nicht bewohnt. Daher fordert er den Blick der Anderen, um sich seiner Existenz zu versichern. Auf ihrer Reise in Mexiko suchte die amerikanische Schriftstellerin Maryse Holder vor allem Selbstbestätigung als Frau in der Eroberung von "tollen Männern". Sie mußte sich in jemand Gutaussehendem spiegeln, da sie sich selbst häßlich fand.[2] Der Schmerz ließ auf diese Weise nach. "Belustigtes Überlegenheitsgefühl stellt sich wieder ein (Illusion)", schreibt sie, "ein Zyklus, der sich immer wiederholen wird."[3] "Freud, was will die Frau?" fragte Maryse in ihrer Verzweiflung. "Als ob er die Antwort nicht gewußt hätte: ein Mann sein! Und doch stimmt das auch wieder nicht, ich wäre gern körperlich so stark wie sie, aber ich mag meine weibliche Sensibilität ... Aber was würde ich nicht für ihre Freiheit geben. Ohne diese geheimen Schuld- und Schamgefühle trinken oder auch nur rauchen zu können, ohne dabei diese Distanz zu anderen Frauen zu empfinden."[4] Die Liebe bestand nun für sie wie damals für Virginia Woolf - auch wenn auf eine ganz andere, fast entge-

---

[1] V. Woolf: Augenblicke. Skizzierte Erinnerungen. Stuttgart, Deutsche Verlagsanstalt, 1981, S.148.
[2] M. Holder, a.a.O., S.215.
[3] Ebd., S.162.
[4] Ebd., S.353.

gengesetzte Art - darin, sich verwöhnen und verhätscheln zu lassen. Die Männer sollten Maryse eine beharrliche Ergebenheit erweisen, die sich nicht als falsch herausstellen durfte. Auch Leonard Woolf wurde Arzt, Krankenschwester und Vater zugleich, mehr Bruder als Ehemann, und außerdem der wichtigste literarische Berater von Virginia!

Einige junge Frauen gehen bis zu einer Krankenhauseinweisung, um familiären Konflikten oder Problemen in der Schule oder auf der Universität zu entgehen, um vor sich selbst zu fliehen, eine mühselige Psychotherapie zu unterbrechen oder manchmal gar, um "bemuttert" zu werden und NICHTS mehr tun zu müssen und dem Unterschied zwischen den Geschlechtern und der Konkurrenz, den diese mit sich bringt, zu entkommen. Dies wird von Maria Erlenberger in ihrem Bericht "Der Hunger nach Wahnsinn" deutlich geschildert:

"Hier trennt man nicht zwischen weiblich und männlich, hier heißt der Überbegriff 'Irr'. Hier hat jeder den gleichen Anspruch auf Irresein. Die Männer sind hier den Frauen gegenüber nicht bevorteilt. Egal, ob männlich oder weiblich, hier hat jeder die gleichen Chancen und es kommt zu keinem Konkurrenzkampf, jeder kann sich gemäß der Energie seiner Persönlichkeit den Wahn aussuchen (...) Hier muß man die männliche oder weibliche Rolle nicht spielen."[1]

In Studium, Beruf und im Wettbewerb um sozialen Erfolg wird die Frau immer mehr mit der Macht und dem Narzißmus des Mannes konfrontiert. Sie muß ihm beweisen, daß auch sie mit einer konkurrenzfähigen Aggressivität ausgestattet ist, die mit der traditionellen Frauenrolle wenig vereinbar ist. Dieses plötzliche Hinabstürzen in eine grausame Gesellschaft, in der es

---

[1] Zitiert von B.Blank, a.a.O., S.128.

jederzeit darum geht, "die Beste (und auch die Schönste) zu sein", bereitet vielen jungen, noch sehr sensiblen Frauen, die gerade erst den Familienschoß verlassen haben, eine unerträgliche innere Spannung.

Wir wissen inzwischen, daß magersüchtige Frauen oft Schwierigkeiten haben, ihre eigenen Wünsche innerhalb der Familie durchzusetzen, aus Angst davor, die elterliche Billigung zu verlieren. Wir können uns dann fragen, ob sie sich nicht aus diesem Grunde heraus leichter dem kulturellen Imperativ der Schlankheit unterordnen als andere Frauen. Ganz offensichtlich haben aber viele magersüchtige Frauen eine Reihe unzusammenhängender Erfahrungen erlitten, die sie dazu brachten zu hungern: entweder wurden sie von einer ablehnenden Mutter an eine Großmutter oder Tagesmutter in Obhut gegeben, die ihrerseits aus einem eigennützigen unbewußten Wunsch von ihnen erwarteten, jemand anders zu sein (d.h. ein verlorenes Kind, einen verlorenen Partner zu ersetzen); oder die Mutter selbst hatte keine ausreichende Kohärenz ihres inneren Selbstbildes erlangt; oder die Mutter war gestorben. So war es bei vielen magersüchtigen Autorinnen wie V. Woolf, M. Holder, M.V. Rouiller und S. MacLeod:

"Ich hatte mich mit meiner Mutter so identifiziert, daß ich ihre Symptome und als natürliche Folge auch ihren Tod auf mich nahm. Indem ich zu diesem Zeitpunkt magersüchtig wurde, brachte ich drei Dinge zum Ausdruck:

1. 'Ich möchte von dir befreit sein, Mutter, doch fühle ich mich wegen einer solchen Treulosigkeit schuldig und kann mich deshalb nicht völlig befreien.'

2. 'Wenn ich Ich bin, dann lebe ich, wenn ich Du bin, bin ich tot, und ich kann das nicht unterscheiden.'

3. 'Ich muß Ich (die Magersüchtige) sein, weil ich nicht

sterben will.'"[1]

Bei allen Autorinnen geht es gleichzeitig um die Unfähigkeit, sich von einem geliebten Objekt zu lösen, das sie in solchem Maß vereinnahmt, daß die Grenzen zwischen ihm und einem selbst undeutlich werden. Sie werden die lebende Ausdehnung von Toten, ein Ersatz für sie, und dies hemmt ihre Liebesfähigkeit: "... da ich so sehr von dem Kampf mit mir selbst absorbiert war, dem Kampf zwischen meinem Selbst und meinem Körper", schreibt Sheila MacLeod, "existierten andere Menschen nicht wirklich für mich."[2]

Die narzißtischen Kränkungen, die Unaufmerksamkeit oder die affektiven Lücken der Frühkindheit werden in der Pubertät, nach der Latenzperiode, wieder belebt, da die mehr oder weniger ausgesprochene Uneinigkeit zwischen den Eltern üblich ist. Auf jeden Fall wird die heranwachsende Frau ihrer Familie die "Rechnung" einreichen: es kann der abgemagerte, leidvolle Körper der Anorexie sein; es können aber auch die heimlichen, kostspieligen Nahrungsorgien der Bulimie sein mit ihren Tränenausbrüchen und Mißerfolgen in Schule oder Universität, obwohl gerade dieses begabte Kind die ganze Hoffnung der Familie war. Die Französin Marie--Victoire Rouiller hat in der Form von Briefen diese teuere Rechnung an ihre Tante adressiert:
"Ich höre nicht auf, von Ihnen Rechenschaft zu fordern. Da ich von Ihrer Liebe nicht leben konnte, will ich zumindest meinen Schmerz mit Ihnen teilen. Bis wann muß ich mit Erbrechen die Tränen bezahlen, die ich wegen Ihnen zurückgehalten habe? (...) Und was soll ich aus all diesem Körper machen, den Sie nie richtig

[1] S. MacLeod, a.a.O., S.210.
[2] S. MacLeod, a.a.O., S.136.

umarmt haben?"[1]

Indem sie ein Symptom zur Schau stellt, das sich dem Blick kaum entzieht, stellt die magersüchtige Frau die folgenden wesentlichen Fragen: "Wer bin ich? Wo ist mein Platz? Stehe ich in der Familienmythologie am richtigen Platz?"[2] Das Symptom hat dann die Funktion, die Frage des Subjekts in Bezug auf jenen Platz zu stellen, wo es vor seiner "körperlichen" Geburt war. Es stellt körperlich die soziale und psychische Übertragung der Verwandtschaft in Frage, indem es jeden Elternteil auf den Sinn ihres Zusammenseins zurückwirft: "Warum habt ihr gerade dieses Kind zur Welt gebracht?" In vielen Fällen nimmt die magersüchtige Frau bei ihren Verwandten nur ein förmliches Begehren wahr. Sie leidet nicht unter einer materiellen Leere, sondern unter der Leere der innerlichen Welt der Eltern. Valérie Valère bekam schon sehr früh die Ablehnung der Eltern zu spüren. Ihre Mutter hatte erfolglos versucht, sie abzutreiben. Für ein zweites Kind hatte sie kein Geld (das erste war ein Sohn gewesen), und sie hatte unaufhörlich Streit mit ihrem Mann, der auf keinen Fall eine Tochter wünschte (Ihr Vater hatte in seiner Jugend eine Vorliebe für Männer, heiratete aber dennoch ihre Mutter). Die Großmutter hatte Valérie zu sich genommen und sich um sie gekümmert. Die Mutter schien die echten Bedürfnisse von Valérie nicht wahrzunehmen. Sie sah sie nicht richtig an, redete, als ob sie nicht anwesend wäre, war nur auf sich selbst konzentriert. Und auch Valérie wurde unfähig, sich selbst zu spüren, da niemand um sie herum sie richtig spürte und liebte. Diese Distorsionen führten bei ihr zu einer Verkennung ihrer Ichgrenzen, ihres Sinnes für Identität und ihres Körperbildes. Daraus

---

[1] M. V. Roullier: Un corps en trop. Aix-en-Provence, Ed. Alinea, 1988, S.30.
[2] G. Raimbault & C. Eliacheff, a.a.O., S.50.

ließen sich die Unfähigkeit, ihre emotionelle Bedürfnisse zu artikulieren, das Fehlen sinnlicher Empfindungen und das Gefühl von Machtlosigkeit und Abhängigkeit ableiten. In diesem Sinne ist die Lebensgeschichte von Valérie nicht sehr viel anders als die von Christiane vom Bahnhof Zoo. Beide erzählen in der Art, wie sie sich versklavt und ums Leben gebracht haben, was mit ihnen in der frühen Kindheit geschehen ist: Verständnislosigkeit und Mangel an Einfühlungsvermögen für die wahren Bedürfnisse des Kindes. "Wie die Eltern früher mit Hilfe des Schlagens die Gefühle des Kindes nach ihren Bedürfnissen erfolgreich unter Kontrolle bekamen, so versuchte Christiane ihre Stimmungen mit Hilfe der Drogen zu manipulieren", schreibt Alice Miller.[1] Die Sehnsucht nach dem wahren Selbst wird in ähnlicher Weise von Magersüchtigen selbst bestraft, wie ihre ersten vitalen Regungen in der frühen Kindheit einst bestraft wurden: "mit der Tötung des Lebendigen".[2] Es geht also darum, das falsche Selbst zu töten, das das lebendige Selbst erstickt:

"Ich hatte nichts; ich war nichts. Positiver ausgedrückt erhielt ich das, was ich nicht wollte (was dem gleichkam, daß ich nichts erhielt), und wurde als die eingeschätzt, die ich nicht war (was dem gleich kam, als Nichts eingeschätzt zu werden). Meine einzige Waffe in meinem Streben nach Autonomie war der Streik."[3]

Dem Verfolger im eigenen Selbst, der sich oft als Erzieher tarnt, konnte auch Sheila MacLeod nirgends entfliehen. In der Magersucht übernahm er die vollständige Herrschaft. Eine grausame Versklavung des

---

[1] A. Miller: Am Anfang war Erziehung. Frankfurt/Main, Suhrkamp Taschenbuch Verlag, 1980, S.146.
[2] Ebd.
[3] S. MacLeod, a.a.O., S.85.

Körpers und Ausbeutung des Willens waren die Folgen. Das Gewicht wurde streng kontrolliert und der Sünder sofort bestraft, wenn er die Grenzen überschritten hatte. Das oberste Gesetz dieses Familiensystem heißt nach Alice Miller, "alle Mittel sind gut, damit du so wirst, wie wir dich brauchen, und nur so können wir dich lieben. Das spiegelt sich später im Terror der Magersucht. Ein konditioniertes, braves Kind darf nicht spüren, was es empfindet, sondern fragt sich, wie es fühlen sollte."[1]

Wir finden hier einen Zustand der "inneren" Kolonialisierung, der einer Zone des Nicht-Seins weicht, die mit einer außergewöhnlichen dürren und sterilen Wüste vergleichbar ist. "Das sind", schreibt Kafka, "aus Eigennutz geboren, die zwei Erziehungsmittel der Eltern: Tyrannei und Sklaverei in allen Abstufungen, wobei sich die Tyrannei sehr zart äußern kann ('Du mußt mir glauben, denn ich bin deine Mutter') und die Sklaverei sehr stolz ('Du bist mein Sohn, deshalb werde ich dich zu meinem Retter machen'), aber es sind zwei schreckliche Erziehungsmittel, zwei Antierziehungsmittel, geeignet, das Kind in den Boden, aus dem es kam, zurückzustampfen."[2]

Die affektive Nicht-Aufwertung des Kindes führt später immer zu einem extrem schmerzlichen und verfolgenden Gefühl, ausgeschlossen und überall überflüssig zu sein und nirgendwo seinen Platz zu haben. "Jemand anders" zu sein, ist ein Ausdruck, der zum Sprachgebrauch von vielen magersüchtigen Frauen gehört, die sich von der Familie vereinnahmt, bzw. "kolonialisiert" fühlen: "Ich war das Engelchen der Familie", schrieb Valérie,

---

[1] A. Miller, a.a.O., S.145.
[2] Heinz Politzer (Hrsg.): Das Kafka-Buch. Eine innere Biographie in Selbstzeugnissen. Frankfurt/Main u. Hamburg, Fischer Bücherei, 1965, S.175.

"immer hat mein Bruder was an meiner Stelle abge-
kriegt."[1] "Nein", sagte ihre Mutter zum Psychiater. "Sie
hat nie geweint; sie hat immer 'sehr gut' in der Schule
(...) Alle Welt liebte sie, fand sie süß, alle hätten gern
eine Tochter wie sie gehabt."[2]
Was Valérie in ihrem Bericht denunzierte, war die
scheinheilige Welt der Erwachsenen, "eine käufliche
Welt" wie sie zu sagen pflegte. "Jetzt ist alles korrekt",
dachte der Vater, "ich habe eine perfekte Frau gefunden,
und sie wird nie etwas merken. Wenn wir hübsche
kleine Babys zustande bringen, wird in den Augen der
Leute alles in Ordnung sein."[3] Was für die Erwachsenen
zählt, ist die Meinung der Anderen, der Nachbarn, der
Lehrer ... Immer die Fassade, das Äußere, die Oberfläche, denn "le linge sale se lave en famille" (die
schmutzige Wäsche wird in der Familie gewaschen).
Aber gerade das ist es, das Geheimnisvolle, "das im
Elternhaus verschwiegene, das an die Scham-, Schuld-
und Angstgefühle der Eltern Rührende, das die Kinder
beunruhigt", schreibt Alice Miller.[4] Und Söhne und
Töchter inszenieren das Schicksal ihrer Eltern, um so
intensiver unbewußt, je ungenauer sie es kennen[5], z.B.
die verleugnete Homosexualität des Vaters bei Valéries
Bruder und sich selbst.
Maryse Holder ließ sich im Ausland umbringen und
wiederholte auf diese Weise den schrecklichen Mord
ihrer Mutter durch die Nazis im besetzten Frankreich.
Sie war fest davon überzeugt, daß ihre Mutter sie "im
Stich gelassen hatte" und ihr Tod eine Art Selbstmord,
eine Flucht vor dem Ehemann gewesen war. Ausschlag-

---

[1] V. Valère: Das Haus..., a.a.O., S.139.
[2] Ebd., S.129-131.
[3] Ebd., S.44.
[4] A. Miller, a.a.O., S.160.
[5] Ebd., S.159.

gebend war der Druck unerträglicher Verhältnisse im Privatleben der Mutter: "Die Nazi-Okkupation allein hätte keine Mutter von ihrem Kind zu trennen vermocht."[1] Und dennoch entschied Maryse Holder sich für Männer, die ihr "Angst und Schrecken" einjagten, bis sie selbst ums Leben kam.

"In Mexiko konnte sie ihre inneren Qualen und Ängste ausleben und sich daran berauschen", schreibt ihre Freundin Edith Jones.[2] Das Geheimnis, das um den Tod ihrer Mutter gemacht wurde, führte sie zu einer wiederholten Dramatisierung dieses Todes, denn wer seine Geschichte nicht kennt, ist dazu verurteilt, sie zu wiederholen. Ein Beispiel von zwei jungen magersüchtigen Frauen aus Frankreich, Marie-Antoinette und Lili, soll dies veranschaulichen:

Antoinette ist das Enkelkind von italienischen Flüchtlingen, die unter Mussolini nach Frankreich auswanderten: "Ich wußte wohl, daß mein Name von meinen Eltern nicht ausgesucht worden war, um die besondere Person zu bezeichnen, die gerade geboren war. Ich hatte ganz einfach den Vornamen meiner Großmutter mütterlicherseits bekommen, wie es in Italien damals üblich war. Was den Namen allein betraf, war ich für mich selbst ein NICHTS. Das Schicksal hatte es so gefügt, daß der Vorname meiner im Alter von neunundzwanzig Jahren im Exil verstorbenen Großmutter -meine Mutter war damals 8 Jahre alt- auf mich als älteste Tochter fiel. Indem sie mich wie ihre Mutter nannte, beraubte mich meine Mutter, ohne es zu wollen, meines Selbst. Ich verbrachte meine ganze Kindheit und Jugend damit, den

[1] S. Yampolsky, Nachwort in: Ich atme mit dem Herzen von M. Holder, a.a.O., S.373.
[2] E. Jones: Eine Vorbemerkung zum zweiten Teil von "Ich atme mit dem Herzen", M. Holder, a.a.O., S.228..

Tod herbeizuwünschen, so wie ich mir gewünscht hatte, von meiner Mutter geliebt zu werden. Denn ich dachte, daß ich wie meine Großmutter immer und ewig hätte sterben müssen, um endlich das Recht zu haben, mich Tag und Nacht in ihren tiefsten Gedanken zu vergraben."

Die junge Antoinette war immer von schwarzen und zu engen Kleidern eingeschnürt, die die Magerkeit ihrer Figur noch betonten. Hiermit stellte sie bis zum Exhibitionismus das Bild einer "Lebend-Toten" dar, eine Abwesenheit bzw. eine Leere im Symbolisierungsprozeß, die ihrer Familie eigen war und die gelegentlich anläßlich eines Todesfalles aufgedeckt wird, dessen Trauerarbeit nicht stattgefunden hat. Eine solche Leere in der Symbolisierung ließ im Realen des skelettartigen Körpers die Vergegenwärtigung der Toten zum Vorschein kommen. Es kommt noch hinzu, daß Antoinettes Familie eine beeindruckende Reihe unheilvoller Trauerfälle erlebt hatte: die beiden Großväter der Mutter wurden von den Faschisten ermordet, mehrere Onkel gehängt; ihre Großmutter starb, wie erwähnt, im Exil an einer Lungenentzündung; ihr Großvater wurde acht Jahre später von Männern aus seinem Dorf erstochen, weil er im Kriegsjahr 1943 (als Italiener) "das Brot der Franzosen" aß.
Im Wunsch ihrer Mutter mußte Antoinette die unsterbliche Mutter ihrer Mutter sein und bleiben. Sie mußte sie ersetzen und ihren Tod aufheben. Das ist Unglück, "le malheur de n'être, de naître jamais que de rien", schreibt Serge Leclaire in diesem Zusammenhang.[1] Antoinette erscheint also als ein Ersatz, und ihr Kampf besteht darin, Antoinettes Darstellung, lebendiges Substitut der toten Antoinette, zu töten bzw. auszuhungern.
Für den Psychoanalytiker Jacques Lacan wird das

---

[1] S. Leclaire: On tue un enfant. Paris, Ed. du Seuil, 1975, S.96.

Subjekt schon vor seiner Geburt in ein jeder Kultur zwar eigenes Sprachbad eingetaucht, doch ist dieses auch spezifisch für den besonderen bewußten wie unbewußten Diskurs, der jede Familiengeschichte trägt. Dies gestattet es Lacan, eine Art etymologisches Spiel zu entwickeln, parere-procurer (verschaffen), separare-séparer (trennen, absondern), se parere-s'engendrer soi-même (sich erzeugen, gebären), wobei er den intensiven Charakter eines solchen Spiels hervorhebt: "der Teil hat nichts mit dem Ganzen zu tun, er spielt seine Partie allein. Das Subjekt vollzieht hier durch seine Trennung seine Geburt."[1] Die Anorexie wäre in diesem Zusammenhang die einzige Möglichkeit für das Subjekt, als begehrendes Subjekt -außerhalb des Begehrens der Mutter- zur Welt zu kommen. Nach G. Raimbault und C. Eliacheff kann das Anorexie-Symptom ebenfalls als eine Frage des Subjekts nach der "Familienmythologie" und ihrer Ordnung, nach ihren Rissen, nach dem Gesagten und dem Nicht-Gesagten sowohl nach seinem Platz als Subjekt innerhalb dieser Familie entziffert werden: "Was bin ich? Bin ich der passende Erbe? Bin ich ein Ersatzteil? Eine Kompensation? Eine Rache? Ein Wiedergutmachungsmittel? ein Lückenbüßer? ein Gespenst? Habe ich einen Toten ersetzt?"[2]

Wenn wir zudem berücksichtigen, daß die Familie von Natur aus "exzentriert, dezentriert"[3] ist, daß Vater-Mutter-und-Ich immer "in unmittelbarem Kontakt zu den Elementen der historisch-politischen Situationen, dem Soldaten, dem Bullen, dem Okkupanten, dem Kollaborateur, dem Protestierenden oder Widerstandsleistenden"[4] oder dem Flüchtling, dem Folterknecht stehen, "die alle

---

[1] J. Lacan: Position de l'Inconscient, in: Ecrits. Paris, Ed. du Seuil, 1966, S.243.
[2] G. Raimbault & C. Eliacheff, a.a.O., S.50.
[3] G. Deleuze & F. Guattari: Anti-Ödipus, Frankfurt/Main, Suhrkamp Taschenbuch, 1974, S.126.
[4] Ebd.

fortwährend jegliche Triangulation aufbrechen und die verhindern, daß das jeweilige Situationsgefüge sich auf den familialen Komplex beschränkt und sich in ihm verinnerlicht"[1], dann können wir vielleicht verstehen, was sich im Unbewußten magersüchtiger Frauen abspielt. Sie handeln und wiederholen, ohne es zu wissen, bestimmte Lebensszenarien, und sind ebensosehr ihrer individuellen Geschichte wie ihrer Familienmythologie ausgesetzt, die ihrerseits nichtfamiliären Einschnitten ausgesetzt war: "Religion und Atheismus, der Krieg in Spanien, der Aufstieg des Faschismus, der Stalinismus, der Krieg in Vietnam, der Mai 68 ...": dies alles zusammen bildet nach Deleuze und Guattari die Komplexe des Unbewußten.[2]

Die junge Ungarin Lili lebte in den Vereinigten Staaten, um Englisch zu lernen und sich fern vom Blick ihrer Mutter zu verwirklichen, nachdem ihre Eltern sich kurz zuvor hatten scheiden lassen. Sie kam ein Jahr später abgezehrt nach Hause zurück:
"Mein Großvater war während des Dritten Reiches Richter in Ungarn gewesen. Er war an der Verfolgung der Juden beteiligt und ist heute noch der Meinung, daß es sich um ein minderwertiges Volk handelt. Meine Mutter hatte nie den Mut, sich mit ihrem Vater auseinanderzusetzen. Sie hatte schrecklich Angst vor ihm und seinem Zynismus. Alle in der Familie wußten, daß er Frauen und Kinder hatte hinmorden lassen, aber niemand redete offen darüber. Ich aber weigere mich dagegen, die Enkeltochter (sie versprach sich und sagte Ekeltochter) eines Nazi-Verbrechers zu sein. Da ich von meiner Mutter zum Schweigen verurteilt wurde, will ich mit

---

[1] Ebd., S.125-126.
[2] Ebd.

meinem abgezehrten Körper zeigen, daß ich auf der Seite der Opfer der Judenverfolgung stehe, auf der Seite aller Menschen, die in den KZ gefoltert und gestorben sind, und nicht auf der Seite der Nazis."

Was gewußt und verschwiegen wird, bedeutet für die siebzehnjährige Lili die Scheinheiligkeit der Erwachsenen. Die Wahrheit besitzt jedoch, wenn sie verschwiegen wird, die Macht, sich in unterschiedlicher Gestalt auszudrücken und unerwartet wieder zum Vorschein zu kommen. In der Nahrungsverweigerung und indem sie ihrem Körper die zu bezeugenden Zeichen der begangenen Gewalttaten einprägte, wollte Lili ihre Solidarität mit den Opfern bekunden. Ihr Hungerstreik brachte ihre Rebellion und ihre machtlose Anklage gegen die Verbrechen zum Ausdruck, die im Namen einer Nation, einer Rasse, einer Partei, begangen wurden.

Lili denunzierte somit das Geheimnis der Familie. Diese Immanenz des Fremden im Vertrauten wird als ein Beleg für die psychoanalytische Annahme angesehen, wonach "das Unheimliche... jene Art des Schreckhaften (sei), welche auf das Altbekannte, längstvertraute zurückgeht"[1], was für Freud auch die Definition von Schelling bestätigte: "Unheimlich nennt man alles, was im Geheimnis, im Verborgenen bleiben sollte und hervorgetreten ist."[2] Dies macht gerade die magersüchtige Frau so "unheimlich".

Ebenso geheimnisvoll verschwiegen und unheimlich nehmen sich viele Inzestepisoden aus. Die intimen Gewohnheiten und die "gebilligte" Verführung durch ihre Halbbrüder bestimmten das Leben einer Frau wie Virginia Woolf seit früher Kindheit. Nicht nur Psychoanalytiker wären hier zuständig. Auch Familientheorien

[1] S. Freud: Das Unheimliche (1919), in: Psychologische Schriften, Bd.IV, Frankfurt/Main, S.Fischer Verlag, 1974, S.224.
[2] Zitiert von S. Freud, a.a.O., S.248.

mit ihren Konzepten von lebenslangen unseligen Loyali-
täten und Delegationen über mehrere Generationen
hinweg muß man bemühen, um jenes grauenhafte
Geflecht von destruktiver Sexualität zu erklären. Alle
drei Schwestern (Stella, Vanessa und Virginia) wurden
sexuell mißbraucht, allein Virginia aber fand den Mut,
den Inzest in ihrer Autobiographie aufzudecken:
"Plötzlich ein Klopfen an der Tür, das Licht wurde
ausgemacht, und George warf sich auf mein Bett,
hätschelte und küßte mich und liebkoste mich auch
anders, um mich, wie er später Dr. Savage erklärte, über
die tödliche Krankheit meines Vaters hinwegzutrösten -
der zwei oder drei Stockwerke tiefer am Krebs im
Sterben lag."[1]
Interessanterweise haben alle drei Schwestern im Er-
wachsenenalter sich ihrerseits am Inzest-Spiel durch
diverse Verführungen von Schwagern und Liebhabern
anderer Familienmitglieder beteiligt, erzählt Louise
Desalvo. Die Erinnerungen Virginias an die Zeit in
dieser "ehrbaren" und berühmten viktorianischen Familie
ist von großer Bedeutung, um ihre spätere Entwicklung
zu verstehen:
"Tja, die alten Damen von Kensington und Belgravia
kamen nie auf die Idee, daß George Duckworth eben
nicht nur Vater und Mutter, Bruder und Schwester für
die armen Stephen-Mädchen, sondern auch ihr Liebhaber
war."[2]
Das gleiche Inzest-Spiel läßt sich auch bei Valérie
Valère vermuten, selbst wenn sie so gut wie nichts
darüber berichtet:
"Verstehen Sie, Herr Psychiater, ich habe damit nichts
zu tun, er hat seine Tochter auf eine Reise mit seiner

[1] V. Woolf: Augenblicke, a.a.O., S.213.
[2] Ebd., S.210.

Geliebten mitgenommen. Stellen Sie sich vor! Ich habe
sie gefragt, ob sie zu dritt im selben Bett geschlafen
haben, aber sie will nicht antworten. Bei diesem Sexbesessenen weiß man nie. Jedenfalls hatten sie zu dritt ein
Zimmer, ich habe mich in dem Hotel in Belgien erkun-
digt. Bestimmt ist es deswegen, daß..."
Immerhin war es aber die Mutter, die zu ihrem Mann
gesagt hatte: "Nimm sie mit, das wird eine Abwechslung
für sie sein." Und Valérie wirft ihrer Mutter vor: "Außerdem wußtest du es, du hast es stillschweigend
gebilligt, indem du einen Sexbesessenen geheiratet
hast."[1]
Sexueller Mißbrauch ist eine der häufigsten Ursachen
von Sucht bei Frauen. Diese Einschätzung, zunächst
formuliert von feministischen Therapie- und Selbsthilfe-
gruppen, teilen heute auch traditionellere Therapieein-
richtungen. So kommt eine Untersuchung der Therapie-
organisation "Daytop" in München zu dem Schluß, daß
bis zu 70% der drogensüchtigen Frauen in ihrer Kindheit
sexuell mißbraucht worden sind, meist von Bekannten
und Verwandten, oft vom eigenen Vater. Die Sucht ist
in diesem Zusammenhang ebenso wie in der Mager--
Sucht als eine Überlebensstrategie zu verstehen, die es
ermöglicht, das unerträgliche Geschehen so wenig wie
möglich wahrzunehmen, weil die betroffenen Frauen mit
diesem Wissen und den damit verbundenen Gefühlen
psychisch nicht überlebt hätten. "Psychisch überleben"
bedeutete für die beiden Schriftstellerinnen Virginia
Woolf und Valérie Valère, "nicht wahnsinnig zu
werden".
Alles, was den Tod in das Leben integriert, bezeugt den
Kampf, der von diesen jungen Frauen bis zur Erschöp-
fung geführt wird, um weiterzuleben. Sie wollen nicht

---

[1] V. Valère: Das Haus..., a.a.O., S.138.

im Kampf sterben, doch ist er für sie das einzige Mittel, überleben zu können. Sie flirten mit dem Tod wie ein Torero mit dem Stier in der Arena und nähern sich ihm, weil sie den Augenblick der Klarheit suchen, wobei sie nicht von der allgemeinen Ansicht ausgehen, daß in einem solchen Augenblick "alles an einem vorbeizieht", sondern daß sie, wenn sie sich von ihrer leiblichen Hülle befreien, vielleicht die Chance bekommen, zu erfahren, wer sie wirklich sind. Diese "Idee" wird auch durch die fiktive Figur in N. Châtelets Novelle bestätigt:

"Nach sechs Jahren reines Leidens, sechs Jahren, in denen sie die Illusion einer jungen Frau ohne Probleme aufrechterhielt, nach sechs Jahren Untergrundleben, in denen sie sich vollstopfte und entleerte, war Marie-Claude endlich hinter das Geheimnis ihrer Existenz gekommen."[1]

Nahrungsverweigerung, Nichtachtung ihrer physischen Grenzen und Einnahme von Tabletten, dies war auch Tania Blixens "Idealvorstellung von savoir-mourir; es war eine Form der 'Löwenjagd', ein Aufs-Spiel-Setzen ihres 'gänzlich wertlosen' Lebens, die Bestätigung, daß 'frei lebt, wer sterben kann'."[2]

Der Mythos von Orpheus, der versucht, seine Frau Eurydike der Hölle zu entreißen, um sie ans Licht zurückzubringen, versinnbildlicht am besten den Kampf der magersüchtigen Frau, die sich darum bemüht, dem Tag entgegenzugehen und zugleich der Nacht ins Antlitz zu schauen und Zugang zum Leben zu bekommen, unaufhörlich dem Tode zugewandt. "Weil sie leben will, beschleunigt sie ihr Ende", schreibt Violette Leduc in

[1] N. Châtelet, a.a.O., S.169-170.
[2] J. Thurman, a.a.O., S.375.

ihrer Novelle "Die Frau mit dem kleinen Fuchs".[1] Die gleiche Sehnsucht nach dem Leben wird auch im Bericht von S. MacLeod verdeutlicht:

"Ich war kalt, unberührt und unberührbar und in einem Grab, wo ich nicht sein wollte. Ich wollte warm sein und in der Sonne, berührt werden von der Sonne. Doch wußte ich nicht, wie ich das anstellen sollte."[2]

Genau dies spiegelt die Grenzsituation zwischen Leben und Tod wieder, die durch das Grab symbolisiert wird, in dem Sheila sich befindet. In Wirklichkeit ist sie auf der Suche nach einer Welt, die für sie noch ein gewisses heimliches Leben enthält; sie "begräbt sich lebendig", wenn das Leben aussichtslos erscheint und wenn authentische existentielle Konflikte ihr Sein gefangen halten.

Raimbault und Eliacheff haben einen anderen Mythos gewählt, um die Tragödie der Anorexie darzustellen: den Mythos der Antigone, Sophokles Heldin und Tochter der inzestuösen Liebe zwischen Ödipus und Iokaste. Statt ihren blinden und verzweifelten Vater nach dem Geständnis seines Doppelverbrechens zu verlassen (er brachte seinen Vater Laios um, und heiratate seine Leibmutter Iokaste), sorgt Antigone für ihn und begleitet ihn "barfuß und ohne Brot" bis zum Sanktuarium der Eumeniden in Kolonos, wo er in Frieden stirbt. Nach Theben zurückgekommen, hört sie nicht auf Kreons Befehle (König von Theben und Schwager des Ödipus), und erweist der Leiche ihres Bruders Polyneikes durch die ritualen Gesetze des Begräbnisses die letzte Ehre. Damit erhebt sie sich gegen die eingesetzte Ordnung, im Namen der ungeschriebenen Gesetze, die das Gedächtnis

---

[1] V. Leduc: Die Frau mit dem kleinen Fuchs. München, R. Piper & Co. Verlag, 1967, S.110.
[2] S. MacLeod, a.a.O., S.154.

verewigen: Rebellion gegen die politische Ordnung bei Antigone, gegen die ärztliche Ordnung in der magersüchtigen Frau, gegen die familiäre Ordnung in beiden Fällen.

Indem Antigone die von Kreon verordneten Gesetze der Menschen widerlegt, stellt sie sich unter die Autorität der unveränderlichen und ewig gültigen Gesetze der Götter. Nun stellen aber die zwei Charakteristika der griechischen Götter - sie leben in einer hermetischen und inzestuösen Welt; und sie sind unsterblich - zwei wesentliche Verwirklichungen infantiler Wünsche dar. Dies ist wahrscheinlich der Grund, warum die Psychonalyse aus Antigone ein Symbol machte und einen bestimmten Komplex nach ihr benannte: den Antigone-Komplex. Dieser Komplex bezeichnet die Fixierung des jungen Mädchens oder der jungen Frau auf ihren Vater, ihren Bruder oder auf ihren Familienkreis, die so stark ist, daß sie ein erfülltes Leben in einer anderen Liebe ablehnt. Sehr oft wird sie selbst - wie ihre Familie - ein in sich geschlossenes System, das sich gegen jeden Einfluß von außen abschottet. Indem Antigone sich weigert, jemand anderen zu lieben als ihren Bruder - was eine Ablösung ihrer infantilen Fesseln mit sich brächte - bekommt ihr Tod Symbolwert: sie erhängt sich wie ihre Mutter in der Familiengruft, zuvor "lebendig eingemauert".

# Der Antigone-Komplex

*"Vaters Unheil und unser aller / Los der berühmten Labdakiden. / Io! Fluchehe des Vaters! / Dem eigenen Kind sich einte; / Meinem Vater, die Unheilsmutter, / Von ihnen unselig einst geboren, / Segenlos, ehelos, / Gehe ich wieder bei ihnen wohnen."[1]*

Der Inzest flößte den griechischen Tragikern einen heiligen Schrecken ein, und Sophokles' "König Ödipus" baut seine ganze dramatische Kraft auf dieses Gefühl des Schreckens. Antigone, die Tochter Ödipus', wird zum Tode verurteilt, weil sie ihren Bruder Polyneikes zu sehr geliebt hat. Indem sie die Aufgabe, ihren Bruder zu begraben, auf sich nimmt, deckt Antigone die Notwendigkeit einer Rückkehr in das Reale des Todes auf (ebenso wie bestimmte Verbrechen oder der Selbstmord zur Ignoranz, zum Ausschluß des Todes im familiären Diskurs in Beziehung stehen können). Der Unterschied zwischen Totem und Lebendigem wird somit durch die Bestattung gemacht. Als spezifisches Kennzeichen des Menschlichen beweist sie die Anwesenheit der symbolischen Ordnung.

In der griechischen Tragödie wird die Vorstellung des Fluches, der vom Inzest ausgeht, von einem Menschen auf den anderen übertragen und kann nur über das Leid eines Sühneopfers vernichtet werden. Indem sie ihren Bruder wie jeden anderen Menschen behandelt und beerdigt, macht Antigone daher Schluß mit dem alten Fluch, der auf dem Haus der Labdakiden liegt, und bezahlt dafür mit ihrem Leben. Als Strafe wird sie bei lebendigem Leib in der Familiengruft eingemauert (vgl. die Grenzsituation zwischen Leben und Tod bei der

---

[1] Sophokles: Antigone. Stuttgart, Reclam Verlag, 1955, Verse 860-869.

magersüchtigen Frau). Auf diese Weise stellt sie die Frage nach dem Unterschied zwischen einem toten und einem lebendigen Menschen: "Wer bin ich? Bin ich ein Mensch? Bin ich ein Toter?", und bringt den Mord zum Vorschein, der verschwiegen wurde. Dies ist gerade auch das "Unheimliche", das sich in der Magersucht wiederfindet. "Im allerhöchsten Grade unheimlich erscheint vielen Menschen, was mit dem Tod, mit Leichen und mit der Wiederkehr der Toten, mit Geistern und Gespenstern zusammenhängt."[1]

Das Hauptthema der Tragödie von Sophokles bleibt dennoch die Geschichte eines Menschen, der allein und ohne Hilfe Widerstand leistet gegen sein eigenes Land, gegen die Gesetze seines Landes und gegen das Oberhaupt. Antigone ist ein vollkommen reines und unschuldiges Wesen, das sich freiwillig dem Tod ausliefert, um einen schuldverstrickten Bruder von einem unglücklichen Schicksal in der anderen Welt zu bewahren. Nach der symbolischen Bestattung im Morgengrauen wagt Antigone das unverzeihliche Totenopfer am hellen Tage. Sie ist also auch diejenige, die sich gegen die von Kreon verkörperte Macht des Staates auflehnt; diejenige, die sich gegen die konventionellen Formen und die Gesetze im Namen von nicht geschriebenen Gesetzen erhebt: im Namen der mündlich überlieferten Gesetze, die das Gedächtnis einer Familie verewigen und die mütterliche Stammesgeschichte respektieren. Nach L. Irigaray bedeutet dies, daß die von der Mutter gezeugten Körper in ihrem Leben umhegt und nach ihrem Tod begraben werden müssen.[2]

Historiker und Anthropologen haben die Rolle der

---

[1] S. Freud, a.a.O., S.264.
[2] L. Irigaray: Le temps de la différence. Paris, Librairie Générale Française, 1989, S.82.

Frauen bei der Achtung der Bestattungsriten und im besonderen bei der Bewahrung und Aufrechterhaltung der Bestattung genau beschrieben. Nun besteht die Funktion der Bestattung darin, die Trennung zwischen der Natur und der Kultur, dem Tierischen und dem Menschlichen hervorzuheben. Antigone opfert sich auf, damit ihr Bruder, und sei er ein Verbrecher, wie jeder andere Mensch behandelt und begraben wird, damit sein Name ins Gedächtnis eingeschrieben bleibt. Sie verlangt ebenfalls, daß das Gedächtnis an einen anderen Verbrecher in Ehren gehalten wird: an ihren anderen Bruder Ödipus, der zugleich ihr Vater ist. In ihren Augen ist das Verbot, die Toten zu begraben, nicht vertretbar, denn es verneint ihre und unsere Menschlichkeit. Wegen der Verletzung von Kreons Verbot, den Bruder zu begraben, wird Antigone zum Tode bzw. zum Schweigen verurteilt. Tote sprechen nicht. Sagen wir nicht auch, 'verschwiegen wie ein Grab sein'?

Viele Erzählungen junger magersüchtiger Frauen bestätigen diese Verurteilung zum Schweigen. "Alle wissen es, aber niemand spricht darüber". Das Schweigen wird ihnen aber nicht nur aufgezwungen, es steckt auch in ihnen selbst. Sie wollen nicht sprechen, und ihre Weigerung zu sprechen klebt an dieser Angst, die in der unergründlichen Vollkommenheit dieser geheimen, mit Sorgfalt geschützten und unerreichbaren Gruft stumm bleiben will. Sie wollen nichts sagen, weil sie nichts zu sagen haben, da gar nichts sagbar ist... "Ihre Schüchternheit, eine gemütliche zweite Haut, ein gefütterter Pantoffel, der sie warnte", schreibt Violette Leduc "halte dich zurück, schweig, hüte dich (...)"[1]

Interessant ist an diesem Punkt, in die Zeit zurückzugehen und in dem Fluch, der auf Antigones Familie

---

[1] V. Leduc: Die Frau mit dem kleinen Fuchs, a.a.O., S.95.

ruht, das Thema des sexuellen Mißbrauchs wiederzufinden, um den Zusammenhang zwischen dem Antigo-
ne-Mythos und der Anorexie zu verstehen. Im Mythos
wird erzählt, wie Laios, Ödipus' Vater, sich während der
Unterrichtung im Wagenfahren in einen Jüngling verliebte und wie er ihn anschließend entführte. Wenngleich
die Pädophilie in der griechischen Antike häufig zur
Initiation des Schülers gehörte, hatte Laios dennoch die
Gesetze der Gastfreundschaft gebrochen, die zwischen
Liebhabern wie zwischen Gästen galten. Die Entführung
des jungen Sohnes seines Gastgebers und der homosexuelle Mißbrauch hatten den Tod des Jünglings zur Folge.
Die einen erzählen, daß er aus Scham Selbstmord
begangen habe, die anderen, daß er von seinen Halb-
brüdern ermordet worden sei. Der Vater des Jünglings
hätte danach Laios verflucht, auf daß dessen Rasse sich
nicht mehr fortpflanzen möge. Laios würde von seinem
ehelichen Sohn umgebracht werden, nachdem dieser
seine eigene Mutter geheiratet hätte.[1] Laios' Verfluchung
hängt also mit einer noch früheren Schuld als der des
Inzestes von Ödipus und Iokaste zusammen.
Die sexuelle Schuld, der Tod und die Sterilität sind nach
G. Raimbault und C. Eliacheff Bezugspunkte in dieser
Genealogie.[2] Da das Orakel ihn davor gewarnt hatte, daß
ein Sohn ihn ermorden und mit seiner Mutter schlafen
würde, versuchte Laios, kein Kind zu zeugen. Aus
diesem Grunde praktizierte er mit seiner Frau Iokaste
Analverkehr bis zu dem Tage, wo er so betrunken war,
daß er "ein Kind in die Furche seiner Frau pflanzte".[3]
Die beiden Autorinnen sehen in der Antigone-Figur eine

[1] G. Carloni & D. Nobili: La mauvaise mère. Paris, Petite bibliothèque Payot,
S.175.
[2] G. Raimbault & C. Eliacheff, a.a.O., S.148.
[3] Ebd.

Rebellin, die den Anspruch erhebt, in ihrer ursprünglichen Persönlichkeit, und nicht als Erbin eines Fluches
gewürdigt zu werden. Antigone weigert sich, nach dem
Belieben der Männer behandelt zu werden wie damals
der von ihrem Großvater Laios entführte und mißbrauchte Jüngling. In Kreon wird nicht nur die königliche
Macht denunziert, sondern der Mann schlechthin. Eben
diese Komponente des Konflikts zwischen Kreon und
Antigone muß betont werden: der Kampf zwischen
Mann und Frau. "In Wirklichkeit wäre sie der Mann von
uns beiden, wenn ich sie ungestraft triumphieren ließ",
sagte Kreon.[1]

Den Kämpfen um die Macht, den Konflikten unter
Männern (im Streit um den Thron wurde Polyneikes von
seinem feindlichen Bruder Eteokles erschlagen), diesem
endlosen Durchgehen um die Wette "Wer wird dem
Anderen überlegen sein und dies um jeden Preis",
begegnet Antigone mit ihrem "Nein". Sie beweist damit,
daß die Ordnung der Stadt und die politische Verantwortung keine konfliktuelle Polemik für sich selbst ist, "um
sich einen Platz in der Sonne zu verschaffen", um ihr
Begehren, ja sogar Begierde zu befriedigen, da dies
endlose Kriege zur Folge hat. Sie sagt, daß das Recht
einen Inhalt hat und daß dieser Inhalt respektiert werden
muß.[2]

Dieses Bedürfnis nach Gerechtigkeit finden wir bei
magersüchtigen Frauen wieder: "Ich machte Gedichte
über das Alter, über den Hunger in der Welt, über
Vietnam, und natürlich, über den Tod"[3], schreibt Louise
Roche in ihrem Bericht. Und ebenso Valérie Valère:

[1] Zitiert von G. Raimbault & C. Eliacheff, a.a.O., S.138.
[2] L. Irigaray, a.a.O., S.84.
[3] L. Roche: Essen als Strafe. München, Knaur 1987, S.38.

"Ich hasse alle diese Leute, die die Macht haben"[1], mit Bezug auf die Familien, die Lehrer, die Ärzte und das ganze Strafsystem der psychiatrischen Kliniken, "die das Recht haben, die Leute mit Leib und Seele zu besitzen".[2] In "Ihren Memoiren einer Tochter aus gutem Hause" erinnert sich Simone de Beauvoir, die selbst als Kind ihre Abneigungen bis zum Erbrechen und ihre Begierden bis zur Besessenheit ausdrückte, an ihre Begegnung mit der magersüchtigen Militantin Simone Weil:

"Ich weiß nicht, wie wir damals ins Gespräch gekommen sind; sie erklärte in schneidendem Tone, daß eine einzige Sache heute auf Erden zähle: eine Revolution, die allen Menschen zu essen geben würde."[3]

Die magersüchtige Frau opfert sich also auf wie Antigone, um dem Leben jenen Wert und jene Würde zurückzugeben, die aber durch die alltäglichen Opfer der Eltern und ihrer Weigerung, die Wahrheit zu sagen, geleugnet wurden. Beide lehnen sich gegen ein Leben auf, das ihnen gleichzeitig geschenkt und auferzwungen wurde. Beide tun kund, daß sie ein solches Leben nicht führen wollen und den Kampf der Unterdrückten gegen die Unterdrücker verherrlichen.

Am Beispiel von Antigone entwirft Luce Irigaray mögliche Erweiterungen des Zivilrechts, wenn sie vorschlägt, das Jungfräulichkeitsrecht als Besitz der Tochter und nicht des Vaters, des Bruders oder des zukünftigen Ehemannes einzutragen. Anders gesagt meint sie, daß das Jungfräulichkeitsrecht zu der Zividentität der Töchter als Recht auf den Respekt der zivilen und moralischen Integrität gehören muß. Nicht zivil sind

---

[1] V. Valère: Das Haus..., a.a.O., S.37.

[2] V. Valère: Das Haus..., a.a.O., S.16.

[3] S. de Beauvoir: Memoiren einer Tochter aus gutem Hause. Hamburg, Rowohlt Taschenbuch Verlag, 1990, S.229.

ihrer Meinung nach die Männer, die die Genealogie der Frauen nicht respektieren und die die Kinder und im besonderen die jungfräulichen Töchter als ihren Besitz betrachten. Es müßte also, sagt die feministische Analytikerin, ein Zivilrecht geben, das die Tochter vor jedem sexuellen Mißbrauch schützt (eine von ihrem Vater mißbrauchte und von ihrer Familie gefangen gehaltene Tochter verfügt im Fall eines Inzestes kaum über ein Verteidigungsrecht) und für ihre physische Integrität bürgt. Antigones Entscheidung, jungfräulich zu sterben und sich in der Familiengruft zu erhängen (in den Mythen kommt das Erhängen bei Jungfrauen häufig vor), könnte daher die grundsätzliche weibliche Antwort auf die Unmenschlichkeit des Mannes herausstreichen. Eine ähnliche Antwort finden wir auch in dem Entsetzen wieder, das die Militantin und Schriftstellerin Simone Weil der Vergewaltigung gegenüber empfand. Sie hätte sogar einmal ihrer Mutter gesagt, daß sie vielleicht töten könnte, um eine Vergewaltigung zu verhindern oder sich selbst davor zu schützen.[1] Die Ehe hielt sie für "eine eingewilligte Vergewaltigung".[2] Indem sie den "Willen zum Sein" und den "Willen zur Handlung", jene tief verankerten Elemente des Weiblichen und Männlichen in ihr, bis aufs Äußerste durchfocht, lehnte Simone Weil jeden Schutz und jedes Schema ab. Sie verglich sich wie Antigone mit einem "sterilen Stein, auf dem das Korn nicht aufkeimen kann", und kämpfte bis zu ihrem Tod gegen die mit politischer Verantwortung beauftragten Männer und gegen die Ärzte. In der Auvergne wurde sie "die rote Jungfrau der Bergkuppe" genannt, und die Menschen der Region sagten von ihr: "Der Antichrist ist in der Bergkuppe. Das ist eine Frau. Sie kleidet sich wie

[1] G. Fiori: Simone Weil. Une femme absolue. Paris, Ed. du Félin, 1987, S.142.
[2] G. Fiori, a.a.O., S.176.

ein Mann."[1]

Simone Weil wäre gern ein Junge gewesen. In dieser jüdischen Familie, die die Männlichkeit privilegierte, hätte sie lieber einen Penis gehabt, und sehr früh hatte Simone das Recht beansprucht, wie ein Junge behandelt zu werden. Ihre Eltern nannten sie "Simon" oder "unser Sohn Nummer zwei", und sie unterschrieb sogar ihre Briefe an die Mutter mit "dein hochachtungsvoller Sohn".[2] Da sie mit dem Mann konkurrieren und ihn ersetzen wollte (ihr Bruder war hochbegabt und erhielt die ganze Aufmerksamkeit der Familie), wurde sie weder von den Frauen noch von den Männern (ihre Kommilitonen fanden sie "ungenießbar") angenommen, konnte weder als Frau noch als Mann leben. Die Verachtung ihrer Familie gegenüber den Frauen und überhaupt allen Merkmalen der Weiblichkeit, wie es ihr in ihrer Familie vorgelebt wurde, führte sie schließlich dazu, die Ablehnung ihrer Weiblichkeit in der Amenorrhoe auszudrücken. Der Mythos des Austausches ihres virilen Ideals gegen ihre wirkliche Natur war nicht aufrecht zu halten. Es nimmt daher nicht wunder, daß sie Desperados und Narren liebte, die ihrer Meinung nach die einzigen Menschen sind, die die Wahrheit sagen und deswegen zu Objekten des Staunens, des Mißtrauens oder des Hasses wurden. Der Narr ist symbolisch derjenige, der auf sein "Selbst" verzichtet, um ein "Ich bin" auf einer anderen Ebene wiederzufinden; derjenige, der das Grenzgebiet verläßt, um sein echtes Land, "die andere Wirklichkeit" wiederzufinden. Der Narr ist der Fremde, jemand, dessen Liebe woanders ist, "zugleich über und in allem, als Gottessohn, zu dem

---

[1] Ebd.
[2] G. Raimbault & C. Eliacheff, a.a.O., S.170.

er sich macht."[1] Simone Weils Anorexie ist nach der italienischen Autorin G. Fiori die Kernmetapher dieser Identifikation. Obwohl Simone sich nach Zärtlichkeit, Übereinstimmung und Freundschaft sehnte, hielt sie sich von den anderen fern, eine Weigerung, sich im Leben zu etablieren, die schon während des Studiums zum Vorschein kam. Ihr Widerwille, die Nahrung anzunehmen, paßte einerseits zu dem ungezähmten Wunsch, die eigene Unabhängigkeit und Integrität als Frau in einer feindlichen Welt zu verteidigen, andererseits zu dem Verlangen nach einer absoluten Adhäsion mit dem Glauben in jeder Hinsicht.[2] Die Liebe war für Simone arm. Platon stellt sie in "Das Gastmahl" so dar: mager, barfuß, obdachlos. Sie schläft auf dem Boden, vor den Haustüren und auf den Straßen, da sie den Mangel als Kompagnon und die Bedürftigkeit als Gefährtin hat.

Die Liebe ist Selbstopferung, wird nicht verstanden und ergreift Partei für die Schwachen. Für Simone ist die von Platon beschriebene Liebe die Nahrung schlechthin, Nahrung für die Seele. Der Körper hingegen ist das Symbol des Tieres im Menschen, das gezähmt werden muß. Er ist das Symbol der von der Gesellschaft privilegierten materiellen Ordnung auf Kosten der wirklichen Bedürfnisse des Menschen, des Subjekts. Hier gleicht Simones Figur den großen Mythen wie Antigone, aber auch den Prometheus, Ikarus, Tantalus und all den Helden, die versuchten, den Göttern ebenbürtig zu sein. Die ganze empörende Tragweite der Transgression, durch die die magersüchtige Frau versucht, sich von den Naturgesetzen zu befreien, denen die Lebewesen unterworfen sind, wird vom Psychonalytiker Bernard Brusset im Tantalus-Mythos erläutert:

[1] G. Fiori, a.a.O., S.165.
[2] G. Fiori, a.a.O., S.175.

"Tantalus wird von den Göttern eingeladen, an ihrem Gastmahl teilzunehmen. Er nutzt die Gelegenheit, um vom Tisch die Ambrosie zu stehlen, die unsterblich macht. Als Strafe wird ihm zwar die Unsterblichkeit erteilt, doch wird er in der Hölle beständig Hunger und Durst ausgesetzt: das Flußwasser zieht sich zurück, sobald er etwas davon trinken will, der Ast des Baums hebt die Frucht, die er pflücken will, außerhalb seiner Reichweite."[1]

Da die magersüchtige Frau sich von ihrem Fatum befreien will und die autonome Bestimmung über ihren Körper ohne Berücksichtigung der "Naturgesetze" beansprucht, zieht sie sich die Rache der Götter und der Machthaber (der Ärzte? der Psychiater?) bzw. die unerbittliche NEMESIS zu. "Nemesis", erklärt Tania Blixen, "ist der Faden im Gang der Ereignisse, der durch die psychischen Voraussetzungen einer Person bestimmt wird. Alle meine Erzählungen befassen sich mit Nemesis."[2] In dem Namen, den sie als Pseudonym für ihre Werke wählte, bekannte sich Tania zu Nemesis: Isak Dinesen. Die Bibel erzählt, daß Isak Rebecca liebte und daß er sich mit ihr über den Tod seiner Mutter hinwegtröstete. Er liebte sie einerseits als die neue Frau, die sie war, andererseits als die ehemalige Frau, die "erste", die Mutter. Rebecca gehörte außerdem zur Familie von Isaks Vater (Abraham), und Abrahams Frau war zugleich seine Schwester ("Meine Schwester, meine Geliebte", sagt das Hohelied Salomonis).[3]

Unter dem Pseudonym Tania Blixens wird also der Bruder-Schwester-Inzest, jenes alte Liebesideal, reali-

[1] B. Brusset, a.a.O., S.32.
[2] Zitiert von J. Thurman, a.a.O., S.386.
[3] D. Sibony: Le féminin et la séduction. Paris, Ed. Grasset et Fasquelle, 1986, S.180.

siert. "Isak bedeutet auf hebräisch 'der Lachende', und er war das Kind von Abraham und Sara, die schon uralt waren, ein Wunder nach der Menopause, ein göttlicher Scherz", schreibt Judith Thurman hierzu.[1] Schließlich enthalten ihre Erzählungen eine tiefe Ironie, eine Verkehrung von Aufopferung und Verzicht, und der stärkste Eindruck, den man von ihr gewinnt, ist vielleicht ihre Unersättlichkeit, "eine metaphorische Unersättlichkeit, die sie vollständig befriedigen kann, weil sie sämtliche Rollen spielt."[2] Von einem unaufhörlichen, unwiderstehlichen, immer ungestillten Begehren gefangen, verfolgt die magersüchtige Frau, manchmal auch bis zum Tode, ihre gierige Suche in einem von Angst durchwobenen Leben, einer Angst, die sie zu klarsichtig macht und sie zu dem Wunsch nach einer unmöglichen Verschmelzung mit den Menschen und den Dingen führt. In allen Traditionen wird der Mensch, der darauf hinzielt, sich Gott gleichzustellen, durch eine niederschmetternde Sanktion bestraft. Antigones "Jungfräulichkeit" wird in diesem Zusammenhang als Entfaltung der Abwesenheit von Spuren angesehen. Was in der Phantasie der Jungfrau allerdings ausgedrückt wird, ist der unbewußte und auf der fleischlichen Ebene widersprüchliche Wunsch zu gebären, ohne dabei entjungfert zu werden. Denn die junge Magersüchtige stellt sich fast immer als Mutter, als "Vierge-mère" (Jungfrau-Mutter) vor, d.h. als "auserwähltes" Geschöpf, das durch Gott unabhängig von den Naturgesetzen befruchtet wird. Sie will ein Kind "für sich selbst" haben. Sie hat Lust auf das Kind und nicht auf den Vater, empfindet das Kind als "Teil ihres Selbst". Viele magersüchtige Frauen gehen in die Schwangerschaft wie früher die Heiligen

[1] J. Thurman, a.a.O., S.387.
[2] Ebd., S.321.

ins Kloster, der Wunsch nach einem Kind enthüllt sich als ein narzißtischer Wunsch nach letaler Verschmelzung bzw. als der Tod des Begehrens für den Anderen. Durch die Phantasie der "Vierge-mère" verraten sie sich als Menschen, auf den der Andere keine Spuren hinterläßt. Daher wird jeder Andere als unvollkommener Teil ihres Selbst abgelehnt. Suchen sie dennoch einmal den Anderen, so immer in der Form eines idealisierten Objekts (das auch der Vater sein kann), das als allmächtig, als Doppel von sich selbst erlebt wird, und dies durch die Projektion des infantilen, für ein Minimum an Selbstliebe unentbehrlichen Narzißmus.

"Ich muß demjenigen ähneln, den ich liebe", sagte Marie von ihrem Freund, in dem sie ihren "Zwillingsbruder" sah. Geboren waren sie am selben Tag des selben Jahres im Sternzeichen der Fische, die gemeinhin als Paar darstellt werden. Die beiden Fische sind an den Schwänzen zusammengewachsen und über die Mäuler durch eine Art Nabelschnur miteinander verbunden. In Maries Phantasie finden wir die Liebe von Narziß für seine Zwillingsschwester Echo wieder und damit die Verneinung seiner inneren Trennung durch die Schöpfung eines imaginären Doppels, einer absolut identischen "âme-soeur" (Schwester-Seele), die die ersehnte Verschmelzung ermöglicht.

Ebenso wie in religiösen Texten steht, daß "der Mann und die Frau zu einem einzigen Fleisch werden"[1], konnte sich Marie keine andere Liebeskunst vorstellen. Bei einer solchen Bindung gibt es keinen Zwischenraum mehr. Der Mann und die Frau sind unzertrennlich, zu einem einzigen Menschen verschmolzen. Dies wird auch durch den doppelten Selbstmord von Antigone und ihres

---

[1] Genesis, zitiert von J. Libis: Le mythe de l'androgyne. Paris, Ed Berg International, 1980, S.137.

Verlobten Haimon (Kreons Sohn) in Sophokles' Tragödie symbolisiert, als Haimon sich auf Antigones Leichnam den Tod gibt. Unter der Steinplatte der Gruft läßt sich am besten die Verewigung der Liebe deutlich machen: die im Tode vereinigten Geliebten stellen vielleicht zu guter Letzt die befriedigendste Figur der Verschmelzung dar...

Das Thema der Geschwisterliebe bei Antigone ist auf jeden Fall ein Leitmotiv in ihrem Schicksal, das auch im Diskurs mancher magersüchtigen Frauen wiederkehrt. Der Geliebte fungiert bei ihnen häufig als "Zwilling", wobei das Zwillingsthema das Inzestthema in doppelter Weise enthält. Dies tritt in Erscheinung bei einem wichtigen mythischen Zug, der von Otto Rank bemerkt und in seiner Studie über das Thema des Doppels notiert wurde. Die Vorstellung, daß die Zwillinge sich selbst erschaffen haben, gründet seiner Meinung nach in dem früher verbreiteten Glauben, daß Zwillinge verschiedener Geschlechter schon vor der Geburt, im Körper der Mutter, sexuellen Verkehr haben könnten und auf diese Art das Tabu der Exogamie transgredierten. Dieser Glaube ist bemerkenswert, man könnte meinen, das das von Grund auf schwankende Individuum sich danach sehne, mit jemandem verbunden zu sein, der in einem Schimmer von Androgynie zugleich Eigenschaften vom Gleichen und vom Anderen besitzt, um nicht hoffnungslos durch die Existenz irren zu müssen.

# Sie und ihr Doppel

*"Meine Schwester, liebe Braut, du bist ein verschlossener Garten, eine verschlossene Quelle, ein versiegelter Born. Du bist gewachsen wie ein Lustgarten von Granatäpfeln."* (Salomos Hohelied)

Simone Weil beschäftigte das Thema der Geschwisterliebe in "Antigone" vermutlich deshalb auf eine besondere Art, weil sie ihrem älteren Bruder André sehr verbunden war. Als beide noch klein waren, machten sie sich einen Spaß daraus, Hand in Hand an den Türen der Nachbarhäuser zu klingeln, um die Ausgehungerten zu spielen. Wer aufmachte, bekam von ihnen zu hören: "Wir sterben vor Hunger! Unsere Eltern lassen uns verhungern!"[1] Ihnen ging es dabei natürlich nicht um die Befriedigung oraler Bedürfnisse, sondern darum, "stützende und erwärmende Zuwendung von anderen" zu erhalten, es ging um "sogenannte Gratifikationen durch Objekte".[2] Während ihres ganzen Lebens neigte Simone wegen ihrer frühkindlichen Mangelerfahrungen dazu, zur Verstärkung ihres Selbst eine Fusion mit Objekten anzustreben.

Die junge Französin Valérie Valère machte aus der Geschwisterliebe einen Kult und brach auf diese Art das Inzestverbot. Auch für sie bedeutete lieben "sich ähneln". Im Bündnis der Geschwister, das durch die affektive Abwesenheit der Mutter geschlossen wurde, fand der Narzißmus also seinen Platz. Das Verhältnis zum Anderen, das symbiotischer Natur war, war aber in diesem Fall regressiv, dem Mutter-Kind-Verhältnis ähnlich. Valéries erster Roman "Malika" inszeniert auf

---

[1] G. Raimbault & C. Eliacheff, a.a.O., S.166.
[2] R. Battegay, a.a.O., S.17.

vollkommene Weise diesen Wunsch nach der ursprünglichen Einheit: die kleine Malika flüchtet mit dem geliebten Bruder nach Südfrankreich, aufs Landhaus des Vaters, wo sie sich zusammen verstecken. Sie versuchen dort, "eine neue Sprache zu erfinden" und lassen auch ihrer Liebe freien Lauf, ohne das Gesetz des Inzestverbots zu berücksichtigen:

"Ich bewundere sie, ich will sie immer behalten, ich will, daß sie mich bis in alle Ewigkeit liebt", wünscht sich Wilfrid, Malikas Bruder. "Sie ist ein Teil meines Selbst, wir sind von derselben Frau geboren, leben in derselben Welt, atmen dieselbe Luft, haben dieselbe Worte."[1]

Valérie stellte sich das Verlangen als ein nostalgisches Bestreben nach einem verlorenen Zustand bzw. nach einer verlorenen Einheit vor. Ihr Verlangen nach Liebe war die Forderung, "ohne Grund erhört und erkannt zu werden", war "das Verlangen nach einer vollkommenen Anwesenheit genau dort, wo der Säugling in seiner Not Tod und Verlassenheit als ernsthafte Gefahren empfindet."[2] Indem Valérie die inzestuöse Liebe unter Geschwistern pries, sandte sie dennoch die folgende Botschaft und schlug einen anderen Kodex vor: Jeder von uns ist bisexuell, jeder von uns vereint in sich die beiden Geschlechter, aber diese beiden Geschlechter bleiben durch die Gesellschaft getrennt, unkommunizierend. Wilfrid und Malika symbolisieren Valéries idealisierte Projektionen, wobei dieser Wunsch nach Wiederherstellung der ursprünglichen Einheit bzw. der mütterlichen Symbiose seinen Ausdruck im Todeswunsch findet. Die Liebe von Narziß für seine Zwil-

[1] V. Valère: Malika, a.a.O., S.241.
[2] M. C. Boons: Exil in der Liebe, in: Körper-Bild-Sprache. Eine Edition der Frankfurter Frauenschule, März 1991, S.11.

lingsschwester ist das Vorbild dieser Rückkehr im Sinne der Psychoanalyse, wenn sie von "Rückkehr des Verdrängten" spricht:

"Das Blut fließt wie ein Meer, wie ein Strom des Grauens, jetzt werde ich die Freude erleben, unsere Blicke, unsere Körper sind zu einem einzigen verschmolzen. Wir haben einander gefunden"[1], sind die letzten Worte Malikas.

Durch die Inszenierung ihrer Kunstschrift drückt Valérie Valère aus, daß Liebe und Tod eins sind. Das Bündnis zwischen dem narzißtischen Ich und der oralen (archaischen) Mutter funktioniert als Bild des Todes und setzt sich dem Über-Ich der Institution (der Polizei im Roman) und seiner genitalen Sexualität entgegen. Das narzißtische Ich betrachtet das Ich-Ideal im mütterlichen Spiegel des Todes (une mer [mère] de sang, ein Meer [Mutter] von Blut). Im Ich-Ideal bedeuten die Strafmaßnahmen gegen den Körper und die psychischen Schmerzen einen Prozeß der Ent-sexualisierung, der sich vom Über-Ich und von der Ähnlichkeit mit der genitalen Sexualität der Eltern - einer Sexualität, die auf die Arterhaltung zielt - befreit; und im narzißtischen Ich bedeuten diese Strafmaßnahmen die Re-sexualisierung, die dem Ich gerade das Urgenießen gibt, das der Hunger mit sich bringt: die sogenannte "Organlust"- Lustmodalität, die die autoerotische Befriedigung der Partialtriebe charakterisiert, im Gegensatz zu der Lust, die an die Selbsterhaltungsfunktionen gebunden ist.

Eine Schlange, die sich in den Schwanz beißt, versinnbildlicht die zirkuläre und in sich geschlossene Geschlechtlichkeit und deutet klar darauf hin, daß die Zwillinge im Imaginären der magersüchtigen Frauen eine der Umwandlungen der archetypischen dualen,

---

[1] V. Valère, ibid., S.257.

sexuell selbstgenügenden Einheit gestalten. Die Negation des Hungers im Fasten und die Negation der genitalen Sexualität in der Keuschheit gehören in der Geschichte häufig zusammen. In der Transgression der biologischen Gesetze der Fortpflanzung entgehen die Frauen aber zudem dem Werk des Werdens. Zeugen heißt, "die kommende Generation zu schaffen, die unschuldig aber unerbittlich die vorhergehende ins Nichts zurückstößt", schreibt der Schriftsteller Michel Tournier. "Kaum haben die Eltern aufgehört, unentbehrlich zu sein, da werden sie auch schon lästig. Das Kind schiebt seine Erzeuger genauso selbstverständlich beiseite, wie es von ihnen alles angenommen hat, was es zum Wachsen brauchte. Deshalb ist es sehr wahr, daß der Instinkt, der die Geschlechter einander zuneigt, ein tödlicher Instinkt ist."[1]

Die Magersucht ist in diesem Sinne der Ausdruck einer wahrhaftigen Suche: Suche nach dem Zugang zur göttlichen Perfektion (alle Götter sind bisexuell), nach einem zwischen Zeit und Ewigkeit, zwischen Leben und Tod hängenden Ort, der sich nach Bernard Brusset mit der Aufhebung der Differenz zwischen den Geschlechtern, mit der Unsterblichkeit und dem "Selbst-Gebären" vermischt.[2] Näher am Tod als irgendeiner Mensch sind die Magersüchtigen gleichzeitig auch näher an den Quellen des Sexus. Maryse Holder bringt deutlich die wesentliche Beziehung zum Ausdruck, die zwischen Geschlecht und Tod besteht, durch ihren "Flirt mit dem Tod", ihre heiße Liebe für den Tanz und die Mexikaner; einen Tanz, der laut herausschreiend die Identifikation mit dem Unvergänglichen feiert: "eine Schlange, die sich

[1] M. Tournier: Freitag oder im Schoß der Pazifik. Frankfurt/Main, Fischer Taschenbuch Verlag, 1982, S.105.
[2] B. Brusset, a.a.O., S.186.

in den Schwanz beißt, simultan Verlangen und Erfüllung findet, Bewegung und Ruhe, die Schönheit des andern und meine eigene, beiderseits erfahrene Vollkommenheit."[1]

Dieses Motiv finden wir bis zum Exzeß in einem Jackson-Video wieder, in dem der Popstar Masturbationsbewegungen mimt und den Reißverschluß seiner Hose auf- und zuzieht in einem ekstatischen Tanz in die Wut. Und was bedeutet dieses Fieber, das ihn bis zur Raserei ergreift, wenn nicht die explosive Manifestation des Strebens nach der Auflösung der Dualität, um die primäre Einheit wiederzufinden, in der Körper und Seele, Schöpfer und Schöpfung, das Sichtbare und das Unsichtbare außerhalb der Zeit in einer einzigen Ekstase zusammenwachsen? Eben dies wird vom Tanz Michael Jacksons herausgeschrien und gepriesen: die Identifikation mit dem Unvergänglichen: "Oft, wenn ich tanze, verspüre ich etwas von der Heiligkeit des Tanzes. In diesem Augenblick fühle ich meinen Geist aufsteigen und eins werden mit allem, was ist. Ich werde die Sterne und der Mond, werde der Liebende und der Geliebte. Ich werde der Sieger und der Besiegte, werde der Wissende und das Gewußte. Und ich tanze weiter, und mein Tanz ist der ewige Tanz der Schöpfung. Der Schöpfer und die Schöpfung werden eins in allumfassender Freude. Ich tanze weiter und weiter ... und weiter, bis nur noch ... der Tanz übrig ist."[2]

Je schneller er sich dreht, desto mehr ist er immer noch in sich. Er dreht sich, so schnell es geht, und dies ist sein "liebster Tanz, denn er enthält ein Geheimnis."[3]

[1] M. Holder, a.a.O., S.325.
[2] M. Jackson: Dancing the Dream. Traumtanz, in: Gedichte und Gedanken von Michael Jackson. Goldmann Verlag, 1992.
[3] Ebd., Tanz des Lebens.

Der Tanz um die eigene Achse ist hier die unentbehrliche Bewegung des Onanisten. Auch die Magersüchtige läßt sich von einer "autoerotischen" Sexualität (deren ideales Vorbild die Lippen sind, die sich selbst küssen), einnehmen, ihre Neigungen führen sie weniger zu vollständigen, als zu "präsexuellen" Geschlechtsakten. Manche von ihnen begnügen sich mit zärtlichen Berührungen, Liebesvorspielen gleichsam, in einer in sich geschlossenen Erotik, die zugleich inzestuöser und transsexueller Art ist, ähnlich derjenigen, die der Popstar Michael Jackson für seine Schwester Janet hat fühlen können:

"Es war herrlich, mit Janet zusammen zu sein, weil wir uns keine Sorgen machen mußten, ob der andere vielleicht etwas nicht mochte. Wir mochten dieselben Dinge (...) Sie war wie mein Zwilling. Deshalb hat es mich fast umgebracht, als sie fortging und heiratete. Wir haben alles gemeinsam gemacht."[1]

Was Magersüchtige in diesem Fall leidenschaftlich suchen, ist nichts anderes als die "Zwillingszelle", die in Tourniers Romanen beschrieben wird: geschlossen wie das Ei der Dioskuren, Zwillinge der Sonnenstadt, ist die Zelle die unendlich weit zurückliegende und verwirrende Erinnerung an die letzte physische Liebesumarmung, die ihnen in Urzeiten, im Bett der Mutter, gegönnt wurde. Es handelt sich also um die Geschichte einer Transgression, die andeutungsweise im Mythos von Narzissus erscheint, und um die Vergeltung - mit dem eigenen Leben - der inzestuösen Faszination, die die Zwillingsschwester ausübte.

Aus dem mütterlichen Bauch herausgezogen, finden wir zwar eine prekäre und provisorische Zuflucht, doch ist diese mit launischen und sparsamen Brüsten ausgestattet.

---

[1] M. Jackson: Moonwalk, a.a.O., S.200.

Später müssen wir all das verlassen, und als letzte Zuflucht bleibt nur mehr das Bett der Mutter, wo man für kurze Zeit noch den eigenen an den ursprünglichen Körper anschmiegen kann. Schließlich kommt die endgültige Verbannung und für die meisten von uns die Durchquerung einer immensen und schrecklichen Wüste. Die Angst zu essen wäre bei der magersüchtigen Frau also nichts anderes als die Angst vor dem Tod, vor ihrer Mutter und vor sich selbst aus Liebe für die Mutter, jener verbotenen Liebe, auf der die Todesstrafe steht, wie sie schon einmal von Marie-Victoire Rouiller geschildert wurde:

"Ich wurde von Schluchzem, Todeswünschen und Brechanfällen verzehrt, damit niemand jemals erfährt, in welchem Maße ich Sie begehrt hatte."[1]

Mitscherlich schreibt in diesem Zusammenhang: "Neben dem Haß als Folge der frühen totalen Abhängigkeit von der Mutter und den daraus entstehenden Schuldgefühlen ist auch eine erotisch betonte Liebesbeziehung des Mädchens zur Mutter nicht zu verkennen."[2] Indem die magersüchtige Frau sich dagegen sträubt, die Nahrung zu konsumieren, schützt sie sich vor dem Inzest. Indem sie den Mann ablehnt, drückt sie gleichzeitig ihre Weigerung aus, daß eine solche Mutter - Erinnerung an die frustrierende oder verschlingende Urmutter, ja sogar an die mästende Vergewaltigerin - in sie hineindringt. Magersüchtige Frauen sind nicht unbedingt frigide, allenfalls ist bei einigen eine Tendenz zum Vaginismus erkennbar. Erst nachdem sie sich vergewissert haben, daß der Mann nicht versuchen wird, ihre geweihte Stätte zu schänden, lassen sie sich streicheln und erhalten

---

[1] M. V. Rouiller, a.a.O., S.60.
[2] M. Mitscherlich: Die friedfertige Frau. Frankfurt/Main, Fischer Taschenbuch Verlag, 1992, S.158.

Befriedigungen, die ihnen vollkommen reichen. Sie sind daher mit den Vestalinnen aus der Antike vergleichbar, die sich zwar jedem Mann verweigerten, gleichzeitig aber dessen Liebesglut unentwegt unterhielten.

Magersüchtige sind nicht selten Frauen mit immerwährenden Verehrern. Unter ihrem mädchenhaften Äußeren sind sie eigensinnig und dominant. Sie wollen den Ton angeben und werden häufig von den Männern als kastrierend empfunden. In ihrem beruflichen Leben und zu Hause zwingen sie den Mann, die Waffen abzulegen. Sie wollen Lust und bekommen sie auch, aber mit ihren eigenen Mitteln. Auch "suchen, ohne zu finden, ist eine Form von Lust", schreibt Violette Leduc in "Die Frau mit dem kleinen Fuchs".[1]

Was Tania Blixen ihrem Bruder über Sexualität schreibt - daß sie eine sexuelle Beziehung nicht ganz 'ernst' nehmen könne, daß ihr wahres Vergnügen 'rein geistiger Natur' sei -, bestätigt dies, und "läßt den Eindruck entstehen, daß sie das phantasievolle Vorspiel bevorzugt, die Vorfreude, die geistige Übereinstimmung."[2] Alle Männer, die ihr nahestanden, waren Wanderer und pflegten ihre Farm in Kenia für mehrere Monate zu verlassen, denn so sehr sie sich auch nach etwas "Soliderem" und nach größerer Intimität sehnte, so geschah es doch immer wieder, daß sie sich im entscheidenden Moment zurückzog: "Ich sagte ja, ich wäre gern ein katholischer Priester", schreibt sie ihrem Bruder, "dazu stehe ich noch - und etwas ähnliches bin ich ja."[3] Dieses Verhalten der magersüchtigen Frau scheint auf die Beherrschung der Situation und des Objekts und gleichzeitig auf die Ablehnung der Passivität, die mit dieser

[1] V. Leduc, a.a.O., S.104.
[2] J. Thurman, a.a.O., S.280.
[3] Vgl. ebd., S.320.

Situation verbunden ist, hinzuzielen: die Trennung vom Objekt und gleichzeitig die Angst, das Objekt zu verlieren, das sie nur auf Distanz halten können, indem sie es ablehnen, um einerseits die eigene Integrität zu bestätigen, sich andererseits der Existenz des Objekts zu vergewissern.

Wir können sagen, daß Magersüchtige unaufhörlich auf einem Grat wandern, den Abgrund auf beiden Seiten, oder als "Seiltänzerinnen" wie Valérie Valère, die sich in der Zirkusschule für den Seiltanz entschied. Auf dem Seil hatte sie das Gefühl, das Schicksal herauszufordern durch eine Art Unschuldsprobe, die das Subjekt Gottes Händen übergibt oder in ihm eine übermenschliche Virtuosität vermutet. Die Akrobaten und die Seiltänzer verlangen von der Befreiung von der Schwerkraft, dem alleinigen Gottesurteil ausgeliefert zu werden: es ist, als ob die Gotteskraft in ihnen, für sie und durch sie handeln würde, damit ihre Gesten sich mit der schöpferischen Göttlichkeit identifizieren und von seiner Existenz Zeugnis ablegen. Die Magersucht symbolisiert daher wie Valéries Seiltanz das Streben nach einem übermenschlichen Dasein: sie ist die Ekstase des Körpers, die die Mystikerin in ihrer Liebe zu Gott erlebte. In beiden Fällen hat die Übung (des Fastens oder der Seiltänzerkunst) das Ziel, momentan die Individualität des Subjekts zu zerstören und einen ekstatischen Erregungszustand in ihm hervorzurufen, der die Einverleibung der Göttlichkeit (der Mutter?) ermöglicht. Auf diesen Punkt werden wir im dritten Teil zurückkommen.

# Zu einer Metaphysik der Sexualität

Bei aller Sehnsucht nach inniger Verschmelzung haben magersüchtige Frauen gleichzeitig Bindungsangst. Daher wird die Distanzierung vom Liebesobjekt durch die Essensverweigerung realisiert, obwohl die Anwesenheit und die Eindringlichkeit des Objekts von den jungen Frauen dringend ersehnt werden. Die Existenz des Anderen, d.h. die Existenz von zwei unterschiedlichen Geschlechtern, die phantasierte Urszene (die Beobachtung des elterlichen Koitus) und die Kastrationsangst, das ödipale Erlebte und das Über-Ich, das sich davon ableiten, werden in diesem Fall "überströmt" in einem strengen und stillen Kampf gegen die Vernichtungsangst, die die Trennung von der Mutter mit sich bringt. Hieraus entsteht eine massive Erotisierung der Essensverweigerung und der Lust, innerhalb dieser Weigerung zu funktionieren; dies wiederum schließt eine Enterotisierung der oralen Zone als erogener Zone ein, da nicht die Lust an der Nahrung empfunden wird, sondern daran, sie abzulehnen[1], sowie ferner eine Enterotisierung der genitalen Zone. In die Vagina soll nichts mehr eindringen.

An dieser Stelle ist es wichtig, die Einzelheiten bei der Entwicklung der weiblichen Sexualität kurz zu erinnern. Von der präödipalen bis zur ödipalen Periode muß das Mädchen das Liebesobjekt wechseln, während der Junge das gleiche Objekt, die Mutter, behält. So wird bei dem Mädchen das ursprüngliche Anklammerungsobjekt zum Rivalitätsobjekt. Für Freud sei dennoch "die Wendung der Tochter zum Vater nicht der Ausdruck natürlicher weiblicher Bedürfnisse, sondern ist Folge komplizierter,

---

[1] Kestemberg, Kestemberg & Décobert: La faim et le corps. Paris, Ed P.U.F., 1972, S.200.

konfliktauslösender psychischer Verarbeitungen bestimmter Wahrnehmungen und konflikthafter Erlebnisse mit der Mutter."[1] Man kann auf jeden Fall mit gegengeschlechtlicher Anziehung allein die Wendung zum Vater nicht erklären. Nach der Psychoanalyse "trägt die Enttäuschung über die Mutter dazu bei, daß sich das kleine Mädchen auf der ödipalen Stufe nach einem Objekt umsieht, von dem sie mehr Befriedigung erhofft."[2] Später wird der Verzicht auf den Penis des Vaters nur möglich sein, wenn das Verhalten des Vaters und der in den zwischenmenschlichen Beziehungen aufgewerteten Erwachsenen männlichen Geschlechts weder verführerisch noch zweideutig sich dem Mädchen darstellt.[3] In diesem Verzicht (der Ödipuskomplex gipfelt in dem lange gehegten Wunsch, vom Vater ein Kind als Geschenk zu erhalten, ihm ein Kind zu gebären) keimt die Sublimierung der genitalen Triebe. Dabei ist es notwendig, den immensen intellektuellen und affektiven Kraftaufwand zu betonen, den eine Frau leisten muß, um das andere Geschlecht als erotisches Objekt zu finden. Simone de Beauvoir hat dies erkannt, als sie die weibliche Sehnsucht nach dem Körper der Mutter, diesem Weichen, Fülligen, und die Sehnsucht nach diesem glatten Fleisch, diesem 'schmelzenden Mark', die 'die Frau dem Mann ausliefert', und ihr Begehren, einen 'ähnlichen Schatz' zu umschließen, zu 'besitzen', beschwor. Dies sei der Grund, sagte sie, daß "jede Frau von Natur aus homosexuell" sei.[4]
Auch Maryse Holders Kampf mit den Männern veranschaulicht die Schwierigkeit der Frau, das Liebesobjekt

---

[1] M. Mitscherlich, a.a.O., S.124.
[2] Ebd., S.127.
[3] F. Dolto: Sexualité féminine. Paris, Le livre de poche Scarabée & Co., 1982, S.101.
[4] S. de Beauvoir: Le deuxième sexe. Paris, Gallimard, 1949, Bd.II, S.169-173.

im anderen Geschlecht zu finden. Die Unterscheidung Mann-Frau schwankte bei ihr:
"Miguel. Er hatte recht. Meine Zuneigung für Frauen rivalisiert manchmal mit meiner Zuneigung für Männer."[1]
Es wird bald offensichtlich, daß Maryse die Mutter im Mann suchte:
"Er blickte mich sanft an und ehe ich mich versah, kam seine Hand hervorgeschnellt, und ich fühlte ein zähes, gummiartiges Ziehen in meiner Nase. Er hatte diese lange Rotze herausgezogen (...) Er zeigte überhaupt keinen Ekel, war wie eine Katze, die ihr Junges leckt."[2]
Maryse suchte bei den mexikanischen Männern die ambivalente homosexuelle Abhängigkeit, die ein kleines Mädchen bei seiner Mutter erlebt.
Diese unglückliche Vorliebe für - latent oder manifest - homosexuelle Männer finden wir ebenfalls bei Violette Leduc wieder, die sich mit ihnen in der Glut des Unerreichbaren aufzehrte.[3] Von ihrer Begegnung mit Jean Genet sagte sie: "Ich küsse ihn, das interessiert ihn nicht, er ähnelt meiner Mutter."
Für die Frau, schreibt C. Olivier, steht die körperliche Liebe in innerem Zusammenhang mit der Art, wie sie sich aus der unbefriedigenden "oralen" Beziehung zur Mutter herausgeholfen hat. Ihre sexuelle Erregung wird daher unvermeidbar davon abhängen, ob sie in ihrem Partner eine gute oder eine böse Mutter findet.[4] Als Ursachen für die Magersucht gibt es verschiedene Komponenten wie die Gefühlskälte des familiären Milieus,

[1] M. Holder, a.a.O., S.262.
[2] Ebd., S.270.
[3] P. Girard: Œdipe masqué. Une lecture psychanalytique de l'Affamée de Violette Leduc. Paris, Ed. des Femmes, 1986, S.31.
[4] C. Olivier: Les enfants de Jocaste. L'empreinte de la mère. Paris, Ed. Denoël/Gonthier, 1980, S.136.

die strenge Erziehung, die religiösen oder moralischen Tabus und den unberührbaren Sexus. Die magersüchtigen Frauen, die in der Einsamkeit und in Scham leben, stimmen interessanterweise mit einem bestimmten Profil überein. Im Anfangsstadium neigen sie zu einer Vervielfältigung der Beziehungen und der Tätigkeiten, geben sich aber mit ihnen nie zufrieden und streben immer nach neuen Begegnungen mit einer Begierde, die an die der Bulimie erinnert. Dieses Verhalten steht mit ihrer Bindungsangst in Zusammenhang. Am liebsten sind sie da, ohne richtig da zu sein. Ihr Geheimnis besteht in eben dieser scheinbaren Anwesenheit: nie da zu sein, wo man sie erwartet und wo man sie erwünscht, unerwünscht, wie sie sich seit ihrer Geburt fühlen. Sie möchten viel bekommen, da sie zu kurz gekommen sind, wollen aber nichts von sich geben müssen. Sie möchten sich verstanden fühlen, ohne sich dafür zu öffnen. Sie wollen nicht wie die Anderen sein, wollen nicht mit dem Anderen (ob Person oder Institution) verwechselt, gleichgestellt oder vereinnahmt werden, möchten aber auch nicht isoliert, ausgeschlossen sein oder ins Abseits gedrängt werden. Da sein und nicht da sein: in diesem Spannungsfeld finden wir das Trostkind wieder, diesen lebendigen und zur Unsterblichkeit bestimmten Ersatz eines Toten, die unartikulierte Wunschgestalt der Mutter. Was die Magersucht zum Vorschein bringt, ist das Stück Stein in der Tochter oder, besser noch, der Fetisch, den sie in sich enthält, die Mumie, das Skelett, die leblose Puppe (viele sammeln Porzellanpuppen), die jede von ihnen verheimlicht, die schließlich aber doch in Erscheinung tritt. All das versuchen sie auszuhungern. Es führt sie am Ende zu diesem Raum des "entre-deux-morts", wo sie lebendig eingemauert leben können:

"Wenn die Toten ihr frugales Mahl sähen, sie drehten sich im Grabe um. Sie lachte, Komplicin oft ihrer Selbst,

Herrin und Opfer ihrer Situation", schreibt Violette Leduc. "Der Verfall, sagte sie mit Emphase (...) Scheiße, sagte sie, da geboren werden schon Verfall ist."[1]
Es gibt eine Art Grausamkeit im Spiel der magersüchtigen Frauen, auch sich selbst gegenüber. Der Tod steht auf dem Spiel. "Ich bin unsterblich", glauben sie, d.h. ewig jung und ohne Zukunft. Folglich sind sie ohne eigenen Körper und ohne eigenes Begehren. Alle Frauen wurden ihres Körpers, ihrer Lust, ihres Begehrens und ihrer Rechte enteignet. Dieses Schicksal bringen die magersüchtigen Frauen zum Ausdruck, wenn sie sich transparent, unsichtbar machen und stellen damit zugleich die Macht der Männer in den Schatten. Sie entziehen sich deren Blicken, so dünn werden sie, und entgehen ihnen, manchmal auch durch die Lüge - wie die Hysterikerinnen früher - oder die Erfindungsgabe. Am Beispiel von Tania Blixen wird dies deutlich:
"In Wirklichkeit konnte meine Schwester weder reiten noch Bogenschießen", schreibt Thomas Dinesen über sie, "und sie hat nie die Wahrheit gesagt." Tanne "besaß eine Begabung dafür, von allem, das ihr im Leben begegnete, ein attraktives Bild zu malen. Von Menschen und Landschaften, von Verzückung und Verzweiflung. Zuweilen kann der Künstler von seinem Bild so hingerissen sein, daß selbst seine besten Freunde seine Echtheit, seinen Wahrheitsgehalt in Zweifel ziehen."[2]
Viele Magersüchtige erkennen andererseits, daß sie von Ängsten geplagt werden, die durch die Unkenntnis ihres Körperschemas unterhalten werden:
"Draußen in der Stadt hat sie Angst vor allem. Aus Schüchternheit spielt sie allein. Der Anblick der Kinder, die zusammen spielen, erdrückt sie", schreibt Pièr Girard

---

[1] V. Leduc: Die Frau..., a.a.O., S.106.
[2] T. Dinesen zitiert von J. Thurman, a.a.O., S.250-251.

über Violette Leducs Kindheit.[1]

Die Angst magersüchtiger Frauen wird häufig durch eine "hemmende" Familie oder das Verbot von Onanie und Sexualität durch die Mutter hervorgerufen. In diesem Zusammenhang drückt die Eßstörung von Maryse Holder ihren Haß auf all diejenigen aus, die ihr Verlangen unterdrücken und sie als Frau ausschließen, Haß auf ihr verzweifeltes Gefühl der Einsamkeit, aber auch Haß auf sich selbst. Obwohl sie die Liebhaber sammelte, dachte jeder in Mexiko, sie sei "lesbisch", wahrscheinlich wegen ihres Appetits "für kurzhaarige, dünne, indianische, mexikanische Matrosen mit scheu vorgezogenen Schultern"[2] oder "mit schwulem, wiegendem Gang".[3] Sie sehnte sich "nach Neuem und Ungewohntem".[4]

Maryse wollte bedingungslos geliebt werden; sie wollte, daß die Männer für sie verfügbar seien, war aber nicht in der Lage, sie als gesondert von sich zu betrachten. Ihre Dunkelheit war nichts anderes als eine Spiegelung. Dieses Beziehungsmuster gleicht der frühen Mutter-Kind-Beziehung, der Symbiose.

Bei Miguel suchte sie die transsexuelle affektive Haltung, die stets verzeihende Güte und Liebe einer Mutter. Die Anorexie ist in diesem Sinne wie die Melancholie ein Witwenstand, dessen Kenotaph das Emblem ist. Der Schatten des Objekts ist auf den Melancholiker gefallen, diagnostiziert Freud. "Auch in der Melancholie, in der das Ich sich mit dem verlorenen Objekt identifiziert und die Libido auf die Stufe des Narzißmus regrediert, werden alle nun im Über-Ich enthaltenen destruktiven

---

[1] P. Girard, a.a.O., S.26.
[2] M. Holder, a.a.O., S.203.
[3] Ebd., S.74.
[4] Ebd., S.210.

Impulse, die ursprünglich dem verlorenen Objekt galten, gegen das eigene Ich gewendet."[1] Diese dunkle Gefangennahme spaltet also den Melancholiker und macht ihn regungslos. Er ist zugleich Wunde und Messer eines Blutbads ohne Wut, schlägt sich lieber selbst, als daß er die Mutter schlägt.[2]

Diesen Zug erkennt man auch bei Virginia Woolf. Ihre Mutter starb, als sie dreizehn war, und seitdem fühlte sie sich wie ein Baby-Känguruh, das in den Beutel seiner Mutter zurückkriechen möchte. Über Vita Sackville-West, für die sie als Erwachsene schwärmte, schrieb sie: Vita "verschwendet an mich jene mütterliche Fürsorge, die ich mir aus irgendeinem Grund immer am meisten gewünscht habe."[3]

Virginia Woolf machte Vita Sackville-Wests androgyne und bisexuelle Natur unsterblich, als sie den Roman "Orlando" über sie und für sie schrieb. Vita liebte Virginia, eine Liebe, die von Virginia auf subtile und etwas zögernde Weise erwidert wurde, obwohl sie eher bissige Bemerkungen über Vitas sapphische Freundschaften machte. Aber die Psychotherapeutin Charlotte Wolff, die im Jahre 1935 mehrere Gespräche mit ihr führte, glaubte, "daß dies ihre Art war, zu 'reden' und 'sich selbst zu schützen'".[4] Ihre Ablehnung der sexuellen Stereotypen fand in der Psychotherapeutin eine begeisterte Resonanz, "weil sie (...) der erste Mensch (ihres) Gesichtskreises war, der sich der menschlichen Sexualität in allen ihren Formen, nämlich als gemeinsa-

---

[1] M. Mitscherlich, a.a.O., S.37.

[2] Vgl. J. Kristeva: L'infigurable mélancolie, in: Magazine littéraire, Septembre 1990, S.43.

[3] G. Spater & I. Parsons: Portrait einer ungewöhnlichen Ehe. Virgina und Leonard Woolf. Frankfurt/Main, Fischer Taschenbuch Verlag, 1980, S.86.

[4] C. Wolff: Bisexualität. Frankfurt/Main, Fischer Taschenbuch Verlag, 1982, S.250.

mes Ganzes bewußt war."[1]

Viele junge magersüchtige Frauen erkennen sich in Virginia Woolf bzw. in ihrem "androgynen Ideal" wieder. Der Mythos des androgynen Menschen erlaubt ihnen, auch ohne Platon gelesen zu haben, der Differenz zwischen den Geschlechtern und der Angst vor dem Ursprung zu entgehen, da sie entweder nicht zur Welt hätten kommen dürfen (Virginia Woolf, Violette Leduc) oder nach dem Wunsch der Eltern allenfalls als Junge (Valérie Valère und Simone Weil) oder aber eine(n) Tote(n) ersetzen mußten, entweder die tote Mutter (Virginia Woolf und M. Victoire Rouiller) oder den toten Vater (Tania Blixen, Violette Leduc).

"Ohne zu wissen, warum", fühlte sich auch Tania Blixen "außerordentlich angezogen von der Zweigeschlechtlichkeit mancher Figuren in Shakespeares Lustspielen; sie sehnte sich nach der Freiheit, in der Verkleidung eines jungen Mannes ihr Talent für die Rolle des Pagen, das sie insgeheim kultivierte, unter Beweis zu stellen", berichtet Judith Thurman über sie.[2]

Die Zweideutigkeit der Kleidung betonte bei ihr die Befreiung aus ihrer körperlichen Hülle, die Ausstrahlung ihres grundlegenden Zwitterwesens und die Ablehnung, Frau zu sein, die zugleich mit einer offensichtlichen Weiblichkeit verbunden war. In Afrika gab ihr die Löwenjagd schließlich einen berechtigten Grund, androgyn zu sein. Zu gleicher Zeit war die Jagd aber für sie ein aufregender Kompromiß mit der Welt des Blutbads. Von ihrer eigenen Blutgier überrascht, war sie nach einer Woche Safari dermaßen berauscht, "daß sie allen Jägern Abbitte für ihr früheres Unverständnis

---

[1] Ebd.
[2] J. Thurman, a.a.O., S.85.

gegenüber ihrer 'Ekstase' leistete."[1] Wie die mythologische Jägerin Diana, jene von Raubtieren begleitete Göttin, verfolgte sie dennoch unbewußt weniger das Tier als vielmehr die Tierhaftigkeit und die Gewalt der für ihre Zeit ungezähmten Triebe und des unersättlichen Begehrens. Die ethische Motivation, die sie dazu bewegte, gegen ihre Begierde in dieser Weise anzukämpfen, gründete in ihrem "Hang zur Askese", in ihrem "Verlangen nach Ekstase, nach dem Überwältigenden, nach einem Schicksal, dem sie sich hingeben konnte."[2]

## Der Mythos der Androgynie

*"Leute, die mich nicht kennen, sagen am Telefon manchmal 'Monsieur' zu mir. Ich verbessere sie nicht, und oft antworte ich: 'Sie ist nicht zu Hause.'"* (Leonor Fini)

Im Ursprung seien die Geschlechter eins gewesen, so wollen es die Mythen verschiedener Völker. Dies aber sei vor der Zeit der Trennung zwischen Himmel und Erde gewesen, vor dem Beginn der Geschichte und deshalb unwiederbringlich dahin. Wenn wir uns auf Platons "Gastmahl" beziehen, wird von einem Wesen phantasiert - Androgyn mit Namen (andro = männlich, gyne = weiblich), kreisförmig von Gestalt, mit vier Armen und vier Beinen -, dessen strahlende Stärke und ungeheuerliche Kraft die Götter herausforderte, bis ein wütender Gott es wie eine Frucht in zwei Hälften zerteilte und einer jeden den Kopf umdrehte, damit der Mensch, "seine Zerrissenheit vor Augen habend", sittsamer würde! In die Welt auf gut Glück geworfen,

---

[1] Ebd., S.198.
[2] Ibid., S.135.

irren seitdem diese beiden Teilabschnitte unglücklich und unvollkommen auf der Suche nach ihrer anderen Hälfte umher. Ihr Schicksal, ihr Verhängnis: wenn sie nicht zueinander finden, können sie sich nicht verwirklichen.

Für Platon ist die Liebe eine Suche nach der ursprünglichen Einheit. Die Liebe entsteht durch den "Mangel". Aber die Männer, die die Frauen lieben und die Frauen, die die Männer lieben, bilden nur eine Kategorie von Menschen. Es gibt noch zwei andere Kategorien: die Frau, die sich den Frauen zuwendet, weil sie Teilabschnitt einer Frau ist, und der Mann, der die Männer liebt, weil er Teilabschnitt eines Mannes ist. Von allen drei Kategorien privilegiert Platon moralisch die dritte. E. Bornemann hat darauf hingewiesen, daß die griechische doppelgeschlechtliche Gottheit eine Neigung zum Männlichen hat: sie ist die "Wunschfigur des Päderasten", der die Vagina häßlich, schön hingegen Penis, Busen und After findet.[1]

Die Mehrzahl der Menschen zieht dennoch die erste, die heterosexuelle Kategorie vor und ignoriert häufig die zwei anderen. Auch in der eschatologischen Anschauung des Seelenheils kehrt der Mensch in eine Vollkommenheit zurück, in der die Trennung zwischen den Geschlechtern sich aufhebt. Auf daß man an diesen Mythos oder an die Lehren der christlichen Gnosis erinnert werde, wird die Androgynie als der Urzustand dargestellt, der zurückerobert werden muß. Nach der gnostischen Tradition besaßen daher der Mann und die Frau in ihrer ursprünglichen Form einen einzigen, mit zwei Gesichtern ausgestatteten Körper. Gott trennte sie, indem er jedem einen Rücken gab. In diesem Augen-

---

[1] Zitiert von H. P. Duerr: Traumzeit. Über die Grenze zwischen Wildnis und Zivilisation. Frankfurt/Main, Syndikat 1978, S.231-232.

blick begannen sie ein differenziertes Leben zu führen.
Zu zeigen - nach dem Mythos der Genesis -, daß Eva
aus Adams Seite geschaffen wurde (was sozusagen das
Ei vor das Huhn stellt), weist darauf hin, daß das
Menschliche (der archaische Adam Kadmon) ursprünglich doch undifferenziert war. Alle diese Mythen drehen
sich um das primäre Begehren, das die Psychoanalyse
als die nostalgische Sehnsucht nach der verlorenen
Einheit (mit der Mutter) verstanden hat.

Am Anfang war das Begehren ein "reißender Wildbach,
den Natur und Gesellschaft in einen Kanal, in eine
Mühle, in eine Maschine eingesperrt haben, um ihn zu
einem Zweck zu unterjochen, an dem ihm von sich aus
nichts gelegen ist: der Erhaltung der Art."[1] So schreibt
der Schriftsteller Michel Tournier, der sich auch gern in
Wäldern von androgynen Allegorien verliert. Nach
Tournier ist das Begehren seiner Romanfigur, Robinson,
nicht aus Mangel an Nahrung zugrunde gegangen,
sondern im Gegenteil durch das Fasten gänzlich frei
geworden:

"Anstatt sich gehorsam in das von der Gesellschaft im
voraus bereitete Bett zu begeben, fließt (es) von allen
Seiten über und rieselt sternförmig, gleichsam tastend
sich einen Weg bahnend, wo es sich sammeln und
einmütig auf einen Gegenstand zusteuern wird."[2]

Natürlich geht es hier um eine Fiktion und dennoch wird
genau der ekstatische Zustand beschrieben, den viele
magersüchtige Frauen durch das Fasten erreichen. Die
Magersucht ist eine "Robinsonade", eine Welt ohne die
Anderen. Das Objekt des Begehrens ist nicht der
Körper, sondern dessen himmlisches, hauchdünnes Bild.
Indem sie eine Welt ohne die Anderen aufrichten, leben

---

[1] M. Tournier, a.a.O., S.96.
[2] Ebd.

magersüchtige Frauen wie Robinson auf einer verlassenen Insel, d.h. sie trennen das Begehren von seinem Objekt, um die Eingeschlechtlichkeit des Urzustands zurückzufinden:

"Sie hält in ihrer Hand die Kartoffel für eine Woche", schreibt Violette Leduc. "Einer Knolle ähneln, von Erde umhüllt sein, nicht mehr die Zerrüttung der Eingeweide ertragen."[1]

"Ich wollte meinem körperlichen Wunschbild nahekommen, einer Kombination aus Mann und Frau, dem sogenannten androgynen Menschen", schreibt Karin Margolis in ihrem Bericht[2], und weiter: "Tief in mir bin ich mir meines androgynen Wesens als Definition meines Seins bewußt."

Die magersüchtige Frau möchte also kein Junge, sondern unisex sein. In dieser Phantasie erkennen wir auch Antigones Anspruch auf die Freiheit, den Körper, die Sexualität, den Tod und schließlich jedes Gesetz, das nicht von ihr selbst stammte, zu ignorieren. Wir dürfen daher sagen, daß die Magersucht das Verlangen nach einer Identität diesseits und jenseits der Geschlechtlichkeit widerspiegelt. Für B. Brusset handelt es sich dabei nicht unbedingt um eine Ablehnung des eigenen Geschlechts, sondern um die Suche nach "etwas anderem", nach einer anderen Weiblichkeit durch eine reinere und geistigere Ästhetik. Zur Begründung dieser Hypothese präzisiert Brusset, daß die magersüchtige Frau zuerst "schlank" und nicht "mager" sein möchte, daß sie die Macht der Faszination, die sie von den unbestimmten Formen der Frühjugend erwartet, ins Unermeßliche steigern will und damit letztlich der Zeit trotzt, indem

[1] V. Leduc: Die Frau..., a.a.O., S.100.
[2] K. Margolis: Die Knochen zeigen. Über die Sucht zu hungern. Berlin, Rotbuch Verlag, 1985, S.94.

sie die Formveränderungen ihres Körpers zurückhält, um sich eine relativ geschlechtliche Undefinierbarkeit zu erhalten.

"Ich hatte das Gefühl, daß ich von irgendeiner schrecklichen Strafe heimgesucht würde, einer Strafe für ein Verbrechen, das ich niemals begangen hatte. Doch unbewußt war mir klar, daß das vermeintliche Verbrechen zweifach war: ich wurde bestraft dafür, daß ich weiblich war und daß ich herangewachsen war. Gleichzeitig fühlte ich mich im sexuellen Sinn gar nicht weiblich. Männlich fühlte ich mich auch nicht, sondern empfand mich eher als Neutrum, wie ein Kind sich vielleicht als Neutrum empfindet"[1], schreibt auch S. Mac Leod. Und sie fährt fort: "Das Frauensein lehnte ich nicht deshalb ab, weil ich es vorgezogen hätte, ein Mann zu sein, sondern weil ich lieber ein Mädchen sein wollte." Also doch ein Neutrum: DAS Mädchen!

Die Angst, erwachsen zu werden, unterstützt die Flucht aus der Gegenwart in eine idealisierte Vergangenheit, in eine tiefe Sehnsucht nach dem goldenen Zeitalter, in dem die Menschen noch wie Götter lebten, geschützt vor Sorgen und Leiden; wo es kein Altern gab und sie dem Gesetz der Arbeit nicht unterworfen waren; und wo niemand ans Töten dachte, in einer Zeit ohne Gesetze, ohne Städte, als Nomaden lebend (in Nomadenzeiten gab es keine Grenzen; es herrschte Konfluenz). Diese Phantasien bringen deutlich die Ablehnung des Erwachsenenalters zum Ausdruck, einer materiellen Welt voller Zwänge und Pflichten, in der die Dimension des Begehrens völlig abwesend, ausgeschlossen ist. "Wer nicht arbeitet, soll auch nicht essen", sagt die Ameise zur Grille, die den ganzen Sommer gesungen hat, in der bekannten Fabel von La Fontaine. "Essen, um so ein

---

[1] S. MacLeod, a.a.O., S.63.

Leben zu führen? Niemals!", antwortete Valérie Valère leidenschaftlich darauf. "Lieber der Tod." Jenen Tod, der in ihren Augen die einzige Zuflucht war: Auflösung des Körpers und Fusion mit dem Ganzen, einzige Rettung vor einer Welt ohne Begehren. Die Schlußfolgerung: "Ihr habt mir eure Welt wie einen Eimer Wasser ins Gesicht geschüttet, ich werde den Weg nie finden, ich bin verloren. Was besitzen die Leute eurer Welt, abgesehen von ihrem Reich des Sex? Was besitzen sie in ihrem Inneren? (...) Wofür leben sie? Für nichts, um zu tun, was man ihnen sagt."[1]

Und Violette Leduc:
"Warum sollte leben nicht dasselbe sein wie sich in der Sonne zu wärmen, man muß essen, um zu leben, auch die Blattlaus ist dieser Meinung. Brot bedeutet Zukunft. Wenn sie weiterleben will, darf sie nicht essen. Das ist nun mal so."[2]

Essen heißt daher nichts anderes, als der allmächtigen Arbeitswelt der Kernfamilie den Vortritt zu lassen, die ein reales Objekt - die Nahrung - aufzwingt, und das ernährte Wesen zu einem Wesen reduziert, das von Bedürfnissen lebt. Die Anorektikerin sagt "Nein" zu der Nahrung, damit das Begehren eintritt. Sie opfert ihren Körper, der nur das Bedürfnis erfahren hat, damit das Leben von der symbolischen Ordnung bewohnt wird. Ungezähmt geht sie freiwillig auf einen "Entre-deux-morts" zu, diesen Raum, wo der Tod auf das Leben und das Leben auf den Tod übergreift. Wie Antigone läßt sie sich freiwillig in der Familiengruft "lebendig einmauern". Imaginär stellt sie diesen Raum dar, den fehlenden Unterschied zwischen Tod und Leben verkörpernd. Damit drückt sie aus, daß sie noch nicht geboren ist. Sie

---

[1] V. Valère: Das Haus..., a.a.O., S.170.
[2] V. Leduc: Die Frau..., a.a.O., S.106-109.

ist ein NICHTS:

"Ich bin verängstigt bis auf die Knochen. Tot und verängstigt. Wenn ich mich mit einer Schaufel und Erde neu machen könnte, würde ich mich neu machen", wünschte sich Violette Leduc.[1]

Sind die Erde und der mütterliche Bauch aber nicht die zwei Räume des gleichen Bildes? Nach Bachelard sind Tod und Schlaf zwei ähnliche Verwandlungen in die verpuppte Larve eines Wesens, das aufwachen und neu auferstehen muß. Auch dieser Wunsch nach Auferstehung läßt sich in der Magersucht erkennen. Er wird deutlich von Sheila MacLeod ausgedrückt:

"Ich wußte nicht, wie ich mich aus dem Grab erheben und die bleiche Jungfräulichkeit meines Fleisches und meiner Psyche verlieren, meinem Verlangen nach einem Leben folgen sollte, das ich jetzt als erstrebenswerter anzusehen begann als das halbe Leben, in dem ich gefangen war."[2]

Wenn Magersüchtige das Gefühl haben, daß sie noch nicht geboren sind, heißt es mit anderen Worten, daß sie sich noch im Schoß ihrer Mutter befinden, daß sie sich von ihr nicht getrennt haben. Für den Embryo im Uterus existieren Trennung, Schmerz und körperliche Bedürfnisse noch nicht, er lebt in einem Zustand der Einzigartigkeit, des ungetrübten Glücks, der narzißtischen Vollkommenheit:

"Wenn ich meine Kindheit nochmals leben könnte, (würde ich) sie im Beutel eines Känguruhs leben"[3], schrieb Violette Leduc. Vom Schreiben erwartete sie die Erlösung bzw. das "Tor zur Welt", also die Möglichkeit,

[1] V. Leduc: La bâtarde. Paris, Ed. Gallimard, 1964, S.427.
[2] S. MacLeod, a.a.O., S.154-155.
[3] V. Leduc: Die Bastardin. Reinbek bei Hamburg, Rowohlt Taschenbuch Verlag, 1978, S.321.

selbständiger zu werden. Werke sollen aber auch den Schriftsteller überleben. Er erfüllt sich damit den Wunsch nach Unsterblichkeit. Dem Tod entkommen und dem Leben entfliehen: die Androgynie ist eines der Gesichter dieser Sehnsucht, die sich in der Kunstschrift erraten läßt. Dies ist auch die Geschichte von Orlando, ein Werk, das Virginia Woolf vielleicht aus der Psychose rettete, indem sie über das Imaginäre einen Zugang zu der bisexuellen Androgynie fand, die sie bei ihrer Freundin Vita Sackville-West faszinierte. Ihre Romanfigur "Orlando" war zunächst männlich, dann weiblich, aber als er zur Frau geworden war, liebte sie dennoch die Frauen weiter, wie in der Zeit, als sie ein Mann war. Orlando erlebte zwar eine geschlechtliche Verwandlung, behielt aber den Urzustand und die Abstraktion eines androgynen Idealbildes.

Virginia Woolf gab sich über ihren Zustand keinerlei Selbsttäuschung hin: "Arme Billy", schrieb sie über sich selbst "ist weder das eine noch das andere - kein Mann und keine Frau".[1] Ihre Ansicht mag durch ihre Romanfigur "Mrs. Dalloway" zum Ausdruck kommen, die, obwohl Ehefrau und Mutter, "eine übers Gebären hinaus bewahrte Jungfräulichkeit nicht abstreifen" konnte, "die ihr anlag wie ein Leintuch".[2] Mrs. Dalloway hatte eine Abneigung gegen Sexualität - gegen diese Sache, die sie "dieses kalte Wesen" nannte. Für Virginia gab es schon seit der Kindheit nur Intellekt und Gefühle - kein gesundes Austoben im Freien - und sie konnte sich nicht erinnern, sich je ihres Körpers erfreut zu haben, denn sie "habe beim Tod ihrer Mutter und ihrer Halbschwester Stella irreparable Schläge erhalten." Daher erschien sie in den Augen ihres Mannes Leonard als die Aspasia von

---

[1] Zitiert von G. Spater & I. Parsons, a.a.O., S.223.
[2] Ebd.

Platon:
"Wenn ich an Aspasia denke, denke ich an Hügel, die
sich sehr klar, aber in großer Ferne gegen einen kalten
blauen Himmel abheben, auf ihnen liegt Schnee, den nie
eine Sonne zum Schmelzen gebracht hat und auf den nie
ein Mann seinen Fuß gesetzt hat."[1]
Die "nur aus ewigem Schnee bestehende" Virginia fand
wie viele andere eßgestörte Frauen keinen Gefallen an
der sexuellen Liebe. Schon bald nach ihrer Hochzeit
bezogen Leonard und sie getrennte Schlafzimmer. "Und
Leonard brachte ihr auf einem Tablett das Frühstück, das
sie im Bett einnahm."[2] Hatte Virginia sich anfangs
passiv verhalten, so verhielt sie sich bald eindeutig
ablehnend gegenüber der Sexualität. Danach lebten sie
"keusch".[3]
Virginia blieb auch in der Ehe wie eine Art "Jungfrau".
Zu ihrer Zeit war es eine Kunst gewesen, einen geduldi-
gen und verständnisvollen Mann ausfindig zu machen,
der sie nicht zu sehr bedrängte. Doch schließlich hatte
sie ihn doch entdeckt: "Aus eigenem Antrieb hätte sie
gar nichts gegessen und wäre allmählich verhungert",
schreibt Leonard Woolf über sie. "Oberflächlich gesehen
wird man vermutlich sagen, daß sie (absolut unbegrün-
det) Angst davor hatte, dick zu werden. Aber da war in
ihrem Hinterkopf oder in ihrer Magengrube noch etwas,
das tiefer lag, ein Tabu zu essen. Ihr Wahnsinn war von
einem Schuldgefühl durchdrungen, dessen Herkunft und
Eigenart ich nie recht ermitteln konnte, der aber auf eine
besondere Weise vor allem an Nahrungsmittel und Essen
gebunden war."[4] Heute weiß man, daß die Selbstver-

---

[1] Ebd., S.90.
[2] Ebd., S.220.
[3] Ebd., S.222.
[4] L. Woolf: Mein Leben mit Virginia. Erinnerungen. Frankfurt/Main, Fischer
Taschenbuch Verlag, 1991, S.110-111.

leugnung in bezug auf das Essen und die Leugnung des sexuellen Genusses und der sexuellen Befriedigung zusammengehören. Beides galt früher als "Sünde des Fleisches".[1]

Virginia wollte ihre eigene Herrin sein und zu keinem Geschlecht gehören. Der Kampf zwischen Lebenswillen und Todessehnsucht, zwischen "Ruhe- und Mastkuren" und Essensverweigerung, wurde zum Streit zwischen dem Weiblichen und dem Männlichen in ihrer Seele. Ihre Beziehung zu Leonard nahm dennoch immer mehr die Form einer inzestuösen Liebe an. Er ersetzte gleichzeitig den bewunderten Vater, den keuschen und geliebten verstorbenen Bruder, die gütige, zu früh verlorene Mutter und übernahm die Rolle der Krankenschwester, wenn sie das Essen verweigerte. Seine Enthaltsamkeit war auch notwendig, um die Erinnerung an die sexuelle Mißhandlung durch die zwei Halbbrüder auszulöschen. Ohne besondere Betonung oder merkliche Hemmung sagte Virginia einmal von ihrem Mann: "Leonard ist meine Mutter."[2]

Für sie waren das Männliche und das Weibliche eindeutig austauschbare Bilder: das eine und das andere führten zu ihrer Verschmelzung in der Phantasie der Androgynie. Allein diese Phantasie schien die Schmerzen lindern zu können. Das verlorene mütterliche Paradies wurde durch eine pantheistische Fusion mit der Natur ersetzt. Orlando bezeichnete sich als "Schwester der Heide" und träumte von einer Hochzeit mit der Natur, denn viel mehr als die Vervielfältigung der Geschlechter wünschte sich Virginia deren Aufhebung. Weder männlich noch weiblich, aber auch nicht homose-

---

[1] M. Lawrence: Ich stimme nicht. Identitätskrise und Magersucht, München, Rowohlt Taschenbuch Verlag, 1987, S.31.
[2] C. Wolff, a.a.O.,S.250.

xuell stellte Virginia schon damals allen die Frage nach dem Unterschied zwischen den Geschlechtern. Auch die magersüchtige Frau von heute schwankt zwischen dem Männlichen und dem Weiblichen, dem Wunsch, allein über ihr Leben und ihren Körper zu verfügen, und ihrer Sehnsucht nach Verschmelzung, ohne aber den Zugang zu der zweigeschlechtlichen Androgynie zu erreichen, nach der sie strebt. Sie fühlt sich hin- und hergerissen zwischen diesen beiden Naturen, und ihre Eßstörung drückt schließlich eine geschlechtliche Identitätskrise aus.

Baudrillard spricht daher auch von Amerika als der Inkarnation einer "anorektischen Gesellschaft", in der es kein Männliches und kein Weibliches mehr gäbe, sondern eine Ausbreitung individueller Geschlechter, die sich nur auf sich selbst beziehen, jedes von ihnen sich wie ein autonomes Unternehmen verwaltend.[1] Das von ihm zitierte Beispiel der "muscle-woman", die durch die alleinige Übung ihrer vaginalen Muskeln die männliche Penetration zu reproduzieren in der Lage ist, erläutert eben diese Hypothese der Selbstbezüglichkeit und der Ökonomie der Differenz in der westlichen Welt.[2] Dieses Phänomen wird schon deutlich im erotischen Standardwerk "Emmanuelle", das die Masturbation preist, weil sie die Autonomie der Lust zuläßt. Emmanuelles Ideal war es, einer Molluske ähnlich zu sein, die männlich zur Welt kommt, zum Hermaphroditen wird und schließlich weiblich ist: eine Phantasie, die auch in Virginia Woolfs "Orlando" zu finden ist. "Sich selbst gebären",[3] sich selbst gestalten: das ist der tiefste Wunsch auch der magersüchtigen Frau. Männlichkeit und Weiblichkeit

[1] Vgl. J. Baudrillard: Amérique, a.a.O., S.49.
[2] Ebd.
[3] V. Leduc: Die Frau..., a.a.O., S.101.

gehen über ihre Grenzen hinaus, um schließlich das Ganzheitsimago des Menschen zu realisieren, das dem Abbild der Göttlichkeit ähnelt, denn jede Göttlichkeit ist androgyn, braucht keinen Partner, gebiert solo, ist eine Jungfrau-Mutter.

Diese Sehnsucht nach der ursprünglichen Ganzheit, wo Alles in Allem ist und Alles mit Allem und das Männliche ohne Geschlechtsunterscheidung mit dem Weiblichen kommuniziert, ist typisch für die Magersucht. Die Lust wird auf der körperlichen Ebene - durch die Gegenbesetzungen, die sie verdecken - in einer Art regressivem, außerhalb der erogenen Zonen gelebten Autoerotismus wiederentdeckt: Lust des in Bewegung befindlichen Körpers und Erotisierung des Hungers, die nach Kestemberg, Kestemberg et Décobert im "Orgasmus des Hungers" ihren Kulminationspunkt erreichen kann. Magersüchtige Frauen sind immer "hungrig", aber jenseits des Gastrointestinaltrakts, nämlich nach Liebe und Anerkennung. Dieses Verlangen nach Liebe und symbiotischer Fusion, und der Gegenpol zu diesem intensiven Gefühl, die panische Trennungsangst, wird von vielen Betroffenen geschildert:

"Ich weiß, daß ich nichts tun kann als schreien", schrieb Valérie Valère, "ein irrer Schrei, der nur mein eigenes Herz, nur meine eigene Stimme zerreißt, ein Schrei für die verlassenen Kinder, ein neuer Appell, eine Bitte um Liebe, die wiederum in der Leere der schmutzigen Straßen, in der Leere dieser von prostituiertem Sex eingenommenen Hirne untergehen wird. Niemand hört."[1]

Nach dem französischen Philosophen Jean Baudrillard hat "Sex", bzw. die sexuelle Befreiung, auf die Valérie sich bezieht, zu einer Rollenverwirrung beigetragen und seit Mai 1968 uns alle in einem Zustand der Undefinier-

---

[1] V. Valère: Das Haus..., a.a.O., S.168.

barkeit zurückgelassen. Seit jener Zeit wurde das Recht zur sexuellen Freiheit ausgerufen, und die jungen Mädchen durften plötzlich, mit dem Einverständnis ihrer Mutter, die Pille nehmen. Die eigenen sexuellen Bedürfnisse wurden endlich ausgelebt (unter der Kontrolle der Mutter) und manchmal sogar zur Schau gestellt wie im Fall von Maryse Holder, die an ihrem unersättlichen sexuellen Verlangen scheiterte. Die sexuelle Befreiung wurde bei ihr tatsächlich zu einer Pflicht und zu einem bitteren Kampf:

"Meine neueste Masche, mich wie ein Mann zu verhalten (männliche Emotionen und Bedürfnisse an den Tag zu legen), nur gekonnter (cleverer, subtiler). Der Typ gefiel mir und ich schleppte ihn ab - wie kann er dann noch wagen, mich als passive, dumme Kuh hinzustellen, die er rumgekriegt hatte, die er in aller Öffentlichkeit betatschen kann."[1]

In Mexiko prallte Maryse mit ihrem Emanzipationsanspruch immer wieder gegen eine grausame, restriktive Moral - wie ein Vogel gegen eine Fensterscheibe: "Ich kann ihm nicht beibringen, daß ich eine Klit habe oder vielmehr, daß die Klit das weibliche Geschlechtsorgan ist. Der Kontext fehlt völlig", schrieb sie an ihre Freundin.[2] "Was die Frauen wahrscheinlich am meisten trifft, ist die Tatsache, daß sie das unsichtbare Geschlecht sind."[3]

Die Geschlechtsteile des Mädchens, die es ja spürt und hat, werden meist nicht benannt. Das, was Maryses Briefe zum Ausdruck bringen, ist eigentlich der Wunsch der Frau nach eigener, erlaubter sexueller Befriedigung und nach Wertschätzung des weiblichen Geschlechts

[1] M. Holder, a.a.O., S.357.
[2] Ebd., S.24.
[3] Ebd., S.26.

durch das andere, das männliche Geschlecht. So kam es bei Maryse zu Phantasien, die die Differenz der Geschlechter verleugneten, obwohl sie sich in einer Kultur eines "Machotums" bewegte, die sie ständig in die traditionelle passive weibliche Rolle zurückzudrängen versuchte. "Wie der Mann zu sein", war wie die Erlaubnis, Sexualität zu haben. Maryse hing aber nach einer Weile dermaßen alles "zum Hals heraus", daß sie sich im Laufe ihres Aufenthalts immer mehr in einem Gefühl des "mich kotzt alles an" in einen Brechzwang steigerte. Ihre Wut ließ sie nicht richtig heraus, denn für sie bedeutete "wütend auf Männer zu sein" auch "fett zu werden". Und fett zu sein, bedeutete, nicht nur ihr Thema zu verlieren, sondern auch die Sache, für die sie lebte: "das Verlangen". Sie ließ sich daher auf keinen Mann richtig ein, fühlte sich aber nach jedem Abenteuer wie "ein Stück Fleisch auf dem Fleischmarkt."[1] Das Drama ihrer Kindheit, der Tod ihrer Mutter, wurde bei jeder Trennung auf unerträgliche Weise wieder erlebt. Sie kam sich immer mehr wie eine Ausgestoßene vor, und ihre Entwurzelung führte sie zwangsläufig dazu, in den mexikanischen Gassenjungen nur dem höhnischen Echo, dem Spiegel ihres undifferenzierten Schreies nach Liebe zu begegnen.

Magersüchtige Frauen sind wie Maryse Holder von der Vorstellung eines Verlustes besessen, von der Angst, "zu kurz zu kommen". Sie suchen im Spiegel Gründe zum Selbstmitleid ("Meine Häßlichkeit wird mich bis zu meinem Tode isolieren", sagt Violettes "Affamée"[2]), "knallen mit den Türen", verwandeln sich in "Furien", weil sie sich "überflüssig" vorkommen.[3] Sie zweifeln

---

[1] Ebd., S.21.
[2] Zitiert von S. de Beauvoir im Vorwort von: Die Bastardin, a.a.O., S.8.
[3] V. Leduc, a.a.O.,S.123.

insgeheim an ihrer sexuellen Identität trotz ihrer scheinbaren Koketterie, die sie häufig charakterisiert, und sie
empfinden ihren Körper als minderwertig, unvollkommen. Es fehlt "etwas", was sie verloren haben. Danach
suchen sie, aber wo immer sie suchen, drehen sie sich
im Kreise: "Wer bin ich? Wo bin ich hergekommen?
Wo gehe ich hin? Was bedeutet es alles? Zur Lust will
ich zurückkehren. Wahrheit, Sein und Lust, will ich
erfahren. Unschuld, und Unsterblichkeit suche ich."

## Die Verleugnung der Trennung

Je härter die Gesetze des Gewinns werden, desto eher
kehrt man in die Kindheit zurück, auf der Suche nach
dem verlorenen Glück. In diesem Sinne ist die Magersucht die Bestrafung für die Auflehnung der Frau gegen
die Produktionswelt und die genitale Sexualität des
Vaters, der sie erzeugte. Die Magersucht ist eine Art zu
verschwinden, sich aus dieser "käuflichen" Welt zurückzuziehen; eine Art Schlaf, tief wie ein schwarzes Loch,
in dem die Frau den Boden unter den Füßen verliert,
ohne es zu merken; eine Art, in die graue Vorzeit zu
treten und auf das Unbestimmte, die materia prima
zurückzukommen.
Geboren werden heißt, aus dem Bauch der Mutter her-
auszukommen, sterben hingegen, dorthin zurückzukehren. Wir machen daher im Laufe unseres Lebens nichts
anderes, als die ersten Todeserfahrungen zu wiederholen,
die für uns die Geburt, das Abstillen und jede Trennung
von der Mutter waren. Nach Freud wiederholen wir all
dies in unseren Spielen, unseren Träumen und in der
künstlerischen Kreativität, wenn es stimmt, daß der
Dichter das Gleiche tut wie das spielende Kind. Für die
magersüchtige Frau hat diese Trennung nicht richtig

stattgefunden. Zum Teil, oder auch im Ganzen, gehört ihr Körper noch der Mutter.[1] Sie hat das mütterliche Objekt, das sie haßt, regelrecht verschlungen, bewahrt es im Tiefsten ihres inneren Selbst auf, wütend gegen sich selbst und mit einem Gefühl der inneren Leere.

Im Verlangen, von der Mutter geliebt zu werden, wendet sie also ihre eigene Gewalt gegen sich selbst. Die Folge ist eine andauernde Vorwurfshaltung, gemischt mit unbefriedigten Abhängigkeitsbedürfnissen und Selbsthaß. Mitscherlich hierzu: "Symbiotische Wünsche nach Vereinigung mit der guten Mutter-Imago bleiben ein Leben lang bestehen."[2] Im Fall der Anorexie bleibt die Mutter zudem ein Selbstobjekt, das die Tochter zu hassen beginnt, weil die nötige Distanz nie hergestellt werden konnte. Es kommt noch hinzu, daß "die als allmächtig empfundene Mutter der ersten Kinderjahre (...) für unvermeidbare Enttäuschungen verantwortlich gemacht und folglich gehaßt" wird.[3] Die Mutter erscheint als Herrin über Leben und Tod. Sie ist keine weibliche Figur mehr, sondern eine intrapsychische Dimension, ein verlorenes, meist als paradiesisch phantasiertes Reich, ein Zustand des Ungeteiltseins. Darum fühlte die junge Antoinette vermutlich Trost bei der Entdeckung von Michel Tourniers Werk "Freitag oder im Schoß des Pazifik", das eine "neue Menschlichkeit" preist, "wo jeder seine männlichen oder weiblichen Attribute stolz auf dem Kopf trüge - riesengroß, farbig, duftend."[4] Tourniers Romanfigur, Robinson, mit dem sie sich identifizierte, vereinigt sich mit der Mutter-Erde und kehrt in ihren Schoß zurück:

---

[1] P. Aimez & J. Ravar, a.a.O., S.201.
[2] M. Mitscherlich, a.a.O., S.70.
[3] Ebd., S.146.
[4] M. Tournier, a.a.O., S.98.

"Er war dieser weiche Teig, der eine allmächtige Faust aus Stein ergriffen hatte. Er war diese Bohne, eingebettet in das wuchtige, unerschütterliche Fleisch von Speranza."[1]

Diese noch phantastischere Regression als die der Neurose hat nun wie das anorektische Verhalten das Ziel, ein mächtiges und präverbales Band mit der archaischen Mutter wiederherzustellen. Manche magersüchtige Frauen äußern in der Tat den Wunsch, "neu geboren zu werden", wenn sie sich hauptsächlich von warmen Flüssigkeiten (Tee, Kaffee, Gemüsebrühe) oder vom Speiseeis ernähren, von einer sonnigen, von Milch und Honig rieselnden Erde träumend. Als Symbol aller Süßigkeiten schlechthin fließen Ströme von Milch und Honig in allen gelobten Ländern, aus denen der Mensch vertrieben wurde. Die heiligen Schriften aus dem Orient und aus dem Abendland assoziieren Milch, Honig und das gelobte Land miteinander und besingen sie mit sehr nahestehenden Ausdrücken, in denen das Symbol oft eine erotische Konnotation bekommt. Es war die Erde von Kanaan, aber es war auch der Honig der unsterblichen Liebe des Hohelieds Salomonis, der die Aufhebung des (Trennungs-) Schmerzes verwirklichte:

*"Deine Lippen, meine Verlobte / vergießen reinen Honig. / Honig und Milch / sind unter deiner Zunge. / Ich trete in meinen Garten, / meine Schwester, meine Verlobte, / Ich ernte meine Myrrhe und meinen Balsam, / Ich esse meinen Honig und meinen Strahl / Ich trinke meinen Wein und meine Milch."*[2]

Die Milch ist "die Begegnung des Säuglings mit der

---

[1] Ebd., S.88.
[2] J. Chevalier & A. Gheerbrant: Miel, in: Dictionnaire..., a.a.O., S.632.

Erde, das Band zum Leben, zur Mutter und den Menschen."[1]

Viele Magersüchtige kochen gern für andere. Dabei scheint ein gewisser sozialer Faktor eine Rolle zu spielen. Füttern ist immer ein Symbol von Fürsorge gewesen, also ein Thema, das im Leben von Frauen von großer Bedeutung ist. "In vielen Familien, in denen die Mutter mit der Küchenarbeit betraut ist, übernimmt die magersüchtige Tochter das Kommando, backt ausgefallene Kuchen, ja drängt den anderen das Essen regelrecht auf und verheimlicht auf der anderen Seite, wie wenig sie selbst ißt"[2], schreibt Hilde Bruch hierzu.

Süßigkeiten sind eine Rückkehr in die Kindheit, in die Unschuld. In der christlichen Religion werden die Engel immer mit Kindergesichtszügen dargestellt. Die Zeichnungen magersüchtiger Mädchen und Frauen, ihre Tag- und Nachtträume, sind ebenfalls voller Darstellungen, die von der sogenannten "Sehnsucht nach dem Paradies" inspiriert werden. "Das Selbstbild einer Klientin, die sich als 'präraphaelitischen Jüngling' sah, wäre niemals ans Licht gekommen, hätte ich sie nicht ermuntert, in allen Einzelheiten zu beschreiben, wie sie sich in ihrem gegenwärtigen magersüchtigen Zustand fühlt", berichtet Marylin Lawrence in diesem Zusammenhang.[3]

"Ich glaube, daß ich die Größe des Unheils nicht merkte", erzählt die Betroffene Antonella. "Ich fühlte mich wohl, vielleicht weil ich zwischen Leben und Tod war. Ich war nichts mehr, ich dachte nicht mehr, ich hatte keine Angst mehr, ich war quasi vegetativ. Ich schwebte auf einer Art Wolke, ich näherte mich dem Paradies."

---

[1] G. A. Nygaard: Inger oder Jede Mahlzeit ist ein Krieg. München, Weismann Verlag, 1985, S.170.

[2] Vgl. H. Bruch: Der goldene Käfig. Das Rätsel der Magersucht. Frankfurt/Main, Fischer Taschenbuch Verlag, 1982, S.96.

[3] M. Lawrence, a.a.O., S.105.

Paradies, das sie in einer Art "Null-Grad-Sexualität" bzw. A-sexualität, in der transzendierten Sexualität jener Engel wiederfand, deren ätherischen und luftartigen Körper sie haben wollte: Antonella hatte sich nie als 'mager' empfunden - auch nicht mit 32 kg bei 159 Zentimetern -, da ihr Idealgewicht Null war.

Unter Sexualtität der Engel verstehen wir das Verlangen, das menschliche Dasein zu transzendieren und den Zustand vor dem "Sündenfall" wiederzuerlangen, so wie Karen Margolis es beschrieben hat:

"Du sollst dem Teufel, der Eva mit dem Apfel verführte, widerstehen (...) Deshalb habe ich gehungert, um den Teufel auszuhungern; denn nur wenn ich mir alle Vergnügen des Lebens versagte, durfte ich hoffen, vor Verführung geschützt zu sein."[1]

Der bloße Gedanke daran, verführt zu werden, erschreckt die magersüchtige Frau. Dies führt dazu, jedes fleischliche Zeichen aus ihrem Körper auszuradieren, um der Verführung zu widerstehen. Auf diese Weise entgeht sie der dualistischen Diskrimination der Geschlechter und drückt ihren Wunsch nach der mythischen Fusion der entgegengesetzten Polaritäten, nach dem Reich der Ambiguität aus.

Als beseligende Figur par excellence ist der Engel zugleich androgyn: dies tritt in der Ikonographie in Erscheinung, die ihm geweiht wurde, doch auch in bestimmten theologischen Thesen. Darüber hinaus berichtet eine lange Tradition darüber, daß der Engel nicht nur rein geistig ist, er hat eine körperliche Dimension, die aber wiederum a priori die sexuelle Dimension ausschließt. Jean Libis spricht von einer verfeinerten Körperlichkeit, einem "subtilen Körper".[2] So vereinigt

---

[1] K. Margolis, a.a.O., S.106.
[2] J. Libis, a.a.O., S.142.

der Engel in sich einige wesentlichen Tendenzen der Psyche: die Aufhebung jeder abgegrenzten Sexualität, die Harmonisierung zwischen dem männlichen und dem weiblichen "Prinzip", die Versöhnung zwischen Macht und Grazie.

Dieser Wunsch nach Vollkommenheit läßt sich auch in der Kunst offenbaren sowie im berühmten Wandgemälde von Delacroix erkennen: der Engel kämpft gegen Jakob, strahlt aber zugleich eine weibliche, schützende und umhüllende Tendenz aus. Ob die Geschlechter vereinigt, aufgehoben oder in einer erschreckenden Synthese transzendiert werden: das anorektische Syndrom schließt grundsätzlich den Wunsch ein, die Differenz der Geschlechter zu verleugnen und zu gleicher Zeit das ontologische Drama zu widerrufen, das sich darin abspielt. In dieser Hinsicht ist es wichtig, darauf hinzuweisen, daß die Eltern sich in dieser androgynen Phantasie in einem undifferenzierten phallischen Imago vereinigen, in dem der Penis nicht mehr als der einen oder der anderen Imago gehörend spezifiziert wird, da der Vater der magersüchtigen Frau fast immer als Partialobjekt der Mutter erlebt wird.[1] Demnach würde der anorektische Körper den Phallus symbolisieren, der sich als "phantasiertes Bindeglied zwischen Vater und Mutter" entlarvt. Vater und Mutter sind Partialobjekte, die die magersüchtige Frau zusammenzubringen versucht. Sie selbst macht sich damit zum Teilobjekt des Elterngesamts. Man kann also sagen, daß es über die biologische Bisexualität hinaus hierin eine sexuelle Lust gibt, wobei das Geschlecht nicht wissen möchte, auf welcher Seite es steht. Dies ist alles andere als eine Verneinung der Sexualität.

Das erotische Leben, das sich in Tania Blixens "Sieben

---

[1] Vgl. Kestemberg, Kestemberg & Décobert, a.a.O., S.146.

phantastische Geschichten" entfaltet, veranschaulicht diese Hypothese: "Männer lieben ihre Schwestern, Tanten ihre Nichten, etliche Charaktere sind in sich selbst verliebt, und junge Frauen können und wollen keine Kinder bekommen."[1] Die Liebe wird verstanden als ein Mittel, die Erlösung zu erreichen, jedoch unter der Bedingung, daß die Liebe im Wesentlichen androgyn sein muß, um die ursprüngliche Vollkommenheit wiederzufinden. Liebe wird zur "wahren" Liebe, wenn der Mann und die Frau innerlich weder Mann noch Frau sind. Außerdem ist es bemerkenswert, daß die literarische Welt, in die die magersüchtige Frau sich in der Regel innbrünstig vertieft, ihrerseits ähnliche Bilder produziert hat. Ein schönes Beispiel wird in Valérie Valères Roman "Malika" vorgelegt, in dem die inzestuöse Leidenschaft der Schwester für ihren Bruder auf ähnliche Weise wie von den Romantikern inszeniert wird: "Malika ist im Labyrinth der Gräber untergetaucht, und ich bin am anderen Ende, ich sehe den Ausgang, bald werde ich ihn erreicht haben, und ich weiß, daß sie auch kommen wird."[2]

Wir haben gesehen, daß Valéries junge Romanfigur "Malika" sich auf die Idee einer gemeinsamen Zugehörigkeit zum mütterlichen Körper, dem Behältnis der ursprünglichen androgynen Einheit, bezieht, um so ihre inzestuöse Neigung zu rechtfertigen. Die Verbindung zwischen dem Mythos des androgynen Menschen und der inzestuösen Versuchung ist zeitlos: bei Charles Baudelaire, als er die ideale Frau "mein Kind, meine Schwester" nannte, was auf die platonische Gefährtin, die andere Hälfte der verlorenen Androgynie hinweist, woraus eine ganze Reiseträumerei entsteht, die Jean

---

[1] J. Thurman, a.a.O., S.391.
[2] V. Valère: Malika, a.a.O., S.256.

Libis als metakosmisch bezeichnet. "Irgendwohin außerhalb der Welt", will der von seiner Hälfte amputierte Dichter fliehen.[1] Mehr als jede andere Liebesform wurzelt die Geschwisterliebe im Schema der ursprünglichen Einheit. Auch Violette Leduc "zitterte für Chateaubriand, für Lucile (...) Sie hoffte, daß der Inzest vollzogen war."[2]

Der Wunsch der magersüchtigen Frau nach dem Inzest, nach einem "Zwilling", wäre dann nichts anderes als der Wunsch nach einer Wiedervereinigung in einer schützenden Hülle und ihre Ablehnung der Sexualität eine Strategie, die verlorene Androgynie zu verleugnen (séduire [verführen] = seducere = séparer [trennen]). Nur so können wir verstehen, warum sich hinter dem Mythos des Androgynen eine Metaphysik des Sexus abhebt, die auch ein Drama des Exils ist. Immer unzufrieden, träumen magersüchtige Frauen von dem unerreichbaren Unbekannten. "Les vrais voyageurs sont ceux-là seuls qui partent pour partir", sagt Baudelaire. Aber immer wieder stoßen sie auf das, vor dem sie eigentlich entfliehen wollten: auf sich selbst.

Die Reise wird hier zum Zeichen und Symbol von Zerstreuung und von einer anhaltenden Ablehnung der eigenen Person. Aus der Unfähigkeit, die Trennung als Realitätsprobe zu akzeptieren, läßt sich die Unmöglichkeit ableiten, die Liebe voll zu leben. Die magersüchtige Frau hat Schwierigkeiten, damit zu leben, daß die Liebe der Ort der größten Einsamkeit, der Ort der Abwesenheit ist. Nun gibt es ohne Exil keine lebensfähige Liebe. "Trennen muß man sich, um sich schätzenzulernen", schreibt Violette Leduc.[3] Die Trennung selbst definiert

---

[1] Vgl. J. Libis, a.a.O., S.205.
[2] V. Leduc: La bâtarde, a.a.O., S.79.
[3] V. Leduc: Die Frau..., a.a.O.,S.122.

das eigene Geschlecht und gibt ihm seinen Namen: secte (Sekte), section (Sektion), intersection (Durchschneidung, Kreuzung).[1] Erst durch die Katastrophe oder Urgrenze, die aus uns, ursprünglich Hermaphroditen, d.h. gemischten Körpern, Frauen und Männer machte, können wir die Anderen spüren und kennenlernen. Die Öffnung Anderen gegenüber wächst im Verhältnis zu der Lebhaftigkeit dieser Trennung. Der wesentliche und bedingte, transzendentale Urzustand bleibt aber die Mischung, von der wir immer einige Spuren zurückbehalten.[2] Darum wünschen sich magersüchtige Frauen sehnsüchtig ein Kind "für sich selbst". Von ihm versprechen sie sich eine mögliche Wiederherstellung der Androgynie, gleichsam eine Liebe inzestuöser Art, die allerdings Gefahr läuft, eine neue Verleugnung eines möglichen Verlustes zu sein. Leider ist die Liebe, von der sie träumen, keine Objektliebe wie es sie in ihrer konkreten Realität gibt. Magersüchtige lieben den Anderen wie ein "Selbstobjekt" und sind auf solche Weise untrennbar mit ihm verbunden, Bestandteil von ihm und zugleich wie ein "Idealobjekt", "Phantasie von einer unablässig gebenden, grenzenlos liebenden und akzeptierenden Elternfigur".[3] Sie lassen sich von Idealbildungen faszinieren, die sie als rein geistig erleben, nach außen projizieren und nach denen sie sich sehnen. So auch Valérie Valère, als sie von dem Tod träumte: "Ich bin fest entschlossen, meine geliebte Herrin wiederzufinden, die schönste von allen."[4]
Valérie identifizierte sich nur mit idealisierten Projektionen von sich selbst und nicht mit den ödipalen Imagines.

[1] M. Serrès: L'hermaphrodite. Sarrasine sculpteur. Paris, Flammarion, 1987, S.128.
[2] Ebd.
[3] Kernberg, zitiert von L. Gast, a.a.O., S.113.
[4] V. Valère: Das Haus..., a.a.O., S.56.

Sie wollte niemandem ähneln, weder der Mutter noch dem Vater.

Viele magersüchtige Frauen haben, wie wir gesehen haben, in ihrer frühen Kindheit eine Mangelerfahrung erlebt und sind deshalb "liebeshungrig" geblieben, immer wie Valérie Valère auf der Suche nach einem Idealobjekt, das sie in der frühesten Zeit ihres Lebens meist nicht erhalten haben. Es zeigen sich bei ihnen Fusionstendenzen mit idealisierten Objekten sowie eine Neigung zu Spiegelbeziehungen bzw. Übertragungen. Bei Valérie drückten sich diese Tendenzen in der Geschwisterliebe aus, bei Virginia Woolf in der Suche nach der geliebten verlorenen Mutter in anderen Menschen bzw. in ihrem Mann und bei Maryse Holder in ihrer Neigung, die mexikanischen Männer so sehen zu wollen, wie sie sie benötigte, ohne sie jedoch als Objekte wahrzunehmen.

Virginia löste zum Teil ihr Problem, indem sie eine asexuelle Ehe einging; Leonard nahm die Stelle der Mutter ein. Bei Maryse läßt sich erkennen, daß sie immer noch "hungrig" nach jener Geborgenheit und jenem emotionalen "Ernährt-werden" strebte, das ihr in der Kindheit fehlte. Da sie diese notwendige "Nahrung" im mexikanischen Alltag nicht erhielt, fiel sie immer wieder zurück in die übermäßige Nahrungszufuhr. Das verschluckte Objekt war für sie jeweils nicht mehr gegenwärtig, und so mußte sie - gierig- weiter essen (und trinken), ohne jemals gesättigt zu werden. Auf diese Weise regredierte sie auf eine "Zeit vor der Sprache", das heißt jenseits der Erinnerung. Ihre Erfahrung mit den mexikanischen Männern, deren Sprache sie nicht sprach, führte sie zwangsläufig auf die Ebene unbewußter Wünsche nach imaginärer Ganzheit, nach Teilhabe an der Macht der archaischen Mutter, nach Symbiose im Begehren.

Dies finden wir auch bei Marie Victoire Rouiller wieder,

als sie von der Zeit in Spanien erzählte:
"Diese Worte mit dem unsicheren Sinne warfen mich auf die Morgendämmerung der Sprache zurück, auf dieses Paradies vor der Vernunft, in dem die mütterlichen Stimmen sich um uns herum wie ein Kokon aus Speichel und Seide weben."[1]

Sie lernte also eine andere Sprache, eine Fremdsprache, "in einem Ort vor dem Gedächtnis", wo sie noch nicht mit dem Tod ihrer Mutter gefesselt war. Schließlich fand aber der Wunsch nach Wiederherstellung der ursprünglichen Einheit, der mütterlichen Symbiose, seinen Ausdruck in dem Wunsch nach dem Tod.

Das Modell des Todes erscheint, wenn der Körper die Organe zurückstößt und sie ablegt: kein Mund, keine Zunge, keine Zähne. Die Anorektikerin ißt NICHTS, wie Lacan erinnert - manchmal bis zum Selbstmord: sie verweigert die Nahrung, weil diese sie bloß als Nachfrage befriedigt und als begehrendes Subjekt verschwinden läßt. Indem sie in das Nichts hineindringt, um sich der Unsterblichkeit zu versichern, setzt die Anorektikerin, gleichsam als Tochter der Nacht, ihr Leben aufs Spiel. Und der Körper, den ihr Ich wie "ein Ding" anschaut, ähnelt seltsamerweise dem "organlosen Körper" des Schizophrenen. So für Violette Leduc:

"Sie weiß nicht mehr, ob sie betrübt ist oder Hunger hat. So leben, den Kopf nach vorn gebeugt, das Kinn an die Brust gezogen, ohne Muskeln, ohne Nerven, ohne Knochen."[2]

"Ich wünsche das Nichts", schrieb auch Valérie Valère. "Ich bin allein, allein mit meinem Körper, der nichts will, der nichts verlangt, außer zu sterben."[3]

[1] M. V. Rouiller, a.a.O., S.69.
[2] V. Leduc:
[3] V. Valère: Das Haus..., a.a.O., S.13.

Valérie sagt nicht mehr wie im "Haus der verrückten Kinder": "Ich weiß, daß der Tod schön ist", sondern sie preist in ihren Romanen die Liebestollheit, die übermäßige Leidenschaft zwischen Bruder und Schwester, die mit dem Tod der Schwester endet. Sie geht also von der Autobiographie zum Roman über und nimmt die großen Liebesmythen wieder auf. Dabei müssen wir berücksichtigen, daß Valérie sich nicht gespürt und geliebt hat wie "eine andere", das heißt, wie ein Bild, das als Stütze der Identifizierung fungiert hätte. Sie blieb mit der imaginären Achse zusammengeschweißt, die die leere Sprache (ohne Zunge) mediatisiert. Und die Leere der Sprache wurde durch einen gierigen und leer funktionierenden Bauch metaphorisiert. Valérie war unfähig, jenen Abschnitt der Spiegelstufe zu überschreiten, in dem der Anfang der Strukturierung des Selbstbildes sich durch ein asexuelles Bild des Anderen konstituiert. Wenn ein Spiegelbild den Spiegel undurchsichtig macht, zersplittert die ganze Identität in einer bestürzenden Entstellung, so als ob es Narzissus, konfrontiert mit der Gefahr, das aus dem Auge zu verlieren, was ihm als Spiegelbild auf der Wasseroberfläche dient, vorzöge zu sterben, ja sogar sich in den bodenlosen Teich zu werfen, auf eine tödliche Fusion zu, als sich dem eigenen Leben zu stellen. Leere nicht nur als sexuelles Wesen, sondern als Anderer des Anderen, schreibt hierzu J. McDougall.[1]

Auf die Frage "Wer bin ich?", weist der aufgezehrte und skelettartige Körper der Anorektikerin auf das, was von der Mutter nicht symbolisiert worden ist (ein Tod, dessen Trauerarbeit nicht geleistet wurde? ein Verlust, der eine unerträgliche Spur zur Folge gehabt hätte?) und legt von dieser Abwesenheit Zeugnis ab. Die betroffene

---

[1] Zitiert von C. Balasc, a.a.O., S.78.

Antonella:

"Dank einer Psychotherapie habe ich den Grund oder vielleicht einen der wichtigsten Gründe für meine Anorexie herausgefunden: ein Jahr vor meiner Geburt hat meine Mutter ein totes Kind zur Welt gebracht, und sie hat sofort ein anderes Kind gewollt, um das verstorbene zu ersetzen. In Wirklichkeit war ich also nicht Antonella, sondern Vincenzo. Ich glaube, daß ich schon immer dieser verstorbene Sohn sein wollte. Es wird erzählt, daß man in der Anorexie geschlechtslos sein will. Wenn ich das Essen verweigerte, wollte ich Vincenzo, diesen anderen in mir aushungern. Als ich selbst mit einem Sohn niederkam, habe ich sofort zu meinen Eltern gesagt: 'Das Kind wird meinen toten Bruder ersetzen. Ich kann ihn euch endlich zurückgeben!' Und ich nannte ihn Vincenzo. Ein Jahr später war ich wieder in der Klinik: Lustlosigkeit, Gewichtsverlust, völlig daneben; ich konnte mich um das Baby nicht kümmern. Ich war verloren. Ich war nicht mehr da."

Durch ihr Überleben stellt die Anorektikerin also die Frage nach dem Unterschied zwischen einem Toten und einem Lebenden. "Wer bin ich? Lebe ich? Bin ich ein Toter?" "Sie kriegen mich nicht", wiederholte Valérie ständig. "Sich kriegen lassen" heißt nichts anderes, als die Nahrung einzunehmen, die symbolisch das repräsentiert, was von außen kommt, d.h. die Kolonialisierung des Körpers. Nun hat Valérie seit ihrer Frühkindheit gelernt, daß sie sich auf die Anderen nicht verlassen kann, daß sie ohne sie über-leben muß und vor allen Dingen nicht von ihnen abhängig sein will, da sie alle die Sprache des Aggressors sprechen:

"Ich hätte mir Wörter gewünscht, die durch alle Häute dringen, durch die falschen, gezierten ... Worte, die sich in ihre Gedanken einschleichen, ohne daß sie sie los werden können", schrieb Valérie, "Worte, die in ihnen einen Kloß von Bitterkeit hinterlassen, der so schwer runterzuschlucken ist wie der, gegen den ich seit Ewigkeiten ankämpfe."[1]

In einer Welt, in der die Sprache die symbolische Ordnung verhöhnt, denunziert die anorektische Frau durch ihr Opfer das Herabsetzen des Menschen zum Tier. Sie verachtet die Welt, entlarvt wie einmal Kafka ihr "Menschen- und Tiergericht" als eine Instanz, die sich aus Lügen und hemmungsloser Triebhaftigkeit zusammensetzt.

Wird nicht genau das durch die Mund-Maschine der Bulimikerin parodiert? Das Reich der Bedürfnisse erscheint als Paradies im Vergleich zu dem Unheil des Sexuellen; das ursprüngliche Objekt - die archaische Mutter - ist das erträumte Objekt; Objekt der Sehnsucht und Objekt, das noch nie existiert hat, schreibt C. Balasc[2]; Krankheit eines rein animalischen Hungers, aus dem das Begehren ausgeschlossen ist, und auch Unmöglichkeit, das Bild der abwesenden Mutter zu verinnerlichen. Die magersüchtige Frau lebt eine Zeit ohne Negation, ohne Entscheidung, eine neutrale Zeit, in der nichts anfängt und nichts zu Ende geht. Sowohl bei einer nicht verarbeiteten Trauer als auch bei einer unerwünschten Geburt ist die Trennung problematisch, da sie die Frage nach dem Begehren der Mutter oder der Abwesenheit des mütterlichen Begehrens für das Kind aufwirft. Daraus entsteht das Bedürfnis, geliebt zu werden, und die Angst, es nicht zu sein, und das Verlangen nach dem Begehren der Mutter, das das Subjekt dazu verurteilt, den Versuch der Loslösung von dieser endlos zu wiederholen.

Marie-Claude, die fiktive Figur in Nicole Châtelets Novelle "La belle et sa bête", verzehrt riesige Nahrungsmengen, weil sie vom Anderen nichts erwartet. Danach

[1] V. Valère: Das Haus..., a.a.O., S.169.
[2] C. Balasc, a.a.O., S.33.

erbricht sie die Nahrung, um auszudrücken, daß sie sich etwas anderes wünscht. Durch ihr Jojo-Spiel mit der Nahrung (jeu de va-et-vient) regrediert sie in die mythische Zeit des Abstillens, die Zeit der Entwöhnung und des Entzugs, und versucht, sie auf diese Art zu symbolisieren.

Die Frustration entspricht aber Tantalusqualen. Sie bezieht sich nicht auf das Objekt des Bedürfnisses, sondern auf die Liebesgabe. Die Ablehnung des Abstillens, die Verleugnung der Abwesenheit des Objekts, der Wunsch danach, die Mutterimago wiederzufinden, die masochistische Suche nach einem realen Objekt, um den durch die Wahrnehmung der Abwesenheit hervorgerufenen Schmerz zu verneinen, zeugen von der Spezifität des süchtigen Verlangens:[1] der Mund ist zugleich Wiege und Grab. Er bietet das Bild einer Frau, die sich entmenschlicht. In der Phantasie kaut sie ihr eigenes Fleisch, sie zerstückelt etwas Leeres und erweckt die Geister, von denen sie besessen ist.[2] Ihr Hunger hat schlechthin "aufgehört, menschlich zu sein."[3]

Die Familie ist zwar im Besitz des Geheimnisses, gibt es aber unter keinen Umständen preis. Die Kehrseite des mit so viel Sorgfalt bewahrten Geheimnisses ist der Heißhunger und wird als der "böse Kern" bezeichnet: "Wie soll man sich in Frieden ernähren, die Nahrung in sich behalten, sie im Körper arbeiten zu lassen, ohne zum Menschenfresser oder zum Teufel zu werden?", fragt sich Marie-Victoire Rouiller. "Ich wollte nichts verschlingen, nichts zu mir nehmen. Ich wollte nur genommen und beibehalten werden."[4]

---

[1] Ebd., S.36-37.
[2] Ebd., S.45.
[3] N. Châtelet, a.a.O., S.158.
[4] M. V. Rouiller, a.a.O., S.100.

Engel oder Tier? Geist oder Fleisch? Keine der zitierten Frauen wird diese Frage erörtern, indem sie mit vollen Händen den Kuchenteig in ihren weit aufgerissenen Schlund schiebt. Denn es geht hier um das Nichtgeboren-sein. Die schwarze und nackte Tiefe der Trostlosigkeit, in die sie stürzen, symbolisiert die ungestalteten Zustände des Daseins. Auf der psychologischen Ebene entspricht diese bodenlose Tiefe der Unbestimmtheit der Kindheit wie der Undifferenziertheit der Endzeit, dem Verfall der Person. Auf der sozialen Ebene entspricht sie eher einer fast barocken Todesnähe und Koketterie mit der Endzeit, der "coolen" und leeren Selbstinszenierung der New-Wave-Generation, die es ablehnt, die Verantwortung für das eigene Leben zu tragen. Solange das Subjekt zwischen dem "Alles oder Nichts" gefangen ist, nimmt die Schuld die Stelle der Verantwortung ein. Diese Bemächtigung zeigt, wie das Subjekt von einem Geist bewohnt wird, von dem es nicht weiß, woher er kommt; dieser Geist ist nach Balasc eine Art ahistorischer Figur.[1] Wonach Marie-Victoire jedoch verlangt, ist, daß jemand das Messer erhebt, um sie zu opfern, damit sie aus der Asche (oder dem Blut) ihrer toten Mutter neu erstehen kann und die Mutter in ihr getötet wird. Nur als eigenständige Person will sie leben.

---

[1] C. Balasc, a.a.O., S.85.

# Alles durch den Mund: eine Organlust.

*"L'être est d'abord moitié brute, moitié forêt;*
*Mais l'air peut devenir l'Esprit, l'homme apparaît."*
(Victor Hugo, Le Satyre in La légende des Siècles)

Der bulimische Raptus oder Anfall hat eine regressive und autoerotische Bedeutung, die, aus Angst zu leiden, die Frustrationen durch eine Lust kompensiert, die den Anderen ausschließt. Nach Christiane Balasc nimmt dann der Raptus selbst in seiner Wiederholung die Dimension eines Glaubensbekenntnisses und einer Herausforderung einer unmöglichen Begegnung mit dem Anderen an.[1] In diesem Zusammenhang wird von Perrier betont, daß die "auto-béance", die Selbst-Leere, allein durch die Monstrosität ausgefüllt werden könne, im Bauch der Mutter zu sein, ihr ein Kind zu zeugen, das man selbst wäre, nicht zur Welt käme und unsterblich wäre.[2] In Tapors Werk vereinigt sich hingegen das Groteske des "Liebeshungrigen" mit dem Absurden. Der Bulimiker verliebt sich in seinen linken Fuß (Substitut des Phallus der Mutter, an den das Kleinkind geglaubt hat und auf den es nicht verzichten will). Sein Fuß heißt Suzanne und seine Verwundbarkeit gibt eine Schwäche der Psyche und eine Entstellung sexueller Natur zu erkennen. Für die französische Schriftstellerin Violette Leduc wird der Fuß-Penis von Simone de Beauvoir, den "L'affamée" schmerzlich begehrt, mit dem Fetisch (Ersatz für den mütterlichen Phallus, dessen Fehlen verleugnet wird) gleichgesetzt. Indem sie ihn zärtlich in ihre Hände nimmt, erhofft sie, das Genießen und die Sinneslust zu erlangen, die ihr von der Mutter verboten

---

[1] Ebd., S.49.
[2] Zitiert von C. Balasc, a.a.O., S.72.

141

wurde. Man darf im Fall von Violette Leduc sogar davon ausgehen, daß das Übergangsobjekt seine Rolle nicht vollkommen hat spielen können, da ihre Mutter die autoerotische Aktivität nicht erlaubte. In der Tat bleibt das Übergangsobjekt der Mutter entfremdet und der Penis (für Violette das Recht auf Onanie) unter der mütterlichen Herrschaft.[1]

"In der psychoanalytischen Erfahrung und Theorie bezeichnet Sexualität nicht allein die Aktivitäten und die Lust, die vom Funktionieren des Genitalapparats abhängen, sondern eine ganze Reihe von Erregungen und Aktivitäten, die bereits in der Kindheit bestehen und eine Lust verschaffen, die nicht auf die Stillung eines physiologischen Bedürfnisses (Atmung, Hunger, Ausscheidungsfunktion, etc.) reduzierbar ist. Sie finden sich als Komponenten in der sogenannten normalen Form der sexuellen Liebe wieder", schreiben Laplanche und Pontalis.[2] So trennt die Psychoanalyse zwischen der Erregungslust einerseits und der Entladungslust andererseits. Die Sexualität spielt sich also unter dem Primat der Genitalzone erst am Ende einer komplexen und fraglichen Entwicklung ein. Nichts ist am Koitus im Grunde natürlich, da das am wenigsten ambivalente Begehren bei dem "reifesten" Subjekt nicht ohne orale, anale und phallische Nebentöne einhergeht. Die französischen Autoren Bruckner und Finkielkraut gehen sogar so weit zu behaupten, daß der Koitus "ein Produkt der Geschichte", "die Festschreibung eines bestimmten Machtverhältnisses zwischen Mann und Frau" ist; infolgedessen sei er noch heute "Gegenstand eines

---

[1] P. Girard, a.a.O., S.202.
[2] J. Laplanche & J. B. Pontalis: Sexualität, in: Das Vokabular der Psychoanalyse. Frankfurt/Main, Suhrkamp Taschenbuch Verlag, 1972, S.466.

Kampfes".[1]

Diese Einstellung teilen auch viele magersüchtige Frauen. Maryse Holder nahm sogar die Corrida als Beispiel für die Beziehung der Männer zu den Frauen. Erotisch angezogen fühlte sich Tania Blixen dennoch "von demonstrativer Virilität, von Nietzsches Männlichkeitsideal: 'der Mann soll zum Krieger erzogen werden und das Weib zur Erholung des Kriegers.'"[2] Um sich aber vor dieser Rollenverteilung zu schützen, weigert sich der erogene Körper, dem "Primat des Genitalen" untergeordnet zu werden. Der Mund, als Öffnung, durch die der Atem, die Sprache und die Nahrung gehen, wird zum Vermittler zwischen der Situation, in der das Subjekt sich befindet, und der unteren oder der oberen Welt, in die er das Subjekt mit sich ziehen kann. Der Mund wird in der universellen Ikonographie sowohl durch das Maul des Monsters als auch durch die Lippen des Engels dargestellt: er ist sowohl die Tür zur Hölle als auch die zum Paradies. Darin erinnert er an Kronos, eine andere mythologische Figur, der den ersten Göttergenerationen ein Ende bereitete, als er die Hoden seines Vaters abschnitt. Um seinerseits von seiner Nachkommenschaft nicht verdrängt zu werden, wie dies seine Eltern vorhergesagt hatten, verzehrte er seine eigenen Kinder nach ihrer Geburt. Daher symbolisiert Kronos den verzehrenden Lebenshunger und das unersättliche Begehren, andererseits aber auch die Angst vor einem Erben, einem Nachfolger oder vor jemandem, der ihn ersetzen könnte. Der Kronoskomplex stellt daher eine Art Umkehrung zu Ödipus dar, da Kronos sich keine andere Gesellschaft vorstellt als seine eigene und sich

---

[1] P. Bruckner & A. Finkielkraut: Die neue Liebesunordnung. Reinbek bei Hamburg, Rowohlt Taschenbuch Verlag, 1989, S.226.
[2] J. Thurman, a.a.O., S.157.

weigert, einer anderen Ordnung zu dienen als der, die er entworfen und gewollt hat. Wenn seine Herrschaft mit der der Erinnerung eines goldenen Zeitalters verbunden bleibt, liegt es daran, daß dieses in der vergehenden Zeit einen idealen Abschnitt hervorhebt, der die Verwirklichung aller Träume zusammenfaßt und der zwangsläufig unbeweglich bleiben muß. Es ist dies der Widerspruch der Zeit, eine Unterbrechung in unausweichlicher Entwicklung, ein Sich-tot-Stellen.[1]

Die zwingende und herrschende Zeit mit den biologischen Rhythmen des Hungers, der Sättigung und des Schlafes bilden zahllose Kränkungen für einen ungeschützten Narzißmus, der die Autonomie seiner subjektiven Zeit beansprucht.[2] Wie für Baudelaire ist die Zeit für die magersüchtige Frau "der wachsame und verhängnisvolle Feind, der finstere Feind, der unser Herz quält" (Spleen und Ideal). Verallgemeinert darf man sagen, daß die Magersüchtige eine "Entsprungene außerhalb der Zeit" ist. Ihre Essensverweigerung wäre dann nichts anderes als die Furcht vor dem "Baum des Wissens um Gut und "Böse", der dem Menschen nur Unheil brachte: sie will nicht daran sterben, das heißt, sie will nicht aus dem paradiesischen Zustand bzw. aus der fötalen Fusion vertrieben werden. Dieser phantasierte pränatale Zustand verbildlicht für sie die unmittelbare Befriedigung des Bedürfnisses, oder besser: das völlige Fehlen von Bedürfnissen, das die Nicht-Manifestation des Triebes in sich schließt. Sie fühlt sich weder Leiden und Tod, noch den Regungen ihres Fleisches ausgesetzt. Sie befindet sich nicht mehr in der conditio humana, die die ständige Suche nach einem Lebenssinn voraussetzt, der uns andererseits erst durch die Begegnung mit dem

---

[1] J. Chevalier & A. Gheerbraut: Chronos, a.a.O., S.327.
[2] C. Balasc, a.a.O., S.27.

Anderen gegeben wird. Statt dessen genügt sie sich selbst, läßt Andere nicht an sich heran und wird dadurch zu einer unvermeidlichen Niederlage verurteilt. Ohne die Begegnung wird sie sich selbst fremd, ja gar feind. Sie fühlt sich machtlos und "kastriert". Um sie herum ist unfruchtbare Wüste:

"Alles hatte sich über mir geschlossen, wie um mich vor Angriffen zu schützen, ich existiere nicht mehr (...) Und verloren in den Straßen, immer auf der Suche nach der richtigen Tür, allein mit den Träumen und der tristen Realität, irrte ich durch eine neue Anstalt, die noch viel schrecklicher war."[1]

Tatsächlich kann man nur menschlich sein, wenn man aus sich selbst herausbricht hin zum Nächsten. "Existieren, was heißt das?", fragt sich Tourniers Robinson auf seiner einsamen Insel. "Das heißt außen sein, sistere ex. Was draußen ist, existiert. Was innen ist, existiert nicht (...) Das ist wie eine Zentrifugalkraft, die alles nach außen treibt, was sich in mir regt, Bilder, Träumereien, Pläne, Phantasmen, Wünsche, Zwangsvorstellungen. Was nicht ex-istiert, in-sistiert. Insistiert, um zu existieren. Diese ganze kleine Welt drängt sich zur Pforte der großen, der wahren Welt. Der Nächste ist es, der den Schlüssel besitzt."[2]

Was die magersüchtige Frau sucht, ist ein Zustand, in dem sie sich selbst genügt, und sie verrät damit ihre Sehnsucht nach einem verlorenen (oder nie gekannten) Paradies. Indem sie den Status einer "Nicht-Esserin" (oder "einsamen Esserin" im Fall von Eßanfällen) beansprucht, weigert sie sich, das dämonisch-aufreizende, verlockende Geschöpf Eva, Schöpfung des Mannes, zu sein, und beschwört so das Bild von Lilith, die,

[1] V. Valère: Das Haus..., a.a.O., S.167.
[2] M. Tournier, a.a.O., S.103-104.

unabhängig von Adam von Gott geschaffen wurde. Mit ihrem Haß auf die Familie und auf die "normalen" Paare und Kinder sowie ihrer Weigerung, sich dem "Gott-Psychiater" unterzuordnen, hat Valérie Valère Gemeinsamkeiten mit Lilith. Ihr echter Feind ist dennoch immer wieder die Leere - in sich, außer sich -, die Abwesenheit: "primitive Agonie der Verlassenheit" nach R. Gaddini, "Entzug des mütterlichen Objekts", der einen unerträglichen Schmerz zur Folge hat, und für ihren "psychischen Tod" verantwortlich ist.[1]

Seitdem Valérie geboren ist, erzählt Isabelle Clerc, sind alle Annäherungsversuche auf ihre Mutter hin im Leeren verlaufen. Sie fand nichts Authentisches, an das sie sich hätte anklammern können, bis sie eines Tages ihre Mutter mit deren eigenen Leere konfrontierte.[2] In der Weigerung, sich mit Nahrung zu füllen, machte sie aus ihrem Körper einen Umkehrspiegel und löschte aus ihm jedes fleischliche Zeichen, entsexualisierte ihn und verließ sich dabei auf Erpressung und Ultimaten: "Ihr kriegt mich nicht; ich fordere euch heraus, mich zu kriegen."

An dieser Stelle wird auch die Verführung in der Verleugnung deutlich, da ja nach Baudrillard die Herausforderung eine der wesentlichen Modalitäten der Verführung ist.[3] Die Magersüchtigen, die von Eßanfällen überwältigt werden, mimen nämlich das Szenario des "Sündenfalls" und die Ängste des moralischen Gewissens. Eva, in den Apfel beißend, ist ein Motiv, das immer wieder in den kunst- und märchentherapeutischen Sitzungen auftaucht und vielleicht einen großen Bereich

---

[1] Zitiert von P. Aimez & J. Ravar, a.a.O., S.161.
[2] Vgl. I. Clerc: Valérie Valère. Un seul regard m´aurait suffi. Paris, Ed. Perrin, "Terre des femmes", 1987, S.68.
[3] Vgl. J. Baudrillard: De la séduction. L´horizon sacré des apparences. Paris, Ed. Galilée, 1979, S.163.

der weiblichen Pathologie offenbart. Der Apfel, Symbol der fleischlichen Liebe, bedeutet zugleich Leben und Tod, ist aber vor allem seit dem paradiesischen Fehltritt "die verbotene Frucht", Symbol der verbotenen und um so mehr begehrten Wünsche.[1] Das tyrannische Bedürfnis, ohne Genuß und jenseits der Sättigung Nahrung zu verschlingen, spielt sich daher in der Einsamkeit, hinter verschlossenen Türen ab: Kampf gegen die Versuchung, gegen Hölle und Verführung sowie gegen jenen Sündenfall, der in Nicole Châtelets Novelle als Kampf gegen eine nicht zu zügelnde Bestie beschrieben wird: "Sie ergab sich ein letztes Mal vor dem Klageruf, vor der Auflehnung des Körpers, und schwor, daß nun Schluß damit sei, endgültig Schluß. Bis der Eindringling sich in der Tiefe seiner Grube beunruhige, bis er in die Richtung des verbotenen Eingangs krieche, schleichend und das ihm Zustehende fordernd, von seinen tausend Mündern getragen, bis sie schließlich trotz ihrer Versprechungen nachgebe."[2]

Valérie Valère hingegen eröffnet in ihrer Ablehnung der Körperlichkeit - Nahrung, Menstruation, und auch Sexualität - und in ihrem Willen zur Selbstbeherrschung die Perspektive auf eine erlösende Reinigung, unter der Voraussetzung freilich, daß sie unermüdlich gegen die Erregbarkeit ihres Fleisches angeht. Sie erweckt die Tradition der ewigen, von niemandem abhängigen Jungfrau. Valérie macht sich unantastbar. Sie versteht es, zu erscheinen und wieder zu verschwinden, sich zur Hälfte hinzugeben, sich in ein Geheimnis zu hüllen und als Spiegel der Phantasien zu dienen, kurz: zu verführen. Und wozu? fragt sich Isabelle Clerc, wenn die Frau, die

---

[1] D. de Castillac & C. Bastin: La boulimie. Mieux se connaître pour en guérir. Paris, Ed. Robert Laffont, 1988, S.29.
[2] N. Châtelet, a.a.O., S.155.

sie verführen wollte, ihre Mutter nämlich, ihrem Charme gegenüber unzugänglich und kalt blieb.[1]

Valérie blieb trotzdem bis zum Schluß ihre eigene Herrin, jungfräulich und eins, wobei sich allerdings das Wort "jungfräulich" hier auf einen subjektiven Zustand, auf ein psychologisches Verhalten und nicht auf eine physiologische oder objektive Tatsache bezieht. Valérie wollte geschlechtlos sein und, besser noch, gar keinen Körper haben, in einem endlosen Spiel von Grausamkeit und Verzweiflung. Der Wunsch nach ewiger Jugend und Unsterblichkeit, von dem die Magersüchtige besessen ist, berührt wieder das Thema der Rückkehr in eine primäre Menschlichkeit, in der es den Unterschied zwischen den Geschlechtern nicht gibt. Die junge Valérie fühlte sich in Wirklichkeit weder als Mann noch als Frau, allenfalls als Mann UND Frau, androgyn wie David Bowie, von dem sie die Musik so sehr liebte. Ihr Körper war kaum weiblich. Sie hatte sehr flache Brüste, schmale Hüften, und nichts von diesem Monatsfluß, der unerbittlich an den weiblichen Zustand erinnert.[2] Als ein Narziß neuer Prägung, ganz in Traurigkeit versunken und voller Selbstekel, grübelte Valérie lange in sich hinein, bis sie sich für die Einsamkeit und gegen das Begehren und damit schließlich für den Tod entschied.

Nach der Psychoanalyse schließt die Fusion das Begehren aus. Das Begehren führt das Kind dazu, sich von seiner Mutter zu differenzieren. Das Recht des Kindes auf ein ihm entsprechendes Ausmaß an autoerotischer Befriedigung ist hier zu beachten. Nun wird Onanie dem Knaben von der Mutter eher zugestanden als dem Mädchen. "Psychonalytiker haben darauf hingewiesen, daß das Verbot der Lust am eigenen Körper den Haß auf

---

[1] I. Clerc, a.a.O., S.49.
[2] Ebd., S.113.

die Mutter schüren kann", schreibt Margarete Mitscherlich. "Als Folge treten Angstgefühle und erneute An-
klammerungstendenzen auf, weil das Kind die Ab-
wendung der Mutter als Reaktion auf seinen Haß
fürchtet."[1] Das Begehren wiederzuerlangen, heißt also,
die Integrität des eigenen Körpers wiederzugewinnen
und sich mit dem "Mangel" zurechtzufinden. Das
bedeutet, daß man sich der Außenwelt zuwenden muß,
um sich befriedigen zu können.[2] "Kurz, es ist unmöglich,
menschlich zu sein, ohne gleichzeitig auch geschlechtlich zu sein: männlich oder weiblich", behauptet Devereux. "Männlichkeit wie Weiblichkeit setzen implizit
auch die Existenz eines anderen Geschlechts voraus und
stellen signifikante Reaktionen auf dessen Existenz dar.
In gewissem Sinne könnte man sogar behaupten, daß die
Existenz der Männer die Weiblichkeit 'schafft', wie die
Frauen die Männlichkeit."[3] Die Tatsache, daß die
magersüchtige Frau sich - unbewußt oder bewußt -
androgyn fühlt, birgt also den aufschlußreichen Paralo-
gismus, der indirekt die Irreduzibilität der Existenz
zweier Geschlechter leugnet. Das Geschlecht löst sich
auf in seine Einzelteile, in seine Partialobjekte und
fraktalen Elemente:
"Es ist die Stunde der Leibeskultur. Die Stunde des Flie-
ßens der Hüften, die Stunde des Taillenumfangs, die
Stunde der Jagd auf das Doppelkinn, die Stunde der
Fußknöchel, die Stunde des Handgelenks", schrieb
Violette Leduc.[4]
Zwischen Zeit und Ewigkeit, Leben und Tod schwebend
und mit einer kindlichen Unschuld versehen, hat die

---

[1] M. Mitscherlich, a.a.O., S.88.
[2] Vgl. P. Aimez & J. Ravar, a.a.O., S.198.
[3] G. Devereux: Angst und Methode in den Verhaltenswissenschaften. Anthropologie, hsg. von W. Lepenies & H. Ritter. Frankfurt/Main, Ullstein, 1976,
S.213.
[4] V. Leduc: Die Bastardin, a.a.O., S.172.

magersüchtige Frau Zugang zu einer sich selbst genügenden Sexualität. Sie transgrediert die biologischen Gesetze der Fortpflanzung und glaubt, dadurch dem Werk des Werdens zu entgehen. Wir sind hier nicht weit entfernt vom Traum der Alchimisten und seiner hermaphroditen Symbolik. Daher ist auch die Faszination verständlich, die von Fernandez' Roman "Porporino" auf magersüchtige Frauen ausgeht. Die Identifikation mit dem mutigen Kastraten kann Frustrationsgefühle entlasten, die aus der Eingeengtheit der Geschlechterrollen entstehen. Mythologie und Literatur, in der viele magersüchtige Frauen bei künstlerischer oder kultureller Arbeit wertvolle Kraft und geistige Nahrung finden, gehören zur Sphäre von Venus, Aphrodite, Dyonisos, Orpheus und all diesen Göttern oder Halb-Göttern, die zweigeschlechtlich, hermaphroditisch oder geschlechtlich auf eine eigenartige und reizvolle Weise sind. Das aber heißt, daß keine Gefahr besteht: die magersüchtigen Frauen werden von beiden Seiten angenommen (auch dann, wenn die Eltern sich nicht verstehen oder getrennt sind...). Wo auch sollen sie sonst Trost suchen? Wo sollen sie jemanden finden, in dem der Sexus unausgesprochen bleibt, oder wo den Ort, an dem sie sich mit ihrer Kindheit versöhnen können? Und wie sollen sie sich entscheiden, ohne sich zu täuschen? Genau das sind die Fragen.[1]

[1] Vgl. F. Dolto: Solitude. Paris, Ed. Vertiges, 1985, S.290.

# Nostalgie des Gesangs

*"Wo möchten Sie leben? Im Haus von Hänsel und Gretel. Was ist für Sie das größte Glück? Wenn meine Katzen für mich singen. Welche Eigenschaften schätzen Sie beim Mann? Weibliche. Bei der Frau? Männliche. Was möchten Sie sein? Ein weißer Tiger."* (Interview mit Leonor Fini)

Eins zu werden ist das Ziel des menschlichen Lebens. Die Nostalgie nach dem ursprünglichen Eden, wo alles in Allem ist, und alles mit Allem, auch das Männliche mit dem Weiblichen vereint ist und wo es keine Differenz der Geschlechter und der Personen gibt, lebt von Generation zu Generation in von jeder Kultur jeweils neu kreierten Sitten wieder auf: der von Bettelheim referierte Ritus der couvade, während der die Männer die Schwangerschaft und das Gebären mimen und sich in die Sexualfunktionen des anderen Geschlechts einzufühlen versuchen; die Institution des Kastraten im 18.Jahrhundert in Neapel; die deutsche Romantik im 19.Jahrhundert; die Unisex-Mode der letzten Jahrzehnte. Man kann sich natürlich fragen, ob der Geschmack für den Hermaphroditismus nichts anderes wäre als der Ausdruck eines fundamentalen Bedürfnisses der Menschlichkeit, das im Gedächtnis der Völker schläft und hier und dort mit einer Zeitspanne von Jahrhunderten und in den unterschiedlichsten Regionen der Erdkugel aufwacht, um sich in einer Institution, in Bräuchen oder in einer Mode zu kristallisieren. Die Verwandlung, die in der Jugend stattfindet, und der Todes- und Wiedergeburtsmythos, der damit verbunden ist, läßt sich auch in der Anorexie gleichsam exemplarisch verdeutlichen. Der Wunsch der Magersüchtigen, die Geschlechter in sich zu vereinen, impliziert die Phantasie einer Rückkehr jenseits

151

des Diskurses und hin zu einer präverbalen Phase (vor dem WORT = vor der Sprache), die musterhaft durch den Kastratengesang im Barockzeitalter dargestellt wurde. In diesem Zeitalter, dem sogenannten "ersten goldenen Zeitalter des bel canto", in dem der italienische Gesang Europa eroberte, wurden ein großer Teil der Gesangsmusik und, im besonderen, alle wichtigen männlichen Rollen in Opern und Kantaten den Kastraten zugedacht, die damit die unbestrittenen Hauptdarsteller der lyrischen Kunst waren. Der Mythos der Androgynie herrschte über das Unbewußte der Barockzeit mit Entstehung und Triumph der Opera seria und ihrer Vorliebe für das Maskenkostüm, die Verkleidung und die zweideutigen Spiele des Seins und des Scheins. Der Rollenaustausch war auch die Essenz des Karnevals. Der Mann maskierte sich gern als Frau, die Frau als Mann, das Kind als Greis, der Greis als Kind. Geschlechter, Altersklassen und soziale Schichten flossen magisch ineinander.

Das Barock lehnte die dualistische Diskriminierung der Geschlechter ab und sehnte sich nach der mystischen Fusion entgegengesetzter Polaritäten. Die Vervollkommnung der Oper wurde durch die Kastration des jungen Sängers, aus dem ein soprano gemacht werden sollte, realisiert. Der Kirchenstaat ließ, indem er die Frauen ausschließlich als Mütter gelten ließ und ihnen den Zutritt zur Bühne untersagte, keinen Raum für die Erotik. An ihre Stelle trat der Kastrat, der für die Kirche nicht provokativ war, da er das Geschlecht der Engel verkörperte, mit weißer Stimme (voce bianca) und daher ebensoviel bedeutete wie "die Stufe Null der Sexualität". Das Begehren und die Versuchung des Fleisches und des Teufels - für die Kirche ohnehin mit der Frau gleichgesetzt - wurden auf diese Art endgültig aufgehoben.

Besonders interessant war die Institution der Kastraten

in Neapel. Die kleinen Jungen stammten aus armen Bauernfamilien und wurden von den Eltern an die Kastratenschulen verkauft, um ihnen ein besseres Leben zu ermöglichen. Einige Kastraten wurden reich, hatten schließlich gesellschaftliche Macht und waren gesucht wegen der Mischung aus Professionalität und "Libertinage", die für sie so charakteristisch war. In einer Zeit, wo die Vergewaltigung in der Ehe keine Seltenheit war, waren die Kastraten von den Frauen sehr begehrt. Ein Urenkel der neapolitanischen Kastraten lebt auch heute noch in der Gestalt des "femminiello", des Transsexuellen, weiter. Der femminiello wird in Armenvierteln gekauft, auf seine spätere Bestimmung programmiert, verhätschelt, mit den Hormonen eines mitwissenden Apothekers versorgt und wie früher vom Chirurg kastriert.

Beide, femminiello und Kastrat, verkörpern das Bestreben nach der gleichmachenden Trennung, die die Medizin "Orchiektomie" nennt, eine Bezeichnung die von "orchis" kommt und auf altgriechisch "Hoden" bedeutet. Es muß hier angemerkt werden, daß in dem geographischen Gebiet, in dem die Muttergottheiten angebetet wurden, der Gebrauch von Haremeunuchen weit verbreitet war. Die Erklärung, die allgemein dafür gegeben wird, lautet, daß Eunuchen sichere Haremswächter sind, weil sie mit den Frauen in ihrer Obhut keine sexuelle Beziehungen haben können. Doch wenn dies der einzige Grund wäre, dürfte man sich fragen, warum keine weiblichen Bediensteten benutzt wurden. Und wenn dieser Brauch in Wirklichkeit ein Überbleibsel der Riten um die Muttergottheit war? Wenn er zum Teil auf dem Verlangen der Frauen beruht, Männer als Untergebene zur Verfügung zu haben, die zuvor ihrer männlichen Sexualität beraubt wurden?

Auch die kastrierten Priester der Kybele waren Diener

der Muttergottheit, so wie die Eunuchen Diener der Frauen im Harem waren. Bei ihnen war die Selbstverstümmelung nicht auf ein Geschlecht beschränkt. Die Riten der Kybele reflektierten sowohl bei Männern als auch bei Frauen abweichende Tendenzen: entweder einen übermäßigen Wunsch oder eine extreme Angst davor, dem anderen Geschlecht anzugehören. Dennoch war die Verstümmelung der Männer viel schwerwiegender als die der Frauen, der Mann opferte seine primären Geschlechtsmerkmale (das ganze Genital), die Frau nur die sekundären (eine oder beide Brüste).[1] Kybele wurde in der Form eines Steines angebetet. Sie symbolisierte die Mutter-Erde, die "materia prima", wurde aber auch als Androgyn, als "Frau mit dem Penis" angesehen. Nach Melanie Klein handelt es sich hierbei um sehr archaische und stark angsterzeugende Phantasien, da verborgene Kastrationsängste durch das Hermaphroditenbild von zwei Geschlechtern in einem geschürt werden.

Die Psychoanalyse hat die Spuren der Kastrationsangst auch beim Transvestiten wiedergefunden. Er verkörpert die abscheuliche Macht der phallischen Mutter, wenn er sie mimt, sich mit ihr identifiziert und sich für die "Göttlichkeit" hält, deren Erscheinung er sich mit Hilfe einer Verkleidung zu bemächtigen trachtet. Es wird behauptet, daß diese Verkleidung zu einem mimetischen Besitzergreifen der Frau führt. Doch handelt es sich nicht eher um die extreme Verleugnung des Geschlechtsunterschieds, wie sie auch bei den Magersüchtigen wiederzufinden ist, wenn sie ihre weiblichen Merkmale verschwinden lassen? Bereits in der Eiszeit findet man androgyne Statuetten, bei denen offenbar die Brüste zu Hoden und der Kopf zum Penis werden. Und der

[1] H. P. Duerr, a.a.O., S.123.

154

Mythos vom ursprünglichen Androgyn, den Platon durch den Mund von Aristophanes wachrief, ließ die Dichter nicht ruhen: "Tatsächlich geht es dabei in erster Linie um die Rekonstitution des ursprünglichen Androgyns, von dem alle Überlieferungen uns berichten", schrieb auch der Surrealist André Breton, "und um seine über alles begehrenswerte und greifbare Inkarnation durch uns hindurch."

In den Bildern von Dali werden Männer mit Brüsten ausgestattet, und auch die von Leonor Fini gemalten Sphinxe sind nicht allein ein Symbol des Geheimnisses. Sie werden bei der Künstlerin zu Trägerinnen des Phallus. Marcel Brion beschreibt sie in seiner Monographie und sagt von ihr: "Indem sie in die Erde hineinging, Freundschaft schließend mit allem, was in den Labyrinthen des duftenden Untergrunds wandert, ist sie auf diese Weise in das innerste Reich gegangen, bis zum Reich der Mütter, von dem ihr ganzes Leben und ihr ganzes Werk den rätselhaften Reiseweg schildert."[1] Im Mittelpunkt ihrer Malerei herrscht eine Hybris, die keine Kategorie ausschließt. Hybris der Gattungen, der Mächte, der Räume, der Zeiten, der Geschlechter. Wie die Transvestiten und die skelettartigen Frauen ihrer Kunstwerke fühlt sich Leonor Fini aus der Gattung vertrieben, und dies ist einer der Gründe, warum sie sich immer weigerte, Kinder zu bekommen. "Ich habe mich nie von der Fruchtbarkeit angezogen gefühlt", sagte sie. "Es liegt an meiner Abscheu vor dem Nützlichen. Die Teilnahme am Bestand der Gattung ist ein Aufgeben. Um Kinder zu haben, braucht man in der modernen Welt eine fast unfaßbare Demut, eine verstumpfte Passivität oder eine unsinnige Überheblichkeit."[2]

---

[1] M. Brion: Leonor Fini et son œuvre. Paris, Pauvert, 1962, ohne Seitenangabe.
[2] Ebd.

Da sie von ihrem Standpunkt die Geschlechter vermischt und die weibliche Stärke verherrlicht, ist es offensichtlich, daß Leonor Fini keine feministische Forderung erhebt. Für sie ist das Geschlecht keine agonistische Dualität, sondern eine umkehrbare Funktion. Schon immer dachte sie, daß die Frau von der männerbeherrschten Welt schlecht und ungerecht behandelt wird. Seit ihrem jüngsten Alter rebellierte sie gegen das weibliche Dasein. Bei ihr findet man wieder die Idee von Lilith, die Anti-Eva, die auch bei vielen magersüchtigen Frauen präsent ist, und die Behauptung, daß ihre Welt die des Geistes ist, da sie instinktiv die körperliche Mutterschaft verabscheute. "Irgendeine Zusammenarbeit muß zwischen Mann und Frau im Geist stattfinden, bevor die Kunst des Schöpferischen vollendet werden kann", schrieb Virginia Woolf in ihrer berühmten Rede.[1] "Kastriert" fühlen sich also magersüchtige Frauen nur, weil sie meinen, die Fähigkeit, etwas Kreatives, etwas Wertvolles zu produzieren, verloren zu haben. Andere ernähren sich wie Violette Leduc von Symbolen und lieben die Ambiguität, die in jeder hermaphroditischen Verbildlichung ruht. Androgyn und Symbol sind zwei umkehrbare Begriffe.[2] Auch Violette vertrug und liebte wie Leonor Fini nur ambivalente Menschen, so ambivalent und verwirrend wie etwa "Monsieur Venus", ein Buch, das von einer Frau des "fin-de-siècle", Rachilde, geschrieben wurde, und von dem Leonor Fini sehr subtile Illustrationen machte. Es ist dies die Geschichte einer seltsamen, asexuellen und libidinösen Liebe zwischen einem "Freudenjungen" von sinnlicher und femininer Schönheit und einer Frau, die ihn schlägt und streichelt, mit ihm spricht und wie ein Mann handelt,

---

[1] V. Woolf: Ein Zimmer..., a.a.O., S.120.
[2] J. Libis, a.a.O., S.272.

nur um das Naturgesetz zu vergessen, den Pakt der Fortpflanzung zu zerreißen und die Unterordnung der Geschlechter zu verneinen. Die einzigen möglichen Beziehungen waren für Leonor Fini Inzeste mit vertriebenen Menschen, die genauso ambivalent waren wie sie selbst. Diese Inzestphantasie finden wir auch in den Schriften von Violette Leduc wieder:

"Ich lebte allein in einer anderen Welt, kalt, steif und an mir selbst zweifelnd, an anderen zweifelnd, ich wünschte extravagante Liebschaften, Inzest. Ich wollte eine Kompensation, eine Revanche mit etwas Anomalem."[1]

Violette wollte immer "das Unmögliche", und sie imitierte gern die Männer. Ihre Krawatte war für sie das Geschlechtsteil, das sie ihrem tendenziell homosexuellen Freund Gabriel anbieten wollte. Sie war ihr Mann, und er war seine Frau in diesem "corps à corps" (= Mann gegen Mann) der Freundschaft. Auch Maryse Holder schilderte ihre tiefe Anziehung für die "Homosexualität" der mexikanischen Männer, und schon in New York bezeichnete sie ihren damaligen Freund als "ihre Brust aus Stein."[2] Immer wieder wird die Frage aufgeworfen: "Was heißt es überhaupt, eine Frau zu sein?"

Wie eingangs schon erwähnt wurde, hängt diese Rollenverwirrung auch mit dem phantasierten "Familienroman" der Frauen zusammen. Die beiden Eltern-Imagines werden in einem einzigen Bild verbunden, das den Urzustand, die Abstraktion und die faszinierende Anziehungskraft der mykenischen Statuen hat: ein versteinertes Idealbild durch enthumanisierte Größe, wie diese große Sphinx aus Granit, auf der Leonor Fini im Schloß von Miramar so gern rittlings saß, als sie noch ein Kind

---

[1] V. Leduc: Die Bastardin, , a.a.O., S.85.
[2] S. Yampolsky: Nachwort, a.a.O., S.380.

war.[1] Der Ausdruck der "vereinigten Eltern-Imago" wurde von Melanie Klein zur Bezeichnung einer infantilen Sexualtheorie eingeführt, in der die Eltern in einer ununterbrochenen sexuellen Beziehung vorgestellt werden: die Mutter, die den Penis des Vaters oder den ganzen Vater in sich enthält; der Vater, der die Brust der Mutter oder die ganze Mutter in sich enthält; schließlich die im Koitus unzertrennlich verschmolzenen Eltern. J. Chasseguet-Smirgel hat die von dem knabenhaften Körper der Mannequins ausgeübte Faszination damit erklärt, daß dieser Körper symbolisch einen Phallus darstelle und damit den Narzißmus und die latente Homosexualität des Mannes anspreche. Am Beispiel von Valérie Valère können wir in der Magersucht auch eine Identifizierung mit dem Phallus des Vaters feststellen, der aber kastriert phantasiert und mit den entsprechenden Symptomen der Wertlosigkeit und der Leere einhergeht, wie sie von Thomä beschrieben wurden. Valéries Vater liebte die Männer, heiratete dennoch eine Frau, zweifellos, um den Schein zu wahren, auch auf Kosten seines eigenen Verlangens. Wie sollte Valérie im fötalen und Säuglingszustand unter der Mesalliance ihrer Eltern nicht leiden? Seltsamerweise gibt sie in einem ihrer Romane genaue Beschreibungen von Schwulenlokalen, als ob sie selbst dort Stammgast gewesen wäre, und inszeniert so das vom Vater unbekennbare Geheimnis, macht sich für die Mutter begehrenswert. Nie wurde Valérie ihre Unentbehrlichkeit durch die Sprache der Wörter und der Gesten, und noch weniger durch die stumme Sprache des Begehrens nach ihrer Geburt mitgeteilt. Wie viele andere Magersüchtigen fühlte sich Valérie schon immer überflüssig, und damit war auch ihr Körper "überflüssig". Dies ist vermutlich einer der Gründe, weshalb

[1] M. Brion, a.a.O., keine Seitenangabe.

Violette Leduc und andere magersüchtige Frauen sich von schwulen Männern häufig angezogen fühlen, verbunden durch eine gemeinsame Einsamkeit. Vor ihrer Heirat trafen sich im Stephenschen Salon am Gordon Square bei Virginia viele homosexuelle Männer. Verginia genoß eine Zeitlang ihre Gesellschaft, da diese "viele Vorteile (hat), wenn man eine Frau ist. Sie ist ungekünstelt, sie ist ehrlich, sie gibt einem in mancher Hinsicht das Gefühl der Unbekümmertheit."[1]

Umhüllender Mutterleib für diese Unbekümmertheit kann die Oper sein. Tania Blixen suchte Zuflucht in der Oper, um diesen "Ort vor der Sprache" wiederzufinden: Ort der ersten Liebe, Ort der Mutterliebe und der todbringenden Liebe, der die Wünsche nach der Rückkehr des Kindes in das Fleisch der Mutter befriedigt.[2] Denn häufig bewahrt die Sprache die Spuren der Geschlechterdifferenz in den grammatischen Strukturen des männlichen und des weiblichen Geschlechts, in Artikeln, Namen und Pronomen. Die vom Geschlecht und daher von der Sprache befreite Musik hingegen kann sich als androgyn und hermaphroditisch, neutral und vollkommen[3] wie der ihr entsprechende Mythos von Orpheus beschreiben lassen. In der Musik wie in der Absolution lösen sich die Grenzen des Individuums auf, im Absoluten des Orgasmus oder in der mystischen Ekstase. Der Mensch wird auf Lebensverhältnisse vor der Erkenntnis zurückgeworfen, in denen die Unterscheidung zwischen Äußerem und Innerem uns noch nicht vom Paradies abgetrennt hatte. Die Oper ist ein gutes Beispiel hierfür, denn sie hat zwei Stimmen: als androgyn im Paar Sprache/Gesang ist sie hybrid, ambivalent. Benito

[1] V. Woolf: Augenblicke, a.a.O., S.229.
[2] Vgl. G. Raimbault & C. Eliacheff, a.a.O., S.126.
[3] M. Serrès, a.a.O., S.96.

159

Pellegrin betont, daß die Vervollkommnung der Oper zudem über die Verstümmelung, über die Kastration des jungen Sängers zum hybriden Soprano führte. Nichts seiend, konnte er alles sein. Die Verstümmelung machte aus ihm ein "Monster", doch alle Eigenschaften, die ihn bereicherten, machten aus ihm gleichzeitig einen Engel, erzählte Casanova von dem Kastraten Salimbeni. In der Zusammenstellung Genießen/Musik spielte sich aber nur das Ur-Genießen selbst, das in unendlicher Rückkehr zirkuläre Genießen ab. Der Gesang des Kastraten war der Gipfel der menschlichen Vollkommenheit, der höchsten Intensität, die das Fleisch verzehrte und Stimme und Hals zermalmte, ein wahrhaftiges Hinaufsteigen der niedrigen Teile des Körpers über den Rumpf zum Kopf, schreibt Dominique Fernandez in seinem Werk über Neapels Mysterien. Die Kehle des Kastraten erzeugte nicht nur ein Ausatmen der Lunge, sondern einen vollkommenen Austreibungsakt, was den Frauen (...) das Gefühl gab, das sie mit seiner Stimme Liebe machten[1], mit jener Stimme, die die Frau während der Liebe so sehr vermißt, und deren Abwesenheit ihr Begehren für den Mann nach und nach verglühen läßt. Fast überall fanden daher kollektive hysterische Szenen seitens der napoletanischen Hofdamen statt, vergleichbar mit denen, die der Auftritt der neuen Idole bei der heutigen Jugend hervorruft:
"Von ganzen Horden halbhysterischer Mädchen belagert zu werden, gehörte zu meinen schrecklichsten Erlebnissen in jener Zeit", schreibt Michael Jackson in seiner Autobiographie. "Tausend Hände greifen nach dir."[2]
Ein Vergleich mit den Kastraten drängt sich auch durch

[1] D. Fernandez: Porporino ou Les mystères de Naples. Paris, Ed. Grasset et Fasquelle, 1974, S.154.
[2] M. Jackson: Moonwalk, a.a.O., S.76.

den Typus der Sänger auf, die heute auftreten. Finden wir nicht bei David Bowie, Prince, Annie Lennox, O'Connor, Grace Jones und im besonderen bei Michael Jackson die gleiche sinnliche, erotische und androgyne Anziehungskraft, die im 18. Jahrhundert bei den Kastraten beobachtet wurde? Vor allem Michael Jackson besitzt jene präpubertäre Stimme, jene Form der Unschuld, die auch den Kastraten eigen war. "Männlichkeit" und "Weiblichkeit" werden zugunsten einer vollkommenen Verwirklichung des Menschen überschritten. Das ist es, was viele Kinder und Jugendliche an Jackson lieben, und der Grund, warum sie sich mit ihm identifizieren. Er personifiziert den alten Menschheitstraum, die Spaltungen und Widersprüche zu überbrücken, die innerhalb der sozialen Gruppen in Erscheinung treten: Spaltung zwischen Kind und Erwachsenem, Spaltung zwischen Mann und Frau, Spaltung zwischen Schwarzen und Weißen, Armen und Reichen. Durch Nasenoperationen erschafft er eine neue Realität, die nicht mehr auf dem Gesetz bzw. der Ähnlichkeit mit der genitalen Sexualität des Vaters fußt (die symbolische Gleichung: Nase = Phallus deutet auf die Kastration hin). Wie der Phönix ersteht er neu aus der Asche und inkarniert damit den Wunsch vieler Magersüchtiger, neu geboren zu werden. Auch die magersüchtige Frau möchte unbedingt anders sein als ihre Mutter. Sie spielt daher gern mit der geschlechtlichen Differenz und treibt den Prozeß der Entdifferenzierung auf die Spitze, die für unsere Postmodernität kennzeichnend ist. Dabei will sie kein Mann sein, sondern sie weist eine geschlechtliche Polarität zurück, die sie für entäußernd hält und strebt wie Michael Jackson danach, in ihrem Körper und in ihrem Äußeren die vielfältigen Persönlichkeiten zu aktualisieren, von denen sie sich bewohnt fühlt.

"Man erringt das andere Geschlecht zunächst einmal in

sich selbst", erklärt die Künstlerin Katharina Sieverding.[1]
Leider sind wir aber noch weit davon entfernt, diesen
idealen Zustand erreicht zu haben, da der gesellschaftliche Rahmen ihn auf jede erdenkliche Art bekämpft. Dies
beginnt schon mit der Grammatik, in der wir sprechen
und denken, und deren Genus selbst dringende Auf-
forderungen sind. Sie treiben uns ständig in die Enge
einer Alternative Mann/Frau, die die grundsätzliche
Ambivalenz des Menschen verdrängt. Die Transsexualität der Magersüchtigen aber setzt der Differenz der Geschlechter ein Ende: weder weiblich noch männlich,
weder homosexuell noch heterosexuell, mobilisiert sie
den Körper, um die "ursprüngliche Androgynie" des
Menschen zu offenbaren. Sie sind die neuen Kastraten.

## Die neuen Kastraten

Das in Neapel von den Kastraten verkörperte Bild einer
ursprünglichen geschlechtlichen Einheit, die wir heute in
den neuen androgynen Idolen wiederfinden, hat einen
sexuellen Ausdruck, der meist als Unschuld oder als
zurückzueroberndes goldenes Zeitalter dargestellt wird.
Die "Moral" dieser Geschichte ist: die Dualität der
Scheinwelt, in der wir leben, ist falsch (= phallsch). Sie
ist ein Trugbild und macht den Zustand der "Sünde" aus.
"Seelenheil" gibt es nur in der Rückkehr zur grundsätzlichen Einheit, die im Fall der Magersucht bis zur Selbstzerstörung des Begehrens und der Verdrängung des
mütterlichen Prinzips gehen kann. In der Perfektion der
Künstlichkeit hatten die Kastraten eine grenzenlose
Grazie, die eher verführerisch war denn sexuell. Alles

---

[1] Zitiert von M. Thévoz: Le corps peint. Genève, Ed. d´art Albert Skira, 1984,
S.122.

spielte sich im Schwindelgefühl oder in der von ihren Stimmen hervorgerufenen Ekstase ab, dank derer die Napoletaner sich von der kriegerischen spanischen Herrschaft freizumachen versuchten. Wie oben angedeutet, lassen sich heute ähnliche Phänomene beobachten. Auch die provozierende Transsexualität des jubelnden und sich selbst gestaltenden Sängers Michael Jackson preist den Zusammenbruch der symbolischen Ordnung. Unantastbar entfliegt der androgyne Michael in einem Video dem Pharaon (dem 'symbolischen Vater'), verwandelt sich in eine Säule aus goldenem Sand, in eine phallische Statue und löst sich schließlich ins Nichts auf. In "Black or White" läßt er die Männer zu Frauen werden und sich selbst zu einem schwarzen Panther. Diese und ähnliche Metamorphosen weisen auf den Glauben an die grunsätzliche Einheit des Menschen hin: weder das eine noch das andere Geschlecht sei er, er vereinige stattdessen beide Geschlechter in sich und integriere das Tier bzw. die Natur des Instinkts in sein Leben. Er macht sich dadurch zur Verkörperung eines Schönheitsideals, dessen Ästhetik jenseits der Geschlechtlichkeit und jenseits der Rassendifferenz liegt: weder schwarz noch weiß, vermischen sich bei Michael neuerdings das Weiße und das Schwarze in einer undifferenzierten Blässe. Das Wunschbild, ein kleiner Junge zu bleiben (siehe die immer zu kurzen Hosen), wird aufgegeben und wie in der Magersucht durch das Ideal ersetzt, ein geschlechtloses und reines Wesen bzw. eine Art "Kastrat" zu sein. Man vergleiche hiermit die Phantasie von Valérie Valère:
"Ich will ein Junge sein, ohne Brust, ohne Eierstöcke, aber auch ohne Glied"[1], schrieb sie ähnlich wie Virginia Woolf, die ihrerseits behauptete, daß es großartig sei,

[1] V. Valère: Das Haus..., a.a.O., S.107.

"ein Eunuch zu sein, wie ich es bin".[1]

Freud ging noch ein Stück weiter, wenn er annahm, daß alle Menschen mit bisexuellen Neigungen geboren würden und von der großen Rätselhaftigkeit der biologischen Tatsache der Zweiheit der Geschlechter sprach. Er spürte aber, daß dieses Problem nicht durch die Psychoanalyse gelöst werden könne, obwohl diese im Seelenleben der Menschen viele Reaktionen von dem, was er "diese große Antithese" der Geschlechter nannte, aufdeckte. Belege für die Universalität der Bisexualität lassen sich jedenfalls auf der organischen wie auf der psychischen Ebene finden. Im Hinblick auf die erstere schrieb Freud in seinen "Drei Abhandlungen zur Sexualtheorie":

"Ein gewisser Grad von anatomischem Hermaphroditismus gehört nämlich der Norm an; bei keinem normal gebildeten männlichen oder weiblichen Individuum werden die Spuren vom Apparat des anderen Geschlechts vermißt."[2] Auch bei der Entwicklung seiner Libidotheorie hat das Konzept der Bisexualität eine wichtige Rolle gespielt. Bereits in einem Brief an Fließ hatte er geschrieben: "Ich gewöhne mich auch, jeden sexuellen Akt als einen Vorgang zwischen vier Personen aufzufassen."[3] Dies erinnert zwangsläufig an die androgyne indische Göttlichkeit Shiva mit ihren vier Armen. Die zwei Geschlechter existieren in Shiva wie in jedem von uns. Die Welt ist zweigeschlechtlich, eine neue Entdeckung des Abendlandes, in Indien jedoch ein seit Jahrtausenden wesentliches Konzept. Freud stellte

[1] Zitiert von G. Spater & I. Parsons, a.a.O., S.177.
[2] S. Freud: Drei Abhandlungen zur Sexualtheorie, in : Gesammelte Werke, Bd.5. Frankfurt/Main, S. Fischer Verlag, 1974, S.40.
[3] Zitiert von H. Nagera (Hrsg.): Psychoanalytische Grundbegriffe. Eine Einführung in Sigmund Freuds Terminologie und Theoriebildung. Frankfurt/-Main, Fischer Taschenbuch Verlag, 1976, S.102.

fest, daß die sexuelle Konstitution eines Menschen sich aus der ursprünglichen Bisexualität herausbildet und die normalen Sexualäußerungen sich nicht verstehen ließen, ohne der Bisexualität Rechnung zu tragen.

Unsere Libido schwankt lebenslang zwischen dem männlichen und dem weiblichen Objekt. Gerade da liegt auch das Problem der Magersucht: die Magersüchtige ist weit davon entfernt, die Geschlechter in sich zu vereinen, wie ihr Ich-Ideal es bereits macht. Wie die "Orlando" von Virginia Woolf fühlt sie sich entzweit. Nach der Beendigung dieses Werkes, das als Liebesgeständnis an Vita Sackville-West verstanden wurde, fiel Virginia in eine tiefe Depression. Anschließend schrieb sie aber einen ihrer besten und ausdruckvollsten Essays "Ein Zimmer für sich allein", in dem sie die Schranken zwischen den Geschlechtern mit Humor und Bitterkeit denunzierte, die durch das männliche Joch und die viktorianische Erziehung aufrechterhalten wurden. Zweifellos ist ihr Essay das schmerzhafte Echo, das auf Orlandos wundersame Verwandlung antwortet, jene Verwandlung, zu der die Frauen nicht fähig sind. Virginia Woolf schwankte also lebenslang zwischen dem Männlichen und dem Weiblichen, zwischen der Selbstanalyse und dem Verlust ihres Selbst, dem Wunsch zu bestimmen und ihrer Sehnsucht nach Verschmelzung.[1] In der Identifizierung mit Orlando dachte sie, daß der Schriftsteller oder die Schriftstellerin die gleichen Wechselfälle wie ihre fiktive Figur durchzumachen habe. Die Kunstschrift mache sich das Schicksal des Androgynen zu eigen, denn allein die Kunstschrift sei in der Lage, die Geschlechter zu transzendieren.

In den schlimmsten Zeiten ihrer Depressionen mußte

---

[1] Vgl. D. de Margerie: Préface in Orlando von V. Woolf. Paris, Ed. Stock, 1974, S.12.

Leonard Woolf wochenlang bei fast jeder Mahlzeit oft eine Stunde oder länger bei Virginia sitzen und versuchen, sie dazu zu bringen, ein paar Happen zu essen. "Ganz tief in ihr war die Verweigerung, etwas zu essen, mit einem seltsamen Schuldgefühl verbunden", schrieb Leonard in seiner Autobiographie. "Sie behauptete, sie sei nicht krank, sondern ihr Geisteszustand sei auf ihre Fehler zurückzuführen - Faulheit, Antriebslosigkeit, Unersättlichkeit."[1] Sie führte also ihren Wunsch zu hungern auf das Bedürfnis zurück, ihren nicht zu stillenden Appetit unter Kontrolle zu halten. In Zuständen von Trennungsschmerz (Virginia versank in der Depression jedes Mal, wenn sie mit einem Werk fertig wurde) begegnen wir in der Tat der völligen Essensverweigerung (Ablehnung jedes Mutterersatzes) ebenso häufig wie der Gier nach Nahrung (symbolischer Ersatz der Mutterliebe durch orale Befriedigung am Essen). Nicht die Nahrung flößte Virginia Angst und Furcht ein, sondern vielmehr der Akt des Essens, den sie als bedrohlich empfand. "Die Gleichzeitigkeit, mit der der verzweifelte Wunsch nach Nahrung und der Ekel davor erlebt wurde, legt die Vermutung nahe, daß der ursprüngliche Konflikt, den die Besessenheit der Magersucht verdeckt, der Widerstreit zwischen Abhängigkeits- und Unabhängigkeitsbedürfnissen sein könnte, der Widerstreit zwischen dem Wunsch, umsorgt zu werden und dem Wunsch, allein zurecht zu kommen", vermutet M. Lawrence.[2] Die Ablehnung oraler Befriedigung (und damit die Verleugnung des Bedürfnisses nach Nahrung) würde in diesem Fall unmittelbar aus dem Gefühl resultieren, daß eine solche Befriedigung dem Bedürfnis nach Sicherheit, Autonomie und Effektivität zuwider-

---

[1] L. Woolf, a.a.O., S.60.
[2] M. Lawrence, a.a.O., S.20.

läuft. Als Virginia in ihrer Verteidigungsrede schrieb, daß jede Schriftstellerin "ein Zimmer für sich allein" benötige, "meinte sie nicht nur den physischen Raum für eine ruhige und fruchtbare Arbeit, sondern auch den geistigen Raum und die Freiheit zu schreiben."[1] Ihr Hungerstreik könnte tatsächlich das Fehlen eines solchen Raumes zum Ausdruck bringen, ein Zeichen für "die mangelnde private Sphäre"[2], die sie schon in ihrer Jugend mit ihrer Familie erlebt hatte. Das unerklärliche, obskure Gefühl fataler Machtlosigkeit, das sie zur Verzweiflung brachte, hinderte sie offenbar, über ihr Leben zu bestimmen. Daher bestimmte ihr Mann schließlich sogar über ihren Körper. Er wog sie regelmäßig und schrieb die Ergebnisse in sein Notizbuch. Nach dem ersten Selbstmordversuch führte er zehn Jahre lang über Virginias Menstruationsperioden Buch. 1913 lagen einmal 98 Tage zwischen zwei Perioden, als Virginias Gewicht einen Tiefpunkt erreichte. Leonard achtete darauf, daß sie keinen Vorwand zum Nicht-Essen hatte, da sie ihr geistig-seelisches Gleichgewicht "nur durch viel Ruhe und Regeneration ihrer körperlichen Kräfte wiedergewinnen"[3] könne.

Die Muttergestalt war in Virginias Denken zeit ihres Lebens dominierend. "Bis ich in den Vierzigern war", schrieb sie, "war ich von der Gegenwart meiner Mutter besessen". Als ihre Mutter starb, erlitt sie einen doppelten Verlust an Sicherheit: ihre Mutter war nicht mehr da, und statt ihr eine Stütze zu sein, beanspruchte der Vater ihr ganzes Mitgefühl und das der restlichen Familie. Virginia aber wollte bedingungslos geliebt werden. Sie wollte, daß ihr Mann für sie verfügbar sei, auch wenn

[1] K. Margolis, a.a.O., S.106.
[2] V. Woolf: Augenblicke, a.a.O., S.143.
[3] L. Woolf, Augenblicke, a.a.O., S.60.

sie während ihrer schlimmsten Krisen schrie, daß sie ihn nicht sehen wolle und daß sie alle Männer hasse.[1]

Dieses Beziehungsmuster der Haßliebe gleicht der frühen Mutter-Kind-Beziehung. Haß und Wut sind charakteristische Züge des Ichs, das sich zu behaupten versucht. Nach Laing und Cooper entspringt der Haß einer Weigerung, mit der das Ich der Außenwelt begegnet, zugleich aber auch einer Abwehr gegen die Zerstörungsangst, die die Trennung von der Mutter verursacht. Die Magersüchtige ernährt sich vom Haß. Der Haß rückt an die Stelle der pathologischen Illusion der Liebe und des Begehrens, die im Grunde nur mit den alten Rachegefühlen abrechnet. "Viele Mütter neigen dazu, die Tochter mehr noch als den Sohn als Teil des eigenen Selbst zu sehen, und das führt dazu, daß sie die Eigenart der Tochter und ihre individuellen Bedürfnisse ungenügend wahrnehmen", schreibt Mitscherlich.[2] Es besteht dann die Gefahr, daß die Tochter eine übergroße Abhängigkeit entwickelt, die ausgenutzt werden und folglich Haß erzeugen kann. Nach Christiane Olivier hat die Mutter die einmalige Möglichkeit, an den alten Traum der Menschheit, an die Bisexualität des Menschen zu glauben, die meist durch die griechische Skulptur der Sphinx in der Form des Androgynen dargestellt wird. Das Drama des kleinen Mädchens spiegelt sich in diesem Ausgeschlossenwerden und in diesem Entrissenwerden wider, ferngehalten von der Mutter. Wenn androgyn Vereinigung der Geschlechter bedeutet, fühlt sich das Mädchen seiner Mutter und derem Sohn gegenüber wie ein Kastrat, in einem Körper,

[1] N. Kohlhagen: Kein Entkommen, in: Durch dick und dünn. Ein Emma-Buch, hsg. von A. Schwarzer. Reinbek bei Hamburg, Rowohlt Taschenbuch Verlag, 1986, S.176.
[2] M. Mitscherlich, a.a.O., S.89.

der weder der Mutter noch dem Vater gleicht. Das Neutrum des Geschlechts (DAS Mädchen) drückt gut die Einbeziehung eines Dritten aus: der Körper des Mädchens hat weder die Geschlechtsteile des Vaters noch die Brüste der Mutter. Hier spielt die Kastration die Rolle des neutralen Elements für jegliche Art von Operation, die die Andersheit aufs Spiel setzt.[1] Der Körper des Mädchens hat also die Neutralität des zu allen mimetischen Wirkungsmöglichkeiten fähigen Chamäleons. Er ·hat scheinbar keine andere Funktion als die der Verzierung. Das kleine Mädchen hört immer wieder: "Sei schön und sei still!" Wenn man nun dem Mädchen die Existenz der Klitoris, des einzigen sexuellen Bezugspunktes, der mit dem der Mutter vergleichbar ist, verschweigt, bleibt ihm nichts anderes übrig als zu simulieren: Wer? Was? Die Mutter, eine Frau mit dem Penis, eine falsche (phallsche) Frau? Oder eher die unerreichbare, ideale Frau, die Essenz, die ihr erlaubt, die Sexualität vorzuspielen, die in Wirklichkeit nicht mehr existiert? Die einzige Realität für das Mädchen ist in diesem Fall der Schein der weiblichen Rolle, seine reine Theatralik und das Einüben in die Fähigkeit, sich für jemand anders auszugeben, kurz und gut, sich "hysterisch" zu verhalten. Dazu schrieb Virginia Woolf: "Wenn ich auch sonst sehr eitel bin (...), ist meine Eitelkeit sehr snobistisch. Ich setze mich dem Rezensenten mit einer großen Hautoberfläche aus, aber mit sehr wenig Fleisch und Blut (...) Da schon vierundzwanzig Stunden vergangen waren, seit ich die Rezension gelesen hatte, war mir denn der Eindruck meiner äußeren Erscheinung als Frau wichtiger, als ich den Salon Argyll House betratt, als mein Renommé als Schriftstellerin."[2]

---

[1] M. Serrès, a.a.O., S.96.
[2] V. Woolf: Augenblicke, a.a.O., S.251.

Zu erscheinen war der jungen Virginia wichtig, und sie war Erscheinung der Abwesenheit in der Anwesenheit, die im Goyastil oszillierend zwischen Lachen und Tod reguliert wurde. Auch hierin erkennen sich Magersüchtige:

"Gefallen, sich gefallen. Die doppelte Knechtschaft."[1]

"Das ist entsetzlich, das ist nicht auszuhalten. Ich bin nicht der Mittelpunkt der Welt."[2]

"Sei doch Weib!", sagte die Mutter zu Violette, denn diese trug am liebsten Männerhüte. Dabei imitierte sie nicht ihren Vater, den sie nicht einmal gekannt hatte. "Meine Mutter, das ist mein Vater"[3], erzählte sie in ihrer Kindheit. Sie imitierte den erigierten Penis der Mutter, um dennoch zu symbolisieren, daß die Erektion nur ein Schein ist: die Mutter war zwar im Besitz von allem, aber nicht als Trägerin der beiden Geschlechter. Sie war "die allmächtige, eher asexuelle als bisexuelle Mutter", so wie sie von Kestemberg, Kestemberg und Décobert beschrieben wird. Darin liegt nach Jessica Benjamin das Problem der Frau, denn "die 'wahre' Lösung für das Dilemma des weiblichen Begehrens setzt eine Mutter voraus, die sich als sexuelles Objekt artikuliert, die ihr eigenes Begehren zum Ausdruck bringt."[4] Es fällt auf, daß die Mütter magersüchtiger Frauen ihrer Tochter zu verstehen geben, daß Begehren und Lust in einer Beziehung zu dem Mann nicht vorkommen sollten. ("Männer sind alle Schweine") Vermutlich verschweigt zudem die erste Aussage der Kastrationsdrohung, die von der Mutter formuliert wurde ("paß auf die Männer auf, sie werden dir antun, was dein Vater mir angetan

[1] V. Leduc: La bâlade, a.a.O., S.276.
[2] V. Leduc: Die Bastardin, a.a.O., S.182.
[3] Ebd., S.50.
[4] J. Benjamin: Die Fesseln der Liebe. Psychoanalyse, Feminismus und das Problem der Macht. Frankfurt/Main, Stroemfeld/Roter Stern, 1990, S.112.

hat"), gleichzeitig die von der Mutter erfahrene Lust und vaginale Aufnahmefähigkeit.[1] In den meisten Fällen lehrt die Mutter Keuschheit und Selbstlosigkeit, und die Töchter befolgen das Schema der christlichen Religion: Vater-Mutter-Ich, das Christkind, die Engel, brav-und-lieb-sein, den Eltern gehorchen, ihnen kein Leid verursachen, keine "Dummheiten" (mit den Jungen) anstellen. Viele magersüchtige Frauen haben zunächst eine sehr religiöse Erziehung gehabt, in Extremfällen bei Nonnen oder in einer katholischen Schule mit der Verpflichtung, zu beten und sich einem phantasierenden Religionsunterricht zu unterwerfen. Auch die protestantische Tania Blixen "verlieh den antagonistischen Kräften die Namen, die ihre Erziehung und ein schwärmerisch religiöses Zeitalter ihr lieferten: Gott und Teufel, Tugend und Sünde, Christentum und Heidentum. In gewissem Sinne durchlebte sie eine religiöse Krise mit all ihren Seelennöten, ihrer sexuellen Spannung und Bedrängnis, ihrer Sinnsuche."[2] Die Hefte aus ihrer Jugend waren voll von hingeworfenen Zeichnungen, die "geschmeidige Seejungfrauen, Ballettänzerinnen in durchsichtigem Tüll, athletische muskulöse Reiter, grimmige Bösewichter und geflügelte Nymphen" darstellten.[3]

Der kalte Fischschwanz der Seejungfrau, mit der die Magersüchtige sich häufig identifiziert (Seejungfrauen machen die Beine nicht breit!), repräsentiert die traurige und dunkle Realität, die ihre charmante Naivität verheimlicht, ihre beharrliche Zwangsvorstellung von Spiegel und Kamm. Die Seejungfrau ist nicht asexuell, sie ist vielmehr, wie der Kastrat, die Inkarnation des erotisierten, dem Tode geweihten Gesangs und Symbol

---

[1] Vgl. P. Girard, a.a.O., S.103.
[2] J. Thurman, a.a.O., S.135.
[3] Ebd., S.74.

des primären Begehrens, des Begehrens der Mutter. Wenn die Seejungfrau das Absolute schon nicht erreicht, so zieht sie sich lieber aus der Welt zurück, und sei es um den Preis ihrer eigenen Zerstörung. Der Gesang, die Verführung durch den Gesang, gehörte ebenfalls zu dem kollektiven Abenteuer Neapels. Aber auch das Scheitern gehörte hierzu, das Scheitern durch den Gesang, durch den Selbstmord und den Tod, durch die Unzulänglichkeit des Gesangs.[1] Das nymphomane, pseudosexuelle Verhalten der Seejungfrau stellt im Grunde eine Abwertung ihres Selbst dar. Es gelingt ihr weder, sich selbst zu lieben, noch sich zu schätzen.

In der Phantasie ist die magersüchtige Frau noch fest mit der Mutter verwachsen wie die Seejungfrau mit dem Meer. Sie fühlt sich als ihr "Anhängsel", ist nur ein Bestandteil von ihr. "Was machte ich auf Erden? Nichts. Ich lebte von der Arbeit meiner Mutter," schrieb Violette Leduc.[2] "Was würde ich sein? Was würde aus mir werden? Was war ich? Was werde ich sein? Mager, wünschte ich mich noch magerer (...) Meine entfleischten Schultern grinsten."[3] "Kehren wir zum Anfang zurück, mach dir den Bauch auf, nimm mich zurück. Laß uns noch zusammen leiden. Fötus, ich möchte es nicht gewesen sein. Anwesend, in dir erwacht. In deinem Bauch habe ich deine Schande von einst gelebt, deine Sorgen. Du sagst manchmal, daß ich dich hasse. Die Liebe hat unzählige Namen. Du bewohnst mich, wie ich dich bewohnt habe (...) Stirb nicht, solange ich leben werde."[4]

Die narzißtische Komponente bei der Magersucht, alles

[1] Vgl. D. Fernandez, a.a.O., S.323.
[2] V. Leduc: Die Bastardin, a.a.O., S.67.
[3] Ebd., S.171.
[4] Ebd., S.25.

selbst und allein machen zu können, alles kontrollieren zu können, bedeutet für das Unbewußte "ich bin vollständig und ich habe einen Phallus" und dient der Abwehr des Nichtigkeitsgefühls, erschlagen zu werden. "Ich bin unbedeutend", dachte Valérie Valère, "ohne Ziel, ohne Freude, ohne alles, eine Larve."[1] "Ich bin nichts. Ich gehöre mir nicht mehr", denkt die Magersüchtige in ihrer tiefsten Verzweiflung, was unbewußt einer Kastration gleichkommt. Sie gehört der Mutter, "einer himmelblauen Mutter", die sie "während der Tragödie liebt", die sie "nach der Tragödie liebt"[2], die sie bis zum Tode haßt und liebt.

In der antiken Tragödie sind die Mutter und deren Symbole zugleich "liebevoll" und "furchterregend" wie Violettes Mutter Berthe:
"Ich bin sechs Jahre, ich weine, ich schluchze in einem Loch, wo ich allein bin: ich habe keinen Hunger, ich will nicht. Meine Mutter knirscht mit den Zähnen, sie brüllt. Ich bin im Käfig, das Raubtier ist draußen. Sie brüllt, weil sie mich nicht verlieren will. Ich habe lange gebraucht, es zu begreifen. Wie könnte ich meine Gabel heben, wenn sie mich so anschaut. Sie erschreckt mich, sie unterjocht mich; ich versinke in ihren Augen. Ich bin sechs Jahre, ich habe Gefallen an ihrer Jugend, an ihrer strengen Schönheit."[3]
In der Linie der maßlosen Mütter, die in der ganzen Geschichte der Labdakiden vorkommen, hebt sich hingegen Antigones Mutter, Iokaste, nur auf dem Hintergrund der Sphinx ab. Sie erscheint vor allem als Rätsel. Halb Tier, halb Frau, wurde die Sphinx in der Psycho-

[1] V. Valère: Das Haus..., a.a.O., S.150.
[2] V. Leduc: Die Bastardin, a.a.O., S.110.
[3] Ebd., S.29.

analyse zum Symbol des Elternimagos, der Fusion der Eltern im Koitus (wobei das Beobachten des elterlichen Koitus vom beiseite gelassenen und zugleich erregten Kind als angsterzeugendes Moment erlebt wird) und der Vorstellung, daß Vater und Mutter Eins sind. Die zahllosen Monster, die die diversen Mythologien und Phantasien jedes Menschen bewohnen (die Zeichnungen oder die Märchen junger Magersüchtiger werden von Meerjungfrauen- und Nymphenbildern besessen), zeichnen also die Phantasie der kastrierenden und furchterregenden Mutter, die Phantasie der phallischen Mutter, vor.[1] Die griechische Sphinx, die Sphinx des Ödipus, symbolisiert sie besonders gut, die phallische Mutter. Auch der "Phallus der Mutter" ist als unbewußte Phantasie zu verstehen, die nicht bedeutet, daß die Mutter tatsächlich einen Penis hat. Diese Phantasie stammt aus der Zeit der Entdeckung der Differenz zwischen den Geschlechtern, dient aber gleichzeitig ihrer Verleugnung. Für das Unbewußte ist daher der Phallus männlich und weiblich in einem und ähnelt damit einer Kugel, die alles in sich trägt. In der griechischen Tragödie wird berichtet, daß die Sphinx sich von rohem Fleisch ernährt. Auf bildhafte Weise werden Inzest und Kannibalismus in Zusammenhang gebracht, und "die unterschiedlichen Dimensionen der oralen Einverleibung ausgedrückt: Liebe, Destruktion, Aufbewahrung in seinem Innern und Aneignung der Qualitäten des Objekts."[2] Außerdem beinhaltet das Symbol der Sphinx auch den Widerstand, den die Mutter gegen die Trennung vom Kind empfindet, und das Verlangen, die verlorene Einheit wiederzuerlangen, indem sie das Kind in ihren Bauch zurückholt. Nach den Italienern Carloni und Nobili drückt sich dies im Alltag durch das überbe-

---

[1] G. Carloni & D. Nobili, a.a.O., S.181.
[2] J. Laplanche & J. B. Pontalis: Kannibalisch, a.a.O., S.241.

174

hütende oder besitzergreifende, herrische Verhalten einiger Mütter aus, die die eigene Identität ihrer Kinder "verzehren", wie auch durch zärtliche Äußerungen, die von kannibalischen Worten begleitet werden (z.B. "Ich habe dich zum Fressen gern").[1]

Mit "Mutter" wird also Schutz, Wärme, Liebe und Nahrung assoziiert, zugleich aber auch die Gefahr der Unterdrückung durch die Enge des Nestes und der Erstickung durch eine exzessive Verlängerung ihrer nährenden und führenden Funktion. Gerade dagegen wehrt sich die magersüchtige Frau. Die Abhängigkeit (die auf beiden Seiten besteht), belastet sie. Sie will sich loslösen. In Violette Leducs Werk "Die Bastardin" werden die Dramen geschildert, die ihre Abscheu vor den Mahlzeiten hervorriefen, und die Drohungen ihrer Mutter wiedergegeben: "Du hast keinen Hunger. Du solltest Hunger haben. Wenn du nicht ißt, wirst du krank werden wie er" (wie Violettes Vater), "wenn du nicht ißt, wirst du nicht hinausgehen, wenn du nicht ißt, wirst du sterben."[2]

Violettes Mutter spielte nie mit ihrem Kind. Sie pflegte es, "angefangen vom Bürsten bis zu den Kräftigungsmitteln, und basta, Punktum."[3] Violette sah ihr Spiegelbild in den beiden harten und blauen Augen: eine lebendige Schuld, ein uneheliches Kind, eine "Bastardin". Allein die Zärtlichkeit der Großmutter bewahrte sie vor vollständiger Zerstörung. Dennoch liebte sie ihre "böse" Mutter abgöttisch. Sie wollte deren Wunde heilen, die sie dennoch, als Abbild des Vaters, immer wieder aufriß. "Mein Spiegel, manman, mein Spiegel. Nein, ich will dich nicht haben, Erblichkeit."[4]

---

[1] G. Carloni & D. Nobili, a.a.O., S.105.
[2] V. Leduc: Die Bastardin, a.a.O., S.28.
[3] Ebd., S.33.
[4] V. Leduc, Ebd., S.24.

Violette verkümmerte in dieser ihrer Haut. Sie erstickte überall, im Büro, bei der Freundin, in der Stadt, und flüchtete in die Natur wie damals "in den schwarzen Rock" ihrer Großmutter. Sie versuchte, den Dingen bildliche Worte zu verleihen, die die zugleich archaische und aktuelle Beziehung zum Körper der Mutter und zu ihrem eigenen Körper ausdrücken sollten. Sie malte aufgewühlte Landschaften, die denen von van Gogh ähnlich waren ("Die Bäume haben ihre Verzweiflungs-krisen"[1]) und vom Körperlichen nicht abstrahierten. Auch andere magersüchtige Schriftstellerinnen träumten davon, Malerinnen zu sein: Virginia Woolf oder Tania Blixen, die sich vom Leben erhoffte, "alles andere als Schriftstellerin zu sein - Reise, Tanzen, Leben, die Freiheit zu malen."[2] Wir werden im dritten Teil noch zeigen, wie aus der Landschaft ein Substitut der Mutter gemacht wird und wie die Landschaft alle Merkmale des primären Objekts, der ernährenden Mutter, besitzt.

---

[1] Zitiert von S. de Beauvoir, Vorwort in: Die Bastardin, a.a.O., S.15.
[2] J. Thurman

Claudio sagte mir heute, daß Sardinien nicht existiert. Das ist so. Ich erinnere mich plötzlich an unsere Unterhaltungen. Sardinien, dürre Muttererde, ernährt nicht ihre Kinder, diese wachsen nicht vollständig. Alles ist klein auf Sardinien: die Bäume, die Menschen, die Tiere. Das Schlimme dabei ist, die Inselbewohner haben nichts mehr Kindliches, nichts Unschuldiges. Eine Kindheit haben sie vielleicht niemals gehabt. Sardinien ist wie eine anorektische Frau, die sich nicht ernährt, nicht ernährt werden will und die die anderen nicht ernähren will. Sie ist eine vergewaltigte Jungfrau-Mutter, die sich an ihren nicht gewünschten Kindern rächt. Sie liebt ihre Kinder nicht und fesselt sie dennoch an sich, indem sie sich ihnen verweigert. Sardinien ist meine Mutter.

Ein Brief aus Sardinien (6.8.1986)

# III. DIE SEHNSUCHT NACH DER URSPRÜNGLICHEN EINHEIT MIT DER MUTTER

## Die ernährende Mutter

Die Natur erscheint vielen Schriftstellern als eines der Gesichter der Sehnsucht nach dem verlorenen mütterlichen Paradies. Virginia Woolfs Werk "Orlando" ist erfüllt von pantheistischem Geist und Sinnlichkeit. Tania Blixen "gibt sich der 'Stille der Nacht' hin und apostrophiert die Elemente als ihre Freunde. Die mächtige Stimme des Meeres ruft nach ihr, und der 'unbändige Wind' ist ihr Bruder. Schon in früheren Jahren bezeichnete sie sich selbst als Pantheistin."[1]

Für jeden von uns ist die Natur eine Verlängerung unseres primären Narzißmus, schreibt Bachelard.[2] Violette Leduc sah in Simone de Beauvoir ihre "Lieblingslandschaft". Die Erinnerung an die Einsamkeit französischer

---

[1] J. Thurman, a.a.O., S.85.
[2] G. Bachelard: L´eau et les rêves. Paris, Librairie José Corti, 1942, S.88.

Landstraßenkreuzungen beklemmte sie. Die immense Sehnsucht nach einem archaischen Objekt, an dem man hängt, wirft einen wie ein Spiegelbild auf die Leere, die Kleinheit und die Verlassenheit der öden Wege zurück und bedeutet zugleich die Abwesenheit der Mutter und die existentielle Einsamkeit des Kindes.[1] Gefühlsmäßig ist die Natur eine Projektion der Mutter. In ihrer psychoanalytischen Studie über den Zyklus der Mutter-Landschaft fügt Marie Bonaparte hinzu, daß das Meer im besonderen eines der großen und beharrlichsten mütterlichen Symbole für die Menschen ist.

Das immer wiederkehrende Bild des Meeres in den verschiedenen Werken von Virginia Woolf, Valérie Valère und Maryse Holder hat auch autobiographische Bedeutung. "Das Meer ist ein Wunder", schrieb Virginia 1908, "das mir mehr zusagt als jedes menschliche Wesen".[2] Was Maryse am Meer fand und von dem sie annahm, daß sie es von ihrer Mutter gebraucht hätte, war die symbiotische Verschmelzung:

"Wieder im Wasser zu sein war so, als ob ich wieder mit meiner Mutter, meinem eigentlichen Element vereint wäre. Wasser, überall nur Wasser (...) Konnte mich nicht davon trennen."[3] Sie sah sich als "eine Tochter des Meeres" an: "Mutter Mar sprach mir Trost zu, nahm mich auf, badete mich, machte mich frei, sauber, stark, schlank und geschmeidig".[4] Maryse fühlte sich dann wie neu geboren.

Die Liebe zu einem Bild veranschaulicht immer eine alte Liebe, und wir finden dafür, ohne es zu wissen, eine neue Metapher.[5] Die Liebe zum Meer gibt einen

---

[1] Vgl. P. Girard, a.a.O., S.68.
[2] Zitiert von G. Spater & I. Parsons, a.a.O., S.154.
[3] M. Holder, a.a.O., S.245.
[4] Ebd., S.317.
[5] Vgl. G. Bachelard, a.a.O., S.152.

materiellen und einen objektiven Sinn für die unbegrenzte Liebe zur Mutter. Nach Bachelard ist jedes Wasser eine Milch. Sobald man von ganzer Seele eine Wirklichkeit liebt, heißt dies, daß die Wirklichkeit eine Erinnerung ist.[1]

Zu einer gesunden Entwicklung benötigt das Kind die "Spiegelung" durch die Mutter, will von ihr gesehen, verstanden, ernst genommen werden. Eine junge Magersüchtige nannte einmal ein Schmuckkästchen voller Muscheln "Meeresspiegel", was nichts anderes bedeutete als "eine Mutter (mer/mère) - ein Spiegel". Spiegelung bedeutet, die Reaktionsweisen des Kindes, seine Gefühle und Wahrnehmungen zu erkennen und sie ihm verbal zu vermitteln. Wenn das Kind nicht gespiegelt wird, wird es ausgebeutet, weil es für die Eltern bestimmte Eigenschaften, Fähigkeiten und Verhaltensweisen besitzen soll, die gegen seine Natur oder seine Eigenart sind. Diese speziellen Wünsche und Forderungen an das Kind bestehen häufig schon vor seiner Geburt, spätestens aber, wenn es auf die Welt kommt. In diesem Fall findet das Kind im Antlitz der Mutter nicht sich selbst, sondern die Not der Mutter. Es selbst bleibt ohne Spiegel und wird ihn in seinem späteren Leben vergeblich suchen.

Nach Raymond Battegay liegt die Grundlage der "Hungerkrankheiten" zu einem großen Teil in einer nicht geglückten Mutter-Kind-Beziehung, die sich in mangelnder Liebe und fehlendem Einfühlen in den Säugling oder in Verwöhnung und Überbehütung äußert. In beiden Fällen fühlt sich das Kind gefühlsmäßig "im Stich gelassen" und enttäuscht, weil es nicht so anerkannt und geliebt wird, wie es ist. Die Phantasie der Verschmelzung aber, die Sehnsucht nach der verlorenen Osmose mit der

[1] Ebd., S.157-158.

Mutter gehen in den Texten der von uns untersuchten Schriftstellerinnen Hand in Hand mit dem Wunsch nach Distanz und Trennung. Mit der Zurückweisung der mütterlichen Speise wollten sie sich von der Mutter abgrenzen, im Eßanfall zu ihr regredieren. "Entweder Alles oder Nichts" war das Leitmotiv ihres Liebeshungers, und das betraf alles: ihre Ansprüche an Männer und Frauen und an sich selbst. Wir werden alle von einer Frau geboren, und wir wünschen uns, in ihren Schoß zurückzukehren, wenn die Realität zu hart wird. Wir kommen zwar vorwärts, drehen uns dennoch auf dem Weg, der uns von unserer Kindheit entfernt, unaufhörlich um.

In den folgenden Abschnitten werden wir zeigen, wie die Anorexie und die Bulimie sich an die Mutter als erste Lebenspartnerin wenden, die Mutter, mit der lange vor der Sprache durch Blicke und Berührungen die erste menschliche Begegnung etabliert wird, und die Spenderin allen Wohlbefindens (und aller Verzweiflung) ist. Die leidenschaftliche Feindseligkeit, die manche magersüchtige Frauen gegen die Mutter hegen, ist der Grund für ihre Tobsuchtsanfälle und für ihre Verzweiflungs- und Rachegefühle: Rache an der Mutter einerseits, nicht als unmittelbare Rache, sondern als mittelbare, vermittelt über den eigenen Körper, der unbewußt als noch zu der Mutter gehörend, als ihr Substitut, empfunden wird; Wiedergutmachung (oder deren Versuch zumindest) einer Kränkung oder einer Leere in der Kindheit andererseits, die durch die pubertären Veränderungen, den Verlust eines geliebten Menschen (Tod, Trennung) neu belebt werden, und die dann durch das Streben nach einem Zustand narzißtischer Fülle und spiegelbildlichen "Jubilierens" aufgefangen werden müssen. Dieser Zustand wird von Nicole Châtelet beschrieben: "Marie-Claude irrte mit Entzücken mitten in der Landschaft ihres Körpers herum. (...) Die Gewißheit ihrer Allmächtigkeit erfüllte sie mit Stolz. 'Ihr Werk!'"[1]

Leider erweist sich bald der Versuch, das narzißtische "Loch" des Körpers mit Hilfe der Nahrung auszufüllen, absurd. Wie Tantalus wird die Bulimikerin zur Wiederholung der Unzufriedenheit verurteilt. Durch ihre anarchische, rasende Nahrungszufuhr erhält sie sorgfältig einen "Mangel" aufrecht, dessen Mangel ("der Mangel des Mangels") eine entsetzliche Leere entlarven würde. Die Anorektikerin hingegen weist den "Mangel" zurück, den sie durch die Leere beschwört. "Es mangelt mir an nichts, also esse ich nichts", fordert den elterlichen Schlüssel-Satz heraus: "Worüber klagst du? Es mangelt dir an nichts!", und scheint alles in Frage zu stellen, was lange Zeit über "den Ekel vor den Nahrung" geschrieben wurde. In Wirklichkeit drückt die Anorektikerin unmittelbar aus, daß die Nahrung selbst keine Rolle für sie spielt. Was für sie wichtig ist, ist das Hungergefühl, das bei der Essensverweigerung entsteht. Kestemberg, Kestemberg und Décobert machten sogar aus der Suche nach dem Hunger ein spezifisches Zeichen der Magersucht, da die Anorektikerinnen Abführmittel nehmen und sich zum Erbrechen zwingen, um sich wieder leer und hungrig zu fühlen.

An dieser Stelle müssen wir noch einmal betonen, daß Magersüchtige immer "Ausgehungerte" sind. Ihr Heißhunger ruft die Vorstellung eines enormen Körpers hervor, der auf Kosten ihres Ichs wächst. Für die Magersüchtige ist "Körper-sein" gleichbedeutend mit "Ding-sein".[2] Wenn der Körper wächst, wächst auch das "Ding", und die "Person" beginnt zu schrumpfen. Der Kampf gegen den Körper ist der Kampf gegen die Mut-

---

[1] N. Châtelet, a.a.O., S.163.
[2] M. S. Palazzoli: Magersucht. Stuttgart, Klett-Cotta Verlag, 1986, S.108.

ter, die sich wenig um ihre Seele gekümmert, sie dafür aber wie eine Gans gestopft hat.

Die Problematik der Magersucht scheint also die der Selbstzugehörigkeit, der Bestimmung eines "eigenen" Raums, eines "eigenen" Handelns zu sein. Sie weist auf Winnicotts Werk hin, auf die Suche des Säuglings nach einem Übergangsobjekt und -raum zwischen Mutter und Kind, die es ihm ermöglichen, sich von seiner allzu großen Abhängigkeit zu befreien. Das anorektische wie das bulimische Verhalten haben nämlich zum Ziel, ein archaisches, mächtiges und präverbales Band mit der Mutter wiederherzustellen. Das von Aimez und Ravar "Spiel mit der Mutter" genannte Spiel wird dies veranschaulichen.

## Das Spiel mit der Mutter.

Mit etwa sechs Monaten probt das Kind das selbständige Loslassen von der Mutter. Es vergewissert sich dabei jedoch, daß die Mutter immer in Reichweite ist. Diese Reichweite wird mit zunehmendem Alter und Vertrauen größer. Das Wissen, das die Mutter existiert, auch wenn sie kurz fortgeht, nennt man Objektkonstanz.

In der Abwesenheit der Mutter besitzt das Kleinkind ein Objekt, ein Stückchen Wolle, eine Decke, ein weiches Stoff- oder Plüschtier, das es zum Mund führt und eine Verbindung mit der Mutter, ein Übergangsobjekt zwischen ihm und dem mütterlichen Körper, darstellt. Später wird der Säugling seinen "Übergangsraum" und "Spielraum" haben. Der Übergang von der Tastwahrnehmung (Warze im Mund) zur Fernwahrnehmung (Gesicht der Mutter fixieren) ist entscheidend für die Ausbildung der Objektkonstanz. Bei eßgestörten Frauen hat Göckel beobachtet, daß "sie in ihren Beziehungen eine geringe Frustrationstoleranz haben. Sie verkraften Trennungen sehr schlecht, es ist, als ob ihre 'Batterie' sehr schnell leer wäre, weil ihnen das Vertrauen fehlt".[1] Die Objektkonstanz hat sich nicht entwickeln können.

Maryse Holder und Marie-Victoire Rouiller haben als Kleinkinder eine Trennung von der Mutter erlebt. Wie sie reagieren viele Magersüchtige depressiv auf Trennungen von Partnern oder Freunden. Abschied nehmen, macht ihnen große Schwierigkeiten. Vom Meer erzählt Maryse:

"Betrunken und mit geschlossenen Augen konnte ich mich endlich dieser passiven Aktivität hingeben, nach der ich mich sehnte - ein Leben ohne Anstrengungen. Jedesmal, wenn ich rausschwamm, wußte ich nicht, ob ich absinken oder zurückkommen würde."[2]

In dem neuen Land Mexiko hoffte sie, in der Anerkennung durch die mexikanischen Männer den besonderen Gefühlsraum zu erleben, der normalerweise zwischen Mutter und Kind entsteht, und der das Gelingen der Trennung/Individuation möglich macht. In ihrer frühen Kindheit hatte sie weder Vertrauen noch Zuversicht, weder Freude noch Liebe zur Realität erlebt. So gelang ihr nicht der Übergang zum Bewußtsein des Andersseins und damit zur Herstellung einer Grenze zwischen innen und außen:

"Wir brauchen Raum" hatte sie Miguel gesagt. "Raum, in dem sich unser Geist und unsere Sexualität entfalten können, Raum für unsere Spiele - er auf einem Stuhl, mich auf seinem Schoß festhaltend (...) Raum für unser Bewußtsein."[3]

[1] R. Göckel: Eßsucht oder die Scheu vor dem Leben. Eine exemplarische Therapie. Reinbek bei Hamburg, Rowohlt Taschenbuch Verlag, 1988, S.153.
[2] M. Holder, a.a.O., S.317.
[3] Ebd., S.367.

Ihr Hunger nach Männern und ihr Durst nach Alkohol ließen erkennen, daß sie im Grunde genommen auf eine narzißtisch-orale Entwicklungsstufe fixiert war und sich der Objekte, die sich ihr früher entzogen hatten, bemächtigte bzw. mit ihnen fusionieren wollte. Das Trinken machte sie "besonders glücklich"[1], was heißt, daß "die orale Einverleibung, wohl aber auch die narzißtische Verstärkung durch die Einnahme dieser Art 'Muttermilch' entscheidend zum Trinken beiträgt."[2]

Die Einverleibung, die vorwiegend mit der Aktivität des Mundes und der Nahrungsaufnahme im Zusammenhang steht, gehört zum psychischen Prozeß der magischen Wiedererlangung des verlorenen Objekts, der Kompensation des Verlusts.[3] Die Nahrungs- und manchmal Alkoholzufuhr wäre in diesem Fall wie eine anschauliche Mimesie der Einverleibung, die nicht stattgefunden hat. Was die Tochter mit der Nahrung (Verschwinden-/Erscheinen im Fall des Erbrechens) und ihrem eigenen Körper macht, der "anschwillt und abschwillt" wie ein Luftballon, sowie das Versteck-Spiel mit der Mutter bringt Aimez und Ravar auf den Gedanken, daß die Nahrung und der eigene Körper gewissermaßen wie Übergangs-, Transaktions-, Handelsobjekte mit der Mutter manipuliert werden. Das "Spiel mit der Mutter" wird zu einem aktiven Mittel, geistige Leere zu beschwören und dabei mit der Mutter auf eine aggressive Weise das zu früh unterbrochene Band wieder anzuknüpfen. In dieser Bewegung des Hin-und-her, die die nicht zersetzte, nicht gekaute verschlungene Nahrung ausführt, können wir eine Analogie sehen mit dem von Freud beschriebenen Spiel mit der Spule, das dem Kind sugge-

---

[1] Ebd., S.191.
[2] R. Battegay, a.a.O., S.74.
[3] C. Balasc, a.a.O., S.74.

riert, es sei der Herr des Spiels und fähig, ganz nach seinem Belieben die Sequenz Erscheinen/Verschwinden des mütterlichen Objekts von neuem zu schaffen.

Meist bekam die Magersüchtige als Kind statt Zärtlichkeit etwas zu essen. Die Folge ist ein Verlassenheitssyndrom.[1] "Die Symptomatologie dieses Syndroms bietet beim ersten Hinsehen nichts streng Spezifisches: Angst, Aggressivität, Masochismus, Selbstunwertgefühl."[2] All diese Zeichen waren besonders ausgeprägt bei Maryse Holder. Sie schrieb:

"Ich fühle mich total wertlos, eine Wertlosigkeit, die ich auf alle anderen ausdehne, denke, wir wären alle nichts als Oberfläche, hübsch oder nicht hübsch, und darunter dieselbe Leere."[3]

Diese Gefühle müssen nicht notwendigerweise wie bei Maryse mit einem realen Verlassenwerden von der Mutter, sondern können mit einer affektiven Haltung der Mutter, die als Liebesverweigerung empfunden wird, verbunden sein (z.B. "fausse présence" = Schein-Anwesenheit der Mutter). Die Mutter muß keine "Rabenmutter" sein, die Ursachen dieser vom Kind erlebten Verlassenheitsgefahr sind häufig ganz andere: Müdigkeit, Überarbeitung, Zeitmangel, Sorgen, Krankheit, eigene nicht verarbeitete Probleme der Mutter. Es wird von vielen Psychotherapeuten behauptet, daß Magersüchtige wie ihre Familien ein eindeutiges "Profil" aufweisen. Dabei werden aber selten die kulturellen Differenzen berücksichtigt. Eine italienische Mutter zum Beispiel wird mit ihrer Tochter anders umgehen als eine deutsche oder eine französische Mutter, und auch innerhalb

---

[1] D. de Castillac & C. Bastin, a.a.O., S.88.
[2] J. Laplanche & J. B. Pontalis: Verlassenheitsneurose, in: Vokabular..., a.a.O., S.595.
[3] M. Holder, a.a.O., S.313.

des gleichen Landes sind die individuellen Gegensätze
groß. Auf einer Seite findet man die asketische, kühle,
leistungsbezogene Mutter und auf der anderen Seite die
überbesorgte Glucke; auf der einen Seite den schwachen, nichtssagenden Vater und auf der anderen Seite
den furchterregenden Tyrann. Zwischen diesen Extremen gibt es natürlich viele Schattierungen. Zudem ist
die Magersucht nicht mehr wie früher auf die Ober-
schicht beschränkt. Sie wird schrankenlos, vom Mittel-
stand bis zum städtischen Kleinbürgertum und der Ar-
beiterschicht. Sogar in ländlichen Gebieten wie Sardinien ist sie sehr stark verbreitet. Die Magersucht ist eine
pathologische Störung multifaktorieller Ätiologie (die
Begegnung und die Addition mehrerer begünstigender,
überstürzender und verstärkender Faktoren, die allein
über die Entstehung und die Aufrechterhaltung der Pathologie Rechenschaft ablegen können). Bulimiker,
Anorektiker, Alkoholiker, Drogenabhängige und Melancholiker beider Geschlechter (wobei es nicht selten ist,
daß sie von einer Phase zu einer anderen übergehen),
alle haben ein mehr oder weniger konfliktuelles, ambi-
valentes, affektiv überlastetes Verhältnis zu ihrer Mutter
- ob zu der aktuellen oder der archaischen. Je archai-
scher ein Konflikt ist (das ist der Fall des oralen Konflikts), desto mehr besteht die Möglichkeit, daß dieser
Konflikt bei vielen Menschen Spuren hinterläßt. "Denn
Schooß ist Alles", sagte einmal Rilke.[1]
Am Beispiel von Maryse Holder läßt sich dies am deut-
lichsten aufzeigen. Durch eine extrem vernachlässigte
Kindheit hatte sie keine Gelegenheit zum Aufbau einer
soliden Selbstrepräsentanz und zur Heranbildung einer
realitätsangepaßten Objektrepräsentanz erhalten. Sie
strebte deshalb zeit ihres Lebens nach jener totalen

---

[1] R. M. Rilke: Duineser Elegien. Torino, G. Einaudi, 1978, S.50.

Fusion mit einem Objekt, um damit diese frühe, von Winnicott geschilderte Objektbeziehung nachzuholen und sich so auch eine größere Selbstsicherheit zu verschaffen.[1] Da sie aber nie das früh Versäumte nachholen konnte, blieb sie fixiert auf ihre bedingungslosen Fusionswünsche. Maryses Suche nach einer symbiotischen Beziehung drückte sich in der Freundschaft zu ihrer Freundin Selma Yampolsky aus. Schon in der Jugendzeit fühlte sie sich von ihr abhängig, jede war außerdem immer in den Freund der anderen verliebt. Ihre Leere und Langeweile füllte sie mit Projektionen und Imitationen: "Die Amouren meiner Freundin sind auch meine Amouren". Sie lebte das Leben der anderen mit, war angewiesen auf deren Reaktionen, um überhaupt zu existieren. Auf eine frühere Selbstmordanzeige von Selma antwortete Maryse aus Paris 1966: "Deine Briefe erwecken in mir den Wunsch, mit dir zu sterben. Du höhlst mich allmählich aus. Ich werde zu einer völlig schwerelos schwebenden Sache. Ich war immer nur das, was du in mich hineinlegtest."[2] Später wurde ihre innere Entleerung auf ihr Körperbild übertragen:
"Und warum empfand ich nichts? (...) Ich habe Angst, abstoßend zu sein. Kann also nur noch Behälter sein - für seinen Schwanz und seine Worte. Und seinen Charme und seine Schönheit."[3]
Die Angst weckte in ihr Haß und Todesgedanken:
"Wie hübsch hätte es sein können - das Messer im Bauch, das ich aus purer Feigheit nicht mehr herausziehe, ich wühle durch seine Gedärme, rasend und voller Wonne und gleichzeitig ein Meer von Tränen vergie-

[1] Vgl. R. Battegay, a.a.O., S.86.
[2] Zitiert von S. Yampolsky, a.a.O., S.378.
[3] M. Holder, a.a.O., S.361.

ßend."[1]

Der Wunsch zu töten, getötet zu werden, durchläuft wie
ein Fieber ihre letzten Briefe: die Faszination, die der
mexikanische Mann ausübt, der bis zum Mord liebt, die
erotische Anziehung, die bis zur Identifikation mit dem
anderen geht und die zum Verlangen wird, der andere
zu sein, und damit selbst getötet zu werden, erinnern
sehr an die Werke von Marguerite Duras: "Du tötest
mich, du tust mir Gutes." (aus "Hiroshima mon amour")
Ihr Verlangen nach dem Körper des Liebhabers war
aber eigentlich ein Verlangen nach dem Körper einer
Liebhaberin: eine Haut wie Chagrinleder, tief braun und
makellos, und Maryse hatte noch nie "so etwas Glattes;
Festes, Feinstrukturiertes berührt."[2] Sie sehnte sich danach, ihn sich einzuverleiben. Den anderen nähren, sich
an ihm nähren, unersättlich sich an ihn schmiegen: hier
drückt sich ein nostalgisches und verzweifeltes Verlangen aus, das wir auch in den bemerkenswerten Briefen
von Marie-Victoire Rouiller an ihre Tante wiederfinden:
"Lassen Sie mich in sich verschmelzen, mich in Ihrem
Schoß vergraben, mir eine Höhle in Ihren Armen errichten, lassen sie mich meinen Hauch in Ihrem Atem finden, mir eine Sprache aus den Liebesworten erfinden,
die Sie mir nie gesagt haben; lassen Sie mich meine
Augenlider unter Ihren Küssen vernähen, damit ich mich
endlich in Ihrem Blick sehe."[3]
Die wiederholte Bitte um Liebe und um Einverleibung
(durch die Haut, die Atmung, das Sehen) an die allmächtige, bewunderte, geliebte Tante (hier der Ersatz
der Mutter) suggeriert schließlich, daß in der Frühkindheit etwas nicht zur Genüge gespielt wurde. Die Folge

[1] Ebd., S.353.
[2] Ebd., S.83.
[3] M. V. Rouiller, a.a.O., S.25.

ist eine dauernde, mit unbefriedigten Abhängigkeitsbedürfnissen und Selbsthaß gemischte Vorwurfshaltung. Das Minderwertigkeitsgefühl ist wiederum die Antwort auf die realen oder phantasierten Schäden, die das Kind erleiden kann: Liebesverlust und Kastration. Gemäß Freud fühlt sich das Kind minderwertig, wenn es merkt, daß es nicht geliebt wird, und ebenso der Erwachsene.[1] Marie-Victoire akzeptierte keine Dualität, weil sie die Bedrohung der Trennung in sich trug. Jeder Bruch ließ auf eine unerträgliche Weise das frühkindliche Drama wieder aufleben: den Tod ihrer Mutter sofort nach ihrer Geburt. Auch in der Liebe war daher kein Austausch mehr möglich.

"Ich habe Angst, verlassen zu werden", ist das Leitmotiv auch vieler magersüchtigen Frauen. "Du willst mich zerstören", sagte Gabriel, Violette Leducs Ehemann, zu ihr. "Ja. Um zu eliminieren, was sie unterscheidet, und um sich zu rächen, da sie zusammen kein Einzelwesen bilden konnten", sagte Simone de Beauvoir hierzu.[2] Wenn Violette verlassen wurde, geriet sie in Verzweiflung (wie früher mit vierzehn Jahren, als ihre Mutter heiratete), obwohl sie selbst es herbeigeführt hatte. Insgeheim hatte sie diese Liaison zu Gabriel, diese Heirat, immer brechen wollen, weil sie auf ihre eigene Destruktion hinzielte, weil sie "die sich selbst verzehrende Gottesanbeterin" war.[3]

In der Geschichte jeder jungen magersüchtigen Frau, in der Geschichte ihrer ersten Beziehungen zum mütterlichen Objekt, ist diese Art von "Ichstörung" zu suchen, die später dann zu den sich aufdrängenden Gefühlen der

---

[1] J. Laplanche & J. B. Pontalis: Minderwertigkeitsgefühl, in: Vokabular..., a.a.O., S.310.
[2] Vgl. S. de Beauvoir. Vorwort in: Die Bastardin, a.a.O., S.9.
[3] Ebd., S.10.

Leere, der Sinn- und Wertlosigkeit führen kann. Auch
die Figuren aus Valérie Valères Romanen empfinden ein
kontinuierliches Gefühl von Depression und auszufüllen-
der Leere und die Unmöglichkeit, das Leiden in Worten
auszudrücken:
"Ich versuche, in meinem Inneren den Anflug meiner
Gedanken zu befreien, aber ich finde nur eine immense,
schwarze Gestalt, das Schwarze der Nacht."[1]
Valérie ähnelt einer Melancholikerin, deren Selbstag-
gression sich in Wirklichkeit auf ein verlorenes Objekt
richtet, mit dem sie sich identifiziert. Melancholiker
haben die gleichen Schwierigkeiten wie Magersüchtige,
sich einer Person gegenüber zu stellen, die sich im realen Leben von ihnen abhebt, von ihnen abgetrennt ist. In
der Magersucht wie in der Melancholie wird die gleiche unmögliche Trauer um das mütterliche Objekt - sei
es gehaßt oder geliebt, verachtet oder idealisiert - und
die gleiche Ambivalenz dem Objekt der Trauer gegenüber aufgedeckt: "Weil ich es liebe, trage ich es in mir,
um es nicht zu verlieren, aber weil ich es hasse, ist
dieses andere Objekt in mir ein böses Ich, ich bin böse,
ich bin wertlos, ich bringe mich um."
Einige magersüchtige Frauen haben diese Interpretation
von der Mutter in ihrem eigenen Körper bestätigt. "Ich
trage immer ein Idol in mir, und es müßte meine Mutter
sein", sagte einmal eine Patientin von Kestemberg in
einer ergreifenden Umkehrung der schwangeren Mutter,
um die Fusion mit ihr wiederzufinden. Diese Phantasie
kommt häufig in Zeichnungen von Bäumen zum Ausdruck. Magersüchtige Frauen skizzieren gern Höhlen in
Stämmen (Symbol ihrer Körperbildes), in denen sich
entweder eine Eule oder ein Vogel mit großen, offenen

---

[1] V. Valère: Laisse pleurer la pluie sur tes yeux. Paris, Librairie Plon, 1987, S.41.

Augen (Inquisitionssymbol einer wachsamen, allgegenwärtigen Mutter) eingenistet hat. Da sie die Mutter in sich tragen, wendet sich der Haß nicht nach außen, sondern er verschließt sich in ihnen. Sie verhalten sich infolgedessen, als ob sie keine Zähne hätten, damit die introjizierte Mutter intakt, isoliert als Fremdkörper im Organismus bleibe. Im Fall der Bulimie wird das Mutterobjekt vollständig verschlungen, aber nicht zerstört. In beiden Fällen, in der Anorexie wie in der Bulimie, wird es jedoch nicht assimiliert; es bleibt lebendig und intakt.

## Die todbringende Frau

Für den Mann und für die Frau ist der Verlust der Mutter eine biologische und psychische Notwendigkeit, das erste Merkmal der Autonomisierung. Der Muttermord ist eine Lebensnotwendigkeit, schreibt Julia Kristeva in ihrer Studie über "Depression und Melancholie" (1987), die conditio sine qua non unserer Individuation, vorausgesetzt, daß er auf eine optimale Weise stattfindet und erotisiert werden kann: sei es, daß das verlorene Objekt als erotisches Objekt wiedergefunden wird (wie im Fall der männlichen Heterosexualität und der weiblichen Homosexualität), sei es, daß das verlorene Objekt auf das andere Geschlecht (im Fall der heterosexuellen Frau) übertragen wird durch eine unglaubliche symbolische Bemühung, die das andere Geschlecht erotisiert oder die kulturellen Aufbauten in ein "sublimiertes" erotisches Objekt verwandelt. Die je nach Individualität und Milieu mehr oder weniger ausgeprägte Gewalt des muttermörderischen Triebes hat zur Folge, daß sie sich gegen das Ich wendet, wenn sie gehemmt wird. Wenn das mütterliche Objekt introjiziert worden ist, erfolgt statt des Muttermordes jene depressive Tötung des Ichs, die auch in der Melancholie zu finden ist. Karl Abraham vergleicht in seiner "Studie über die Entwickung der Libido" (1925) die Anorexie mit der Melancholie: "Um Mama zu schützen, bringe ich mich um, obwohl ich weiß (phantastisches und schützendes Wissen), daß sie die Ursache meines Leidens ist. Auf diese Weise ist mein Haß unbeschadet, und meine muttermörderische Schuld ausgelöscht. Ich mache aus meiner Mutter ein Todesbild, um nicht in Stücke zu zerbrechen vor Selbsthaß, wenn ich mich mit ihr identifiziere. Im Grunde richtet meine Abscheu vor ihr eine Sperre auf, die aus mir ein Individuum macht, indem sie mich vor der konfusionellen Liebe schützt." Die Magersucht kennt die gleiche depressive Ökonomie wie die Melancholie: "Ist meine Mutter Ich? Infolgedessen, hasse ich mich selbst und vermeide zudem den offenen Ausdruck von Feindseligkeiten gegen sie."

Für Laurence Igoin verdeckt die Bulimie ebenfalls die lauernde Depression. Sie vergleicht die Bulimikerin mit der mythologischen Figur Proserpina, die ewig zwischen zwei Welten wandelte - der Welt der Lebenden und der Unterwelt - und immer das Gefühl hatte, nicht in ihrer Haut zu sein und sich in einem Spiegel zu sehen.[1] Gefährtin von Hades, des Gottes der Unterwelt, der zugleich ihr Onkel, ihr Entführer und ihr Ehemann war (man findet hier das Inzestthema wieder), war Proserpina auch seine Gefangene. Hades hatte sie dazu verführt, einen Granatapfelkern zu essen, um auf diese Weise das gebotene Fasten in der Unterwelt zu brechen. Da sie sich hatte verführen lassen, wurde sie verurteilt, ein Drittel ihres Lebens in der Unterwelt und die zwei anderen Drittel bei den Lebenden zu verbringen. Vermittelnd

---

[1] L. Igoin: La boulimie et son infortune. Paris, P.U.F., 1979, S.57.

zwischen Leben und Tod stehen Essen und Sex. "Die Todesfrucht ist zum Zeichen der Auferstehung geworden. Der tödliche Biß, Stachel und Phallus, zur Impfung gegen den Tod", schreibt Jan Kott hierzu.[1] Der Mythos Proserpinas ist daher vergleichbar mit dem Los aller Süchtigen, die jenseits des Grabes wie Schatten ihrer selbst überleben.

Marie-Victoire Rouiller legte Zeugnis von diesem Instinkt des Überlebens ab, der sie in eine lebende Tote verwandelte und der in ihr die Angst hervorbrachte, der sie draußen in der Welt nicht mehr zu trotzen vermochte. Aus einem Brief an ihre Tante:

"In Ihrer Nähe, in Ihren Armen, die mich so schlecht umfingen, fühlte ich mich wie eine Leiche. Meine Haut, die mit Ihrer Haut nie vereint war, war gespannt über einem Herzen, das genauso zersetzt war wie diese wabbligen und blutigen Organe in den Metzgereien. Dieses Fleisch gehörte, so schien es, zu meinem eigenen Fleisch, denn die Nahrung, die ich ununterbrochen kaute, um zu wachsen, versuchte bei jedem Hinunterschlucken dorthin zurückzukehren, woher sie kam, in die Tiefe meiner Eingeweide, dort, wo das Geheimnis des Todes und von all dem, was mich faszinierte, sich verbergen mußte."[2]

Hier ist der Körper schon anderswo, abwesend, eine lebende Leiche. Er wird von der Magersüchtigen nicht ernährt, weil diese Angst hat, ihn vollzustopfen, und so besser ohne ihn leben kann. Das Bild ihres Körpers ruft in ihrem gekränkten Narzißmus die Gewalt und den Wunsch zu töten hervor, gegen den sie sich schützt, indem sie ihren Körper malträtiert. Die mit der Einver-

[1] J. Kott: Vom Biß der Schlange, in: Lettre International, Heft 7, Winter 1989, S.15.
[2] M. V. Rouiller, a.a.O., S.16.

leibungsphantasie verbundene Angst der Magersüchtigen läßt eine Spaltung zwischen dem Ich und dem Körper entstehen; der als von der Mutter beherrschte (oder als Substitut der Mutter) erlebte Körper wird zum "bösen Objekt", das als "dicker werdend" und "gefährlich" empfunden wird, während das Ich mit dem Ichideal der Grandiosität ineinanderfließt. Palazzoli schreibt hierzu: "Das in den zwischenmenschlichen Beziehungen frustrierte Machtmotiv wird auf die intrapersonale Struktur verschoben, d.h. auf eine rigide Kontrolle des Körpers der Patientin. Das Unannehmbare wird in den Körper projiziert, nicht auf die Umwelt."[1]

Groll und Wut werden durch das Erbrechen ebenso entladen wie die Vergangenheit, die die magersüchtige Frau gefangen hält. Marie-Victoire zum Beispiel fühlte sich machtlos ihrer Tante gegenüber, wie "ein Tänzer auf dem zerrissenen Seil ihrer Kindheit."[2] Indem sie sich mit der verstorbenen Mutter und mit dem Tode selbst identifizierte, erschaffte sie einen Raum psychischer Einsamkeit, der von der Wahrnehmung der asexuellen Gestalt ihrer Tante unterstützt wurde:

"Sie sind nicht Gott", schrieb sie, "und dennoch haben Sie ohne Paarung und ohne Blut zu vergießen dem bösen Geist, der ich geworden bin, das Leben wiedergeschenkt."[3]

Ob die Mutter unentbehrlich, erfüllend, aufdringlich und darum als todbringend phantasiert wird oder ob sie gehaßt wird, weil kalt und distanziert: in beiden Fällen tötet sie ihre Tochter und versperrt ihr alle Ausgänge:

"So häufe ich die Mißerfolge an", schrieb Marie-Victoire, "um mir zu beweisen, daß ich es nicht verdiene,

---

[1] M. S. Palazzoli, a.a.O., S.117.
[2] M. V. Rouiller, a.a.O., S.25.
[3] Ebd., S.65.

geliebt zu werden, und daß Sie Recht haben, es so schlecht gemacht zu haben (...) Heute habe ich gelernt, auf einem einsamen Abhang zu gehen, da wo die Hunde neben einer Leiche heulen, und ich schreibe Ihnen wie ein in der Falle gefangenes Tier."[1]

Hier muß allerdings hinzugefügt werden, daß Marie-Victoire im Blut ihrer gerade verstorbenen Mutter gebadet hatte und daß sie später in den Augen ihrer Tante die geliebte und verstorbene Zwillingsschwester (ihre Mutter) ersetzen mußte:

"Ihre Erwartung an mich war so groß, daß ich keine Chance hatte, sie erfüllen zu können. Wie sollte ich Ihre Zwillingsschwester, Ihr Spiegelbild sein, wenn ich Ihr Kind sein wollte?"[2]

Als Antwort auf die todbringende Symbiose mit der Mutter-Tante wurde später Marie-Victoires Leidenschaft für ihre spanische Freundin Nièves zu einer der intensivsten Figuren dieser Verdoppelung:

"Ihr Name aus 'Schnee' ließ meine Lippen glühen, wenn ich ihn in der Dunkelheit eines Korridors ganz leise aussprach (...) Im Grunde sind Sie kaum für die Verzweiflung verantwortlich, die mich nach Nièves' Abschied erschüttert hat. Wie hätte ich damals verstehen können, daß diese Trennung mich auf die Ängste eines terrorisierten Kindes zurückwarf?"[3]

Die Nicht-Überwindung der prä-genitalen, homosexuellen Ambivalenz (die mit einer Nicht-Trennung von der Mutter verbunden ist) hat zur Folge, daß diese Ambivalenz jede Form späterer Beziehungen prägt. Das Subjekt hat sich dem Ödipus (der "Triangulierung") nicht gestellt, der es aus der dyadischen Beziehung zur Mutter

[1] Ebd., S.89-90.
[2] Ebd., S.94.
[3] Ebd., S.82.

197

hätte erlösen können. Die Pubertät reaktiviert diese Sackgasse. Die Trennung von der Mutter wird genauso gefährlich wie die Fusion mit ihr. Ein regressiver Ausweg wird in der Oralität und der Analität versucht, in der Absicht, das Objekt und das Ich wiedergutzumachen. Dieser Mechanismus ist an depressive Angst und Schuld geknüpft: "Die phantasierte Wiedergutmachung des äußeren und inneren mütterlichen Objekts ermöglicht die Überwindung der depressiven Position, indem sie dem Ich eine stabile Identifizierung mit dem günstigen Objekt sichert."[1] Der Hunger der Magersüchtigen drückt also ein sehr regressives Verlangen aus. Er zielt darauf, eine Rückkehr in eine vollständige Umsorgung durch die Mutter oder durch den Partner, etwa als Verdoppelungsfigur, zu beschwören:

"Ich kann mich nicht erfrischen, mich nicht wärmen, mich nicht ernähren", schrieb Violette Leducs "Affamée". "Neben ihr sterbe ich vor Durst, vor Kälte, vor Hunger. Sie ist frei, frei. Ich habe mich an sie gebunden. Ich bin mein eigener Aushungerer."[2]

Jenseits von Eros finden wir Thanatos. Die Liebe, die dem Leben einen Sinn gibt, wird gleichzeitig mit dem Tode assoziiert, da "ich ohne Liebe nicht leben kann". Bei Violettes "Affamée" ist die Essensverweigerung eine Abwehr gegen die Todesangst, sie ist die Angst, verlassen zu werden, die Angst vor dem Nichts:

"Um elf Uhr morgens sind unsere Anfangsbuchstaben zusammmen gestorben. Jeden Tag denke ich an den Tod. Ich lauere einer Katastrophe auf."[3]

Die Angst vor dem Tode ist die Angst vor dem Leben.

---

[1] J. Laplanche & J. B. Pontalis: Wiedergutmachung, in: Vokabular..., a.a.O., S.626.
[2] V. Leduc: L´affamée. Paris, Ed. Gallimard, 1948, S.79.
[3] Ebd., S.77.

Die Zuflucht in die Angst bedeutet hier eine Art Tod im Leben. Violette greift zum Nicht-Sein, um einem katastrophalen Tod auszuweichen. Wenn die Mutter (oder die Eltern) das Kind zu eigenen Zwecken ausnutzen, es ablehnen oder vernachlässigen, bekommt das Kind das Gefühl, daß es sich auf ihre Unterstützung nicht verlassen kann, wenn es die eigene Unabhängigkeit probt. Infolgedessen wird es sich an die Mutter (oder an die Eltern) klammern und sein Unabhängigkeitsbedürfnis nur in der Form von Negativität und Eigensinnigkeit ausdrücken.

Violette etwa fühlte sich als uneheliches Kind von der feindseligen Mutter abgelehnt. Daraus leitete sie ab, sie hätte kein Recht zu existieren ("ich war eine Fliege auf einem weißen Wäschestück"[1]). Ihre Aggression, wenn sie schrie: "Ich will nicht, daß man mir hilft", war eine Reaktion auf die Frustration oder das Bedrohungsgefühl, das sie empfand, wenn die Mutter sich mehr für Krankheiten und Mißerfolge des Kindes interessierte und für die Zukunft schwarze Prognosen zeichnete. Einer positiven Veränderung gegenüber blieb die Mutter aber gleichgültig, auf die Freude des Kindes antwortete sie negativ: "Beim Frühstück unterhielt mich meine Mutter mit den Häßlichkeiten des Lebens. Sie gab mir jeden Morgen ein schreckliches Geschenk: das des Mißtrauens und des Verdachts."[2]

Violettes Lebensfreude wurde erstickt. Mütter wie die ihre bringen ihren Kindern den Tod. Ihre Angst vor Krankheit und Tod trägt dazu bei, daß ihre Kinder Angst vor dem Leben bekommen und eine nekrophile Neigung entwickeln. Violettes Metaphern sind das beste Beispiel dafür. Sie deuten auf Krankheit, Tod, Verfall,

[1] V. Leduc: Die Bastardin, a.a.O., S.54.
[2] Ebd., S.39.

Leichen, Blut hin. Ihre Essensverweigerung wirft sie auf ihr erstes Lebensjahr zurück. Hier steht das hilflose präverbale Kind, das sich in jedem von uns verbirgt.

## Ein überflüssiger Körper

Durch die Nahrung wird das geliebte Objekt einverleibt. "Ein Löffel für Mama, ein Löffel für Papa." Nach Laplanche und Pontalis läßt die Einverleibung drei Bedeutungen erkennen: "sich Lust verschaffen, indem man ein Objekt in sich eindringen läßt; dieses Objekt zerstören; sich die Qualitäten dieses Objekts aneignen, indem man es sich aufbewahrt."[1] Indem die Magersüchtige die Nahrung verweigert, weigert sie sich also, das Liebesobjekt zu zerstören. Die Voraussetzung der Assimilation - die Zubereitung der Speisen - zerstört; sie zerstört schon dadurch, daß sie den Naturzustand vieler Lebensmittel verwandelt (alles wird klein geschnitten, gekocht). Das Kauen und die Verdauung beenden den Zerstörungsprozeß. Wenn die Möglichkeit besteht, essen wir nur, was wir mögen und zerstören es. Nahrung zu konsumieren, bedeutet in diesem Sinne zerstören. Das Liebesobjekt wird also vor der Zerstörung geschützt durch die Verschiebung auf die Nahrung, die es repräsentiert. Die Magersüchtige weigert sich, einzuverleiben, was ihr mit zu viel "Liebe" aufgezwungen worden ist. Diese Art von Liebe, die sich hauptsächlich über das gute Funktionieren des Körpers Gedanken macht, anstatt auf ihr Verlangen-zu-sein zu antworten, lehnt sie ab. Darum beharrt sie auf der Zerstörung ihres Körpers, Objekt privilegierter Verpflegungen auf Kosten ihres Seins.

[1] J. Laplanche & J. B. Pontalis: Einverleibung (Inkorporation), in: Vokabular..., a.a.O., S.128.

War sie als Kind müde und schrie, bekam sie die Brust oder die Flasche. Wollte sie trocken gelegt werden und schrie, bekam sie ebenfalls die Brust oder die Flasche. Sie lernte somit, daß sie auf bestimmte Bedürfnisse nicht die richtige Antwort bekam, und lernte nicht, die eigenen Bedürfnisse wahrzunehmen, alles gemäß dem Prinzip: "Wenn ich ein Bedürfnis habe, bekomme ich die falsche Antwort, also darf ich keins haben". Gerade dies warf Marie-Victoire Rouiller ihrer Tante vor: "Mit zehn Jahren war ich so mager, daß Sie meinem Vater empfahlen, mich aufs Land zu schicken. Da habe ich mir den Bauch vollgestopft! Bei meiner Rückkehr fanden Sie, ich sähe gut aus. Darauf hätte ich am liebsten alles übergeben, was ich hinuntergeschluckt hatte. Im Grunde waren Sie nicht dafür geschaffen, die ernährende Mutter zu spielen."[1]

"Am wichtigsten war grundsätzlich, daß ich alles aufaß, was auf meinem Teller war. Ich wurde aber nie zu meiner seelischen Verfassung gefragt", ist eine der geläufigsten Klagen magersüchtiger Frauen, die von ihren Eltern körperliche Verpflegung bekamen, obwohl sie nach geistiger Nahrung verlangten. Dieser Konflikt wird oft beobachtet: die Mutter lebt in einer materiellen Welt, die Gesundheit, Pflichten und den sozialen (oder schulischen) Erfolg privilegiert. Meist wird am Eßtisch kaum geredet. Jedes Familienmitglied hat seinen festen Platz, der Vater führt den Vorsitz. Viele magersüchtige Frauen leiden unter dem Mangel an Dialogen mit den Eltern, unter der Starrheit ihrer Welt und ihres vollprogrammierten Tagesablaufs. Seit ihrer Geburt hatten sie das Gefühl, die Zeit werde vermessen, können sich aber dennoch nicht davon lösen. Wie Violette Leduc:
"Wem soll man vertrauen, wenn die Zeit ein kleiner

---

[1] M. V. Rouiller, a.a.O., S.63.

Hund ist, der im Kreis herumläuft, wenn die Zeiger auf den Zifferblättern tote Insekten sind ... Das Rädchen quälte zu guter Letzt die Zeit. Sie teilte sechs Kartoffeln durch acht Tage. Sie konnte 0,75 dieser stärkehaltigen Knolle jeden Tag essen."[1]

Die magersüchtige Frau aber verlangt etwas anderes. Was sie sich in Wirklichkeit wünscht, sind Wörter: die Wörter, die aus ihr einen Menschen machen, sie in eine Geschichte einfügen und sie mit den Menschen in ein anderes Abhängigkeitsverhältnis als das von der Nahrung einbinden; Wörter, die sie als begehrendes Wesen und nicht als Wesen von Bedürfnissen aufnehmen.[2]

Viele haben das gleiche erlebt wie Marie-Victoire. Sie haben nur das Schweigen gehört, "ein aus gewöhnlichen Worten bestehendes Schweigen, ein aus anständiger und fleischloser Zuneigung bestehendes Schweigen ohne Wärme."[3] "Sie sprachen selten mit mir", sagte Marie-Victoire zu ihrer Tante. "Sie brachten mich oft zum Schweigen, ohne mich sicherlich zu unterbrechen, nur indem Sie mich zwangen, zu verheimlichen, was ich von Ihnen erwartete."[4]

Magersüchtige Frauen durften nicht auf ihren eigenen Rhythmus hören, immer dem Rhythmus ihrer Mutter (oder deren Substitut) auflauernd mit dem Verlangen, mit ihr zu fusionieren, um leben zu können:

"Du hast einen Strom von Tränen zur Welt gebracht, meine Mutter", schrieb Violette Leduc. "Ich habe den Schleier genommen, meine Mutter. Ja, später knallte ich oft die Türen, ich ertrug euch nicht. Meine Wunde öffnete sich wieder. Meine Wunde: Du von mir gerissen.

---

[1] V. Leduc: Die Frau..., a.a.O., S.99.
[2] G. Raimbault & C. Eliacheff, a.a.O., S.114.
[3] M. V. Rouiller, a.a.O., S.35.
[4] Ebd., S.35.

Eifersüchtig? Nein. Sehnsüchtig bis zum Schwindelig-
werden. Verschmäht trotz deiner Güte, meine Mutter. O
ja, verbannt aus unserem Federbett..."[1]
"Identische Trugbilder der Anwesenheit und der Abwesenheit", sagte zudem ihre "Affamée". "Die Abwesenheit ist eine Folter: die angstwürgende Erwartung
einer Anwesenheit; die Anwesenheit ist ein Intermezzo
zwischen zwei Abwesenheiten: ein Martyrium", fügt
Simone de Beauvoir hinzu[2]. "Berthe, meine Mutter, ich
war dein Gatte vor deiner Heirat", klagte Violette.[3]
Später wurde es ihr daher unmöglich, die richtige Distanz mit den geliebten Personen herzustellen: sie lebte
ständig zwischen der Angst und dem Verlangen, mit
ihnen zu fusionieren. In einem sicheren und stabilen
Verhältnis kann die Mutter sich entfernen, verschwinden, zurückkommen: der Säugling nimmt wahr, daß er
nicht verlassen und von sich selbst nicht "losgerissen"
wird. Er kann ohne die physische Anwesenheit seiner
Bezugsperson weiterleben. Er macht den Unterschied
zwischen der Brust seiner Mutter und sich selbst. Er
nimmt schließlich seine Körpergrenzen wahr. "In der
Psychoanalyse ist die Körpergrenze das Vorbild jeder
Trennung zwischen einem Innen und einem Außen; der
Vorgang der Einverleibung bezieht sich ausdrücklich auf
diese Körperhülle. Der Ausdruck 'Introjektion' ist in
einem weiteren Sinne zu verstehen. Es handelt sich hier
nicht mehr nur um das Innere des Körpers, sondern um
das Innere des psychischen Apparates, einer Instanz",
erklären Laplanche und Pontalis.[4] Nach Perls Definition
bedeutet zudem Introjektion, "die Struktur von Dingen

---

[1] V. Leduc: Die Bastardin, a.a.O., S.54.
[2] S. de Beauvoir, Vorwort in: Die Bastardin, a.a.O., S.9.
[3] V. Leduc: Die Bastardin, a.a.O., S.39.
[4] J. Laplanche & J. B. Pontalis: Introjektion, in: Vokabular..., a.a.O., S.236.

zu erhalten, die man in sich aufgenommen hat, während der Organismus Zerstörung fordert."[1] In der Magersucht wie in der Melancholie wird der Angriffsimpuls gegen das introjizierte Objekt gekehrt. Das "Introjekt" wird nicht aufgelöst. Die Folge ist nach Perls "eine dauernde Fixierung; da die Zerstörung vermieden wird und eine Assimilierung nicht stattfindet, bleibt die Situation notwendigerweise unvollständig."[2]

Die Mutter magersüchtiger Frauen, dies möchte ich noch einmal betonen, ist nicht unbedingt eine "böse" Mutter. Das Kind hat nur zu einem bestimmten Zeitpunkt etwas oder jemanden als Angstquelle vernommen. Auch Marie-Victoire schildert eine solche Situation:

"Meine Mutter ist verschwunden, an ihrer Stelle gibt es einen großen, behaarten Hund. Wird dieser sie ersetzen? Wird mir dieses abscheuliche Tier Tag für Tag Gesellschaft leisten? Armer Black. Er ist es also, der mir so viel Furcht in meinen Träumen einjagt; er, der der Kompagnon meiner Kindheit war? Mit seinem Schwanz warf er mich auf den Boden, und ich klammerte mich an ihm fest, um mich wieder aufzurichten. Diese Erinnerung gehört sowohl der Lust als auch der Angst. Warum müssen diese beiden Begriffe immer verbunden sein, warum stiften sie Verwirrung in meinem Herzen?", fragte sie sich, ohne eine Antwort darauf zu bekommen.[3]

Das monstruöse Maul des Wolfhundes, das Marie Bonaparte mit dem auf den Tod ihrer Mutter folgenden Schrecken ihrer Kindheit assoziiert, erinnert uns zwangsläufig an das Märchen von Rotkäppchen: "Großmutter, was hast du für große Zähne!" Nach Perls ist

[1] F. S. Perls: Das Ich, der Hunger und die Aggression. Stuttgart, Klett, S.139.
[2] Ebd.
[3] M. V. Rouiller, a.a.O., S.92-93.

der Wolf ein Symbol für Gier und Introjektion. Im Märchen introjiziert der Wolf die Großmutter, er kopiert sie und verhält sich 'als ob' er sie wäre, aber sein wirkliches Selbst wird durch die kleine Heldin bald entlarvt.[1] Anschließend wird sie vom Wolf verschlungen, vom Jäger gerettet und durch schwere Steine ersetzt - ein grandioses Symbol für die Unverdaulichkeit des Introjekts. Im Märchen wird das introjizierte Objekt zwar verschlungen, aber nicht assimiliert; es bleibt lebendig und intakt.[2] Nach Durand gibt es auch eine sehr genaue Konvergenz zwischen dem Hundebiß und der Furcht vor der destruktiven Zeit. Hier erscheint Kronos mit dem Maul des Wolfes, des die menschliche Zeit verzehrenden Monsters, und dem Wunsch des Menschen, die Zeit zu überlisten. Es kommt noch hinzu, daß der "Hund" auch das Symbol des erigierten männlichen Gliedes ist sowie die Bezeichnung für Penis in der Bambara-Sprache. Diese Interpretation wird durch Violette Leducs folgende Phantasie bestätigt: "eine Frau schrie: 'Hunde zwischen meinen Beinen.'" (L'affamée) Die Angst, von Wölfen gefressen zu werden, wurde schon von Freud im kleinen Hans analysiert als Schrecken, dem Koitus des Vaters zu dienen. Das beängstigende Tier und die Furcht, verzehrt zu werden (die auch bei Violette Leduc wiederzufinden ist), sind der regressive, verfälschte, unterdrückte Ausdruck für einen passiven, zärtlichen Antrag, der den an den begehrten Vater gerichteten Liebesanspruch im Sinne des genitalen Erotismus repräsentiert. Wenn der Wolfshund für den kleinen Jungen zunächst die erschreckende, symbolische Gefahr der Kastrationsdrohung darstellt, dann ist der Traum (oder die Gesellschaft) von Hunden und Raubtieren (Hunde

[1] F. S. Perls, a.a.O., S.144.
[2] Ebd.

nahmen eine besondere Stellung in Virginia Woolfs und Tania Blixens Leben ein, bei Tania auch die Löwen) die Darstellung des Verlangens, als genitale Frauen anerkannt zu werden. Nach der Psychoanalytikerin Pièr Girard öffnet sogar das Streben des kleinen Mädchens, sich von Wölfen fressen zu lassen, den Weg zu der Heterosexualität, zu ihrem Vater. Das verzehrende Tier wäre sozusagen eine wunderschöne Verdichtung entgegengesetzter Wünsche: der mit dem scheinbaren Verzicht auf die Lust und aufs Leben einhergehende Wunsch, die Mutter zu behalten, sich in das Maul des Tieres zu werfen und dabei zu sterben (wie einmal die ersten christlichen Märtyrerinnen), wobei der Opfertod die einzige Möglichkeit zu sein scheint, sich vollkommen dem triebhaften Begehren hinzugeben und einen Fuß auf den Weg der Genitalität zu setzen.[1] Der Wunsch nach dem Vater wird von Marie-Victoire deutlich geäußert:

"Je mehr ich Sie brauche, desto mehr denke ich an meinen Vater. Ich konnte mir nicht vorstellen, daß etwas Lebendiges zwischen mir und ihm hätte existieren können; wenn ich dennoch immer vergeblich erwartete, daß Sie mich zugleich so lieben wie ein Vater und eine Mutter, liegt es sicherlich daran, daß er in meinem Leben auch eine Rolle zu spielen hatte. Dies wollte ich während einer sehr langen Zeit nicht einsehen."[2]

Nun braucht das Kind auch den Vater, diesen "Dritten", der nach Mitscherlich "kein Feind, sondern Freund, ja zeitweilig ein erweiterterte Teil der Mutter sein muß, damit es sich in seiner Hilflosigkeit von der als allmächtig erlebten Mutter lösen und sich seinen Selbständig-

---

[1] Vgl. P. Girard, a.a.O., S.144.
[2] M. V. Rouiller, a.a.O., S.91.

keitsbedürfnissen einigermaßen angstfrei überlassen kann."[1] Wie Marie-Victoire ist auch Violette Leduc ohne Vater aufgewachsen. "Sie war zugleich Vater und Mutter", sagte sie von Berthe. Für beide Frauen bestand die mütterliche Fürsorge hauptsächlich auf der körperlichen Ebene (orales Vollstopfen, Unmöglichkeit, sich dem geliebten Objekt zu erklären). Vom Liebhaber verlassen, als sie schwanger wurde, warnte Berthe das kleine Mädchen vor den Männern, und verbot ihr ausdrücklich, jemals ein sexuelles Verhältnis mit ihnen zu haben: "Alle Männer waren Schmutzfinken, alle Männer waren Herzlose. Sie fixierte mich während ihrer Erklärung mit so viel Intensität, daß ich mich fragte, ob ich ein Mann sei oder nicht. Nicht einer kaufte den anderen frei. Dich mißbrauchen, das ist ihr Ziel. Ich sollte es verstehen und nie vergessen. Schweine. Alle sind sie Schweine."[2]

Sehr häufig ist die Mutter magersüchtiger Frauen unglücklich gewesen (das bezieht sich sowohl auf ihre unglückliche Kindheit als auch auf ihre katastrophale Ehe oder auf die Kinder, die sie verloren hat). Darum muß die Mutter alles wissen; darum braucht sie ihre Tochter.[3] Valérie Valère erklärte mit einer gewaltigen Grausamkeit, warum ihre Mutter "scheinheilig, blind, neurotisch und kraftlos" geworden war:

"Eine unerfüllte Liebe. Außerdem hat ihre Mama sie traumatisiert, indem sie ihr wiederholte, sie sei ein Nichtsnutz, sie sei häßlich, faul und würde die Männer nie verführen können. Sie machte meine Mutter dafür verantwortlich, daß sie seit deren Geburt ein gelähmtes Bein hatte. 'Du wirst immer eine absolute Null bleiben.' Ergebnis: Sie hat sich in die 'männlichen' (einfach eine

---

[1] M. Mitscherlich, a.a.O., S.109.
[2] V. Leduc: Die Bastardin, a.a.O., S.39.
[3] L. Igoin, a.a.O., S.79.

Verwechslung des Attributs!) Arme des ersten verfügbaren Liebhabers geworfen und hat zwei gräßliche kleine Babys gekriegt. Darunter mich."[1]

Häufig steht die Mutter selbst noch im Schatten ihrer eigenen Mutter. Die Tochter erlebt dann ihre Mutter als schwach und konturlos und die Großmutter als dominante, übermächtige Figur. Die Angst vor dem Verlust des Objektes wird verstärkt, wenn das Kind von der Großmutter mütterlicherseits erzogen wird, so daß diese sich um das kleine Mädchen mit einem solch quantitativen Perfektionismus kümmert, daß es weder die Möglichkeit noch die Notwendigkeit erfährt, ein "auto-étayage" (s'étayer sur = sich stützen auf) zu erreichen. "Sind Bastardinnen Monstren, so sind sie Abgründe von Zärtlichkeit. Fideline ohne Alter, ohne Gesicht und Körper einer Frau, o mein langer Pfarrer, du wirst immer meine Verlobte sein"[2], sagte Violette von ihrer Großmutter. Ihre Magersucht wie auch Valérie Valères spätere Drogenabhängigkeit kann dann als eine Lösung erscheinen, um zwischen dem Ich und den äußeren Stimulierungen eine Sperre aus Nebel und Rauch zu bilden. Es gibt auch die Variante, daß die Mutter magersüchtiger Frauen in Anwesenheit ihres Kindes nur mit sich selbst, nicht aber mit und von dem Kind sprachen, sei es laut oder in der Wortlosigkeit innerer Sprache, und daß dieses Bad von Worten oder von Schweigen dem Kind zu verstehen gab, daß es ihr nichts bedeutete. ("Ihr Blick geht durch mich hindurch, ohne mich zu sehen, denn sie träumt", schrieb Violette.) Nach Didier Anzieu ist aber der sonore und danach der visuelle Spiegel für das Selbst und für das Ich nur strukturierend, wenn die Mutter dem Kind zugleich etwas von sich

[1] V. Valère: Das Haus..., a.a.O., S.43.
[2] V. Leduc: Die Bastardin, a.a.O., S.31.

selbst und etwas von ihm mitteilt sowie etwas, das die ursprünglichen, psychischen, von dem aufkeimenden Selbst des Säuglings empfundenen Eigenschaften betrifft. In dieser Hinsicht müssen wir betonen, daß man im allgemeinen bei magersüchtigen Frauen eine Abwesenheit des körperlichen Kontakts mit der Mutter wiederfindet, die manchmal bis zur Unfähigkeit geht, die Tochter zu umarmen:

"Wenn ich Sie umarme", schrieb Marie-Victoire, "habe ich nichts in den Händen: Ihre Anwesenheit schwindet hinter der verführenden Fassade dahin; meine Lippen streichen an Ihre Wangen und begegnen nichts: Sie sind ein hohler Körper ohne Wärme und ohne Festigkeit."[1]

Das Verschwinden der Mutter wird auch affektiv und körperlich von Violette trotz Berthes Anwesenheit empfunden:

"Keine Mutter wird abstrakter als du gewesen sein. Deine Haut, deine Beine, dein Rücken, wenn ich ihn wasche, der Morgenkuß, den ich von dir erbitte, haben keine Wirklichkeit. Wo dir begegnen?"[2]

Nach Laurence Igoin, die sich hauptsächlich mit dem Phänomen der Bulimie beschäftigt hat, spielt sich das Mutter-Tochter-Verhältnis bei Bulimikerinnen fast ausschließlich im Bereich des Blickes ab. Die Mutter sieht und weiß alles. Aus den Körperbildern, die in der Kunsttherapie von bulimischen Frauen angefertigt werden, schauen häufig viele runde Augen, "Kuhaugen", die, wie die junge Marie kommentierte, "wie die Augen meiner Mutter, riesig und dumm" sind.

Das Vorbild der weiblichen Identifikation, die magersüchtigen oder bulimischen Frauen angeboten wurde, ist gewiß nicht ohne Ambiguität: "Meine Mutter kuschte

---

[1] M. V. Rouiller, a.a.O., S.57.
[2] V. Leduc: Die Bastardin, a.a.O., S.25.

immer vor meinem Vater. Ich will auf keinen Fall so wie sie werden", ist das Verdikt, das von vielen Betroffenen verkündet wird. Einerseits finden wir die Herausforderung "ich bin nicht wie du", andererseits die Intrusion "du bist in mir" und den Appell an die Liebe: "Erkenne mich an!", in denen Unterwerfung und Arroganz, Leiden und Beherrschung, Gefühl von Kränkung und von Allmächtigkeit sich vermischen, kurz: eine Wut, ein Grenzzustand, der den griechischen Mythen nicht unbekannt war. Nach Brusset hat die Magersucht zugleich etwas von der narzißtischen Neurose und von der symbiotischen Struktur; in der Melancholie wird das verlorene Objekt einverleibt, und die Alternanz zwischen Anorexie und Bulimie könnte in der Alternanz zwischen Verlust und Wiederbegegnung mit dem Objekt verbunden sein. Alles geschieht also, als ob die Tochter sich vor einer doppelten Gefahr schützen müßte, vor der Verlassenheit und vor der Intrusion. In ihrem Diskurs läßt sich einerseits die Erfahrung eines Verlustes erkennen, andererseits die Verleugnung dieses Verlustes: der Abwesenheit der Mutter wird das Gefühl, von ihr erstickt worden zu sein, entgegengehalten sowie der Eindruck einer Anwesenheit und einer Allwissenheit, vor denen nichts entfliehen kann, nicht einmal die Abwesenheit.

"Mit all meinen Kräften habe ich immer daran gearbeitet, zu beweisen, daß ich existiere. Um so mehr wurde ich in meiner Kindheit verleugnet, auf eine 'Sache', ein 'Ding' reduziert, das nach Belieben verschoben wurde. Um so mehr bemühte ich mich, einen Wert in mir selbst zu finden. Aber es war vergebliche Mühe."

So lautet der Diskurs eßgestörter Frauen. Für sie bedeutet die doppelte Unmöglichkeit, die Kräfte des Unbewußten zu beherrschen oder ihnen ganz den Vortritt zu lassen, die persönliche Niederlage ihrer Existenz. Ihr weibliches Dasein wird zu der unwiederbringlichen "Todsünde", gegen die es nur ein einziges Mittel gibt: die "Schuld" auszulöschen, indem die Frau aufhört zu existieren und sich Gewalt antut. Dies wird auch von Nicole Châtelet beschrieben:

"Nach vorne gebeugt, über der Sitzbrille der Toilette entzwei, befreite sich Marie-Claude nicht nur von der in sich hineingestopften Nahrung, sondern sie erbrach sich selbst bis zur letzten Parzelle."[1]

So seltsam es auch scheinen mag, die Grundabsicht der Anorektikerin und der Bulimikerin ist es, ihren schwindenden Selbstwert wiederherzustellen, indem sie den Körper korrigiert (im Doppelsinn des Wortes: korrigieren = verbessern/züchtigen). Ein makelloser, tadelloser, unterwürfiger, gehorsamer Körper ist das körperliche Ideal (perfektionistisch, absolut) der mager- und brechsüchtigen Frau. Die Schlankheit, mehr noch die Magerkeit, muß die Selbstbeherrschung, das Zusammentreffen mit einem körperlichen Ideal, das gleichzeitig auch ein Ichideal ist, sichtbar widerspiegeln. Von nun ab wird das Selbstwertgefühl in diese Spanne flüchten zwischen dem, was die Frau ist und dem, was sie sein möchte. Die Funktion des grandiosen Selbst dient zur Abwehr gegen die archaischen Bilder der inneren Fragmentierung eines destruktiven Selbst und eines verfolgenden Objekts, das bei frühzeitigen, libidinös und aggressiv besetzten Objektbeziehungen eingreift. Nach Didier Anzieu werden daher die faszinierenden Kleidungen, die junge, meist magersüchtige Mannequins anlegen, zu einer Art mütterlicher, symbolischer Haut (wie im Märchen von Aschenputtel), deren Pracht sie vorläufig aufwertet angesichts der unbewußten Bedrohung des Zerbröckelns in ihrem psychischen Apparat. Engagiert in

---

[1] N. Châtelet, a.a.O., S.165.

einem sterilen Kampf gegen "eine Andere, die ich gut kenne, mir selbst fremd und doch Ich selbst ist", wird die eßgestörte Frau - sich im Kreis drehend - zu diesem ewig wandelbaren Ich, das der Körper umformt und das dennoch keine rechte Veränderung erfährt. So auch Nicole Châtelets Figur nach jedem Eß- und Brechanfall: "Zum Schluß erkannte sie sich wieder mit der vorwurfsvollen Verwunderung, die die lange Abwesenheit einer familiären, vermißten Person hervorruft."[1]

Wenn wir den Schrecken berücksichtigen, den die junge Marie-Claude gegenüber sich selbst empfindet, wenn sie sich im Spiegel anschaut, erscheint ihre albtraumhafte Situation aussichtslos. Ihr Ich macht zwar, was ihm gefällt, bleibt aber Beobachter. "Ich ist eine Andere. Es steht neben mir und schweigt über seine Triebe, über eine Angst, die stumm bleiben will", könnte man hier hinzufügen. Die junge Marie-Claude fragt sich zwar: "Wer bin ich?", aber ihr verzweifelter Appell bleibt ein stummer Appell, der nicht gehört werden wird. Ihr Kampf ist einsam, heimlich, unheimlich, und daher um so mehr dem Scheitern geweiht. Indem sich die Magersüchtige der Hilfe und dem Verständnis anderer entzieht (generell wird gesagt, daß eßgestörte Frauen in der Therapie wenig zugänglich und abwehrend sind), verliert sie auch jedes objektive Maß und wird zum Opfer eines unerbittlichen Selbsturteils. Im Fall der Bulimie fühlt sich die Frau nicht nur schuldig, ihren instinktiven Trieben "nachzugeben", sie fühlt sich zudem schuldig, sie zu "haben"! Alle Triebe müssen daher zensiert werden. Dies führt zwangsläufig zu einer Spaltung zwischen Leib und Seele. Der Leib als Träger der Triebe wird verachtet und als "sündig" verflucht, die Aggression gegen ihn gewendet, die Schuld für jedes Mißgeschick

[1] Ebd., S.162.

auf ihn geschoben.

Diese auf den Körper zurückgelenkte Aggression ist der erste Schritt in der Entwicklung jener Zweifel und jener Abscheu, die die eßgestörte Frau gegenüber ihrem Ich pflegt. Sie erlebt ihr Ich als "fremd", weil es ihrem bewußten Willen entgeht: "Ich erkannte plötzlich in meinem tiefsten Inneren zwei Wesen, die gegeneinander kämpften", sagte einmal Marie. "Eins von beiden war Ich. Das andere war eine Bestie, ich glaube, eine Löwin, die ihre Beute verzehrte, um zu überleben. Sie war aber namenlos." In dieser Phantasie fußt die Interpretation auf der Dialektik zwischen Verfolger und Verfolgtem, Schlingendem und Verschlungenem. Ebenso symbolisiert der Vampir, mit dem sich Marie-Victoire, Violette Leduc und Maryse Holder vergleichen, den unersättlichen Lebenshunger und den Liebeshunger, der niemals befriedigt wird.

Das Wesen der eßgestörten Frau ist entzweit in ein fleischloses Ich und in einen Körper, den das Ich wie "eine Sache" anschaut oder vor dem es sich fürchtet wie vor einem Raubtier mit unkontrollierter Kraft und jähzornigem Appetit. Das Ich behandelt den Körper, als ob er ein Fremdkörper in der Welt wäre, "namenlos", das heißt "ohne Sein". "Gefällt sie dir, deine scheußliche 'Sache', die dich vom Schlafen abhält?" fragte Valérie ihre Mutter.[1]

Nach Palazzoli kommt die Magersüchtige zu diesem besonderen Erleben ihres Körpers, weil sie ihn mit dem einverleibten Objekt, der Mutter, in seinen negativen, überwältigenden Aspekten gleichsetzt, um ihm besser Widerstand zu leisten und ihn vom Ich trennen zu können. Wichtig ist dabei, daß der Körper der Magersüchtigen das schlechte Objekt nicht nur enthält, sondern daß

---

[1] V. Valère: Das Haus..., a.a.O., S.104.

er es ist. Vom phänomenologischen Standpunkt aus wird der Körper als etwas erlebt, das alle Merkmale des primären Objekts besitzt, wie es in einer Situation oraler Hilflosigkeit wahrgenommen wurde: allmächtig, unzerstörbar, selbstgenügsam, wachsend und drohend. Und wenn der eigene Körper als "Fremdkörper", also als Teil der Mutter entwickelt wird, richtet sich Haß gegen dieses Ich, das die Mutter verkörpert: "Ich hätte sie erstechen sollen", wünschte sich Valérie Valère in ihrer Verzweiflung.

Nach Perls ist Liebe Identifizierung mit einem Objekt ("mein"); Haß ist Abgrenzung ("hinweg von mir!").[1] Der Wunsch, die Mutter zu töten, wird in der Regel geleugnet; er wird nicht als zum Selbst gehörig anerkannt. Marie-Victoire zum Beispiel weigerte sich, sich mit Mordgedanken zu identifizieren: "Ich ziehe es sicherlich vor, mich selbst zu hassen, als den Haß weiter zu erforschen, den ich auf Sie habe", sagte sie.[2]

Anstatt der Aggression Ventile zu schaffen, wird der Haß durch eine abgöttische Liebe kompensiert oder gar ersetzt. Trotz oder gerade wegen der heftigen Bestrebungen, sich in Barmherzigkeit zu üben, treten Aggressionen auf, die sich schließlich gegen die eigene Person wenden. Der Wunsch zu töten, kann sich dann in den Wunsch zu sterben verwandeln.[3]

Marie-Victoire ist sicherlich ein extremes Beispiel. Der perfekte, durch den Tod veredelte Spiegel der Mutter ist nichts anderes als ein Image, ein zu ihrem Vorbild gewordenes Image, ein Ichideal, ein Selbstbild. Die Grausamkeit in Marie-Victoires Briefen an ihre Tante ist die Kehrseite der Idealisierung dieser Frau, die in ihren

---

[1] F. S. Perls, a.a.O., S.156.
[2] M. V. Rouiller, a.a.O., S.149.
[3] F. S. Perls, a.a.O., S.238.

Augen alles ist, alles hat (in ihrem Kloster), bloß nicht den Kontakt zur Außenwelt, zum Leben:
"Dreieinigkeit: ein Vater und ein Sohn, die sich platonisch vereinigen, um einen Heiligen Geist zu gebären. Keine Frau, kein Sex: das ist reine und harte Göttlichkeit!"[1], schrieb sie voller Bitterkeit über die katholische Religion. Perfektion aber zieht Haß an. Die Gesellschaften, in denen die Macht des "bösen Blickes" noch herrscht, wissen dies. Perfektes, Schönes zieht den "bösen Blick" an. Neid mag der Grund sein, auch zuviel Liebe. Auf jeden Fall ist es in bestimmten Gebieten des Mittelmeerraums besser, Fehler zu zeigen, um dem "bösen Blick" der Neider zu entgehen. Marie-Victoire hatte zwar keinen bösen Blick, aber als ihre "Mère-amante" (Mutter-Geliebte) starb, ohne die vierzig an sie gerichteten Bittschriften gelesen zu haben, nahm sie sich das Leben. Ihr Selbstmord war ein Ersatz für ihre Mordgedanken und eine Selbstbestrafung für ihre 'Bosheit'. Durch ihre ständige Verweigerung drückte Marie-Victoire im Namen aller Magersüchtigen ihr Verlangen nach dem Beweis des Begehrens ihrer "Mutter" aus und stellte wie die mythologischen Figuren der Antigone und Proserpina die Frage nach der Differenz zwischen einem Toten und einem Lebenden. Indem sie nichts aß, versuchte sie nicht zu sterben, sondern sie bewegte sich am Rande des Sterbens. Ihr am Leben, am Überleben gehaltener Körper ließ den Tod erahnen, aber auch die Mordphantasie, die ihr Leben vergiftete:
"Werde ich keine Lust haben, sie zu töten in meinem Wahnsinn? Hatte ich keine Lust, meine Leibmutter zu töten, die auf meine Zurufe niemals antwortete? Wie kann man Lust haben, eine Tote zu töten?", fragte sie

---

[1] M. V. Rouiller, a.a.O., S.65.

sich in ihrer Verzweiflung.[1]

Statt einer Antwort wurde Marie-Victoire mit sich selbst konfrontiert, mit dem von ihrer Tante der Unsterblichkeit geweihten Kind in sich, das doch ihre tote Mutter ersetzen sollte.

"Sicherlich haben Sie mich für ihren Tod nicht verantwortlich gemacht", schrieb sie, "aber vielleicht haben Sie gehofft, in mir jemanden zu sehen, der sie ersetzen könnte. Wenn ich mich Ihnen gegenüber nie als Ich selbst gefühlt habe, liegt es nicht eben daran, daß Sie durch mich hindurch jemand anders suchten?"[2]

Weil sie sich schuldig fühlte, am Leben zu sein, hatte sie zunächst damit begonnen, ihre Nahrung zu reduzieren, fast jeden Tag ihre Tante erbrechend, die sie ebenso sehr haßte wie ihren eigenen Körper. Der kleinste Rückzug ihrer Tante gab ihr andererseits jedoch das Gefühl, ihres Selbst beraubt zu werden. Die Intensität der Verlassenheitsangst ist in der Magersucht so stark, daß die Betroffenen sich lieber zurückziehen, als einen neuen Verlust zu erleiden. Sie verlassen, um nicht verlassen zu werden. Mit anderen Worten leiden sie nicht an Liebesunfähigkeit, sondern an der Angst, zu sehr zu lieben. Es bleibt ihnen, so scheint es, nur eine Alternative: entweder mit dem Anderen zusammensein und mit ihm fusionieren, oder allein bleiben, Alles oder Nichts. Diese exzessive Alternative wird auch in der Therapie sichtbar: die Hilfe herbeisehnen einerseits, allein zurechtkommen andererseits.

Was dennoch immer wieder auffällt, sind vor allem die durch Trennungen in der Kindheit veranlaßten "abandonniques"-Ereignisse, die in der Lebensgeschichte eßgestörter Frauen nicht fehlen. Wir haben gesehen, daß

[1] Ebd., S.49.
[2] Ebd., S.89.

eine bei einer Großmutter verbrachte Frühkindheit nicht selten ist; ebensowenig das unerklärte Verschwinden der Mutter; oder ihr Tod. Die langen, alltäglichen Abwesenheiten der Eltern, die bis spät abends und am Wochenende arbeiten, können ebenfalls als traumatische Trennungen erlebt werden.[1]

Selten finden wir bei eßgestörten Frauen Spuren eigener Wünsche. Wenn sie in ihre Vergangenheit zurückblicken, stoßen sie überall auf die unmöglichen Verhaltensmaßstäbe der Eltern, die ihnen das Leben zur Hölle machten (Streben nach Perfektion statt nach persönlicher Entwicklung). Was für die Eltern zählte, war meistens das Materielle und die Meinung der anderen, die Meinung der Lehrer, der Nachbarn. Immer Oberfläche, Äußeres, schöne Fassade. Mit ihrem Anspruch nach Harmonie, ihrer idealistischen, ehrgeizigen Haltung erreichten die Eltern aber das Gegenteil von dem, was sie beabsichtigten. Sie brachten die Entwicklung ihrer Tochter ebenso zum Stillstand wie deren Monatsblutung, verbreiteten Unsicherheit und förderten Minderwertigkeitsgefühle.

Die Magersucht ist die Antwort auf die Ansprüche der Eltern und der Gesellschaft. Sie ist eine wesentliche Bewegung von Auflehnung und Widerstand gegen die Starrheit eines geschlossenen Systems. Sie ist das "Nein", das das Ich an unbewußte Kräfte richtet, denen gegenüber es sich als machtloses Opfer fühlt (der Hungerstreik war schon immer die Waffe der Machtlosen). In diesem "Nein" ist auch ein Befreiungsversuch zu erkennen. Da die Magersüchtige sich jedoch in einem ewigen Kampf gegen die Eltern, gegen alles und alle wie vom Schmerz abgehärtet versteift, realisiert sie nur den Schein einer Befreiung. Ihr Heil bleibt in der

---

[1] L. Igoin, a.a.O., S.78.

Schwebe zwischen Leben und Tod, im Zwischenraum der "entre-deux-morts", in dem sie sich selbst überlebt. Als reines Spiegelbild der Leere, das sie in ihrem Inneren spürt, erscheint ihr dann die Welt lediglich als ein hartes, zu durchquerendes Wüstenland.

Materiell (körperlich) gesehen, lebt sie; aber sie lebt in der Negation des Lebens, mit dem Tod im Innern, in einem "überflüssigen" Körper. Dazu schreibt Laplanche: "das Ich ist die Metapher des Körpers", oder besser: ein volles Ich ist die Metapher des vollen Körpers - nicht voll von Nahrung oder von sinnlosen Worten, sondern voll von Wohlbefinden und Liebe. Es fühlt sich wohl in seiner Haut.

Eben diese metaphorische Abweichung scheint bei magersüchtigen Frauen gescheitert zu sein: ihr Ich bleibt fleischlos, rein geistig, idealisiert, außerhalb seiner selbst. Sie sprechen nicht über den Tod mit ihrem Körper, sondern über die Leere. Isabelle Clerc versinnbildlicht perfekt diese Theorie in ihrer Studie über Valérie Valère, wenn sie zeigt, daß die junge Anorektikerin sich nicht mit Menschen aus Fleisch (mit "diesem" Vater, mit "dieser" Mutter, die sie verachtete) identifizierte, sondern mit idealen Figuren, von denen sie sich ernährte: mit dem kleinen Mädchen des Romans von Le Clezio, die allein die Wüste durchquert; mit der fadenförmigen Silhouette der Tänzerin, die sie erfand; mit all den Wesen des Windes, die die Phantasie magersüchtiger Frauen erfüllen. Valéries Eßverweigerung war ihre Art, sich zu behaupten. Als sie aus dem "Haus der verrückten Kinder" entlassen wurde, suchte sie nach einer Zuflucht in der Zirkusschule, in der sie die Seiltanzkunst erlernte. Die Zirkusschule stellte für sie das Sprungbrett dar, von dem sie sich loszustürzen wagte, sie war die Brücke zwischen Imaginärem und Realem. Der Clown brachte sie zum Träumen: er allein hatte das göttliche

Recht, die unvermeidlichen Stufen des Alters zu überspringen. Der Clown ist ohne Alter. Auch alt behält er eine Naivität und eine Frische, die ihn vor der Wirklichkeit schützen. Akrobatie, Trapéz, Seil oder Tanz? Valérie entschied sich für das Seil und den Tanz, für den Seiltanz. Sich verflüchtigend, schwankend und zart, luftartig auf ihrem Seil, das ein Vorzeichen ihres Lebens war, fand sie für eine kurze Weile ein vollkommenes Gleichgewicht. Der Tanz, unauflöslich mit dem Mythos der Leichtigkeit, der Grazie und der Vergeistigung der fleischlichen Materie verbunden, weist der Magersüchtigen die Wege einer Sublimierung, einer Askese, eines aufgewerteten Übertreffens ihrer selbst. Ihr Gestaltungsversuch ist dennoch nach Balasc wie die Gestualität der Tänzer von Pina Bausch: das Echo einer Leere.[1]

Die Magersüchtige leidet an jenem Mangel an Grenzen, der sich in der Unschlüssigkeit über ihre Grenzen zwischen dem psychischen Ich und dem körperlichen Ich, zwischen dem Real-Ich und dem Ichideal, zwischen dem, was vom Selbst und vom Anderen abhängt, manifestiert, aber sie leidet auch an den jähen, häufig von Stürzen in die Depression begleiteten Schwankungen dieser Grenzen, an der Konfusion der angenehmen und schmerzhaften Erfahrungen, an der triebhaften Undifferenziertheit, durch die der Aufstieg eines Triebes als Gewalt und nicht als Begehren empfunden wird, an dem diffusen Unbehagensgefühl, an dem Gefühl, den eigenen Körper nicht zu bewohnen, Beobachter von etwas zu sein, das ihre eigene und doch nicht ihre Existenz ist. "Ein Ding, das Ich ist. Aber ist es wirklich ich?" fragt sich die Magersüchtige, wenn sie ihren Körper beobachtet. Wie sollte sie sich auch spüren, wenn sie von ihrer Umgebung  nicht wahrgenommen wird, wenn sie wie

---

[1] C. Balasc, a.a.O., S.101.

die "Affamée" von Violette Leduc mit der Gleichgültigkeit ihrer Madame konfrontiert wird. So blieb auch
Violette angewiesen auf den Blick eines jeden von ihr
geliebten Menschen. Indem sie versuchte, ihre Madame
Simone de Beauvoir zu erobern, bemühte sie sich, die
Abwesenheit der Mutter, an der sie in der Kindheit litt,
wiedergutzumachen.[1]

Wenn wir Valérie Valère oder die Figuren ihrer Romane
als Projektionen von sich selbst untersuchen, entdecken
wir auch bei ihr Anzeichen einer Ich-Depression, zum
Beispiel in Gestalt eines Gefühls der Unwirklichkeit und
der Leere; das Gefühl, anders zu sein als die anderen,
insbesondere die Schulkameradinnen; ein Gefühl von
Isolierung und eine dunkle Ahnung von Hilflosigkeit
und Nutzlosigkeit. Die Magerkeit des Körpers wird zur
Metapher für Gewichtlosigkeit und Leere: "Ich spüre
nur Leere in mir, eine unendliche Leere, so unauslotbar
wie die der Korridore."[2] Gleichzeitig verkündet der
knochige Körper: "Ich habe gesiegt; ich bin jemand."
Die Magersucht ist ein Schutz vor Depression und
Selbstmord.

Die Behauptung eines körperlichen Exils scheint dennoch manchmal schwer vertretbar, vor allen Dingen,
wenn die Magersucht mit der Bulimie abwechselt. Die
meisten Bulimikerinnen wollen nämlich nicht mager
sein, sondern schlank. Sie sind auf der Suche nach einer
den kollektiven Schlankheitsidealen untergeordneten
Weiblichkeit. Meist sind sie geschmackvoll angezogen,
von einer Art Dandytum bzw. "androgyner Weiblichkeit" besessen, wobei die Toilette die Abscheu vor dem
Körper verdeckt und überkompensiert. Wenn der Körper
der abgezehrten Anorektikerin die These über das Ent-

---

[1] P. Girard, a.a.O., S.58.
[2] V. Valère: Das Haus..., a.a.O., S.154.

fliehen des Ichs außerhalb ihrer fleischlichen Hülle glaubwürdig macht, ist es hingegen für einen nicht aufgeklärten Beobachter schwierig zu glauben, daß die Bulimikerin ein feindseliges Verhältnis zu ihrem Körper haben kann, das bis zum Ekel, manchmal bis zum Haß geht. Die attraktive Schauspielerin Jane Fonda hat jedoch öffentlich ihren langen Kreuzweg zugegeben: "dreiundzwanzig Jahre Martyrium"[1], von dem sie zuvor nie gesprochen hatte.

Ob man aber nun Jane Fonda oder Marilyn Monroe heißt (von der letzteren weiß man, daß sie kurz vor dem Fototermin noch schnell Einläufe machte, um einen flachen Bauch zu haben): bulimische Verhaltensweisen können sich nur festfahren, wenn das Ich und der Körper getrennt, gespalten, gegeneinander kämpfend, unversöhnlich sind. Was zudem die Bulimie charakterisiert und sie von der reinen, restriktiven Anorexie unterscheidet, ist die extreme Ambivalenz gegenüber dem Objekt Nahrung. Die Nahrung ist gut als lebenswichtiges Objekt (wenn man nicht ißt, besteht die Gefahr, an Unterernährung zu Grunde zu gehen), aber schlecht als Objekt der bösen Mutter, als Objekt des Mästens, des Erstickens. Diese schlechte Nahrung verwandelt sich dann in "bösen Speck", der bekämpft wird.

Offensichtlich gelingt es der jungen Bulimikerin nicht, ihren "eigenen" Körper zu finden. Jedesmal, wenn sie sich wiegt, wenn sie ihren Körper betrachtet oder sich ihrem Heißhunger hingibt, kämpft sie gegen ihren Schatten. Das tyrannische Zwangsbedürfnis zu essen, Nahrung zu verschlingen, auch "irgendwas", ohne Hunger und ohne Genuß, beginnt plötzlich wie eine Krise. Louise Roche hat auf folgende Weise ihre Eßstörung geschildert:

---

[1] Vgl. P. Aimez & J. Ravar, a.a.O., S.13.

"Meine Essensgewohnheiten gerieten völlig durcheinander. Ich bemerkte nicht, daß ich das Essen benutzte, um auszudrücken, was ich fühlte. Ich aß nicht, weil ich hungrig war, und wenn ich einmal angefangen hatte zu essen, hatte ich Schwierigkeiten, damit wieder aufzuhören."[1]

Eine Zeitlang wurde die Bulimie mit dem Phänomen der Drogenabhängigkeit verglichen, um die Machtlosigkeit des Subjekts zu erläutern, das vergeblich dem Eßzwang zu widerstehen versucht. Manchmal wird der Eßzwang auf das Körpertraining oder auf eine intensive Fitneßtätigkeit verschoben, die mit zwanghafter Beharrlichkeit betrieben wird.

Weder die Eßanfälle noch die Sexualität werden von bulimischen Frauen als lustvoll geschildert. Sie empfinden ihre Eingeweide als tyrannisch und unersättlich und fühlen sich zerrissen zwischen entgegengesetzten Wünschen. Dem mädchenhaften Wunsch, schön und unschuldig zu sein, stellt sich dann das gierige Verlangen entgegen, die Welt kennenzulernen, die Männer und die Welt zu besitzen und zu verschlingen. Diesen Widerspruch finden wir auch bei Violette Leduc wieder:

"Was ich möchte? Daß mein Geschlecht verrostet. Ich könnte Maurice Sachs heiraten. Mein Begehren nach ihm, was ist es? Mein zu Kopf gestiegener Bauch. Viel Eitelkeit. Einen·Homosexuellen in einen rotglühenden Eisenstab verwandeln, diesen Stab biegen."[2]

Das Zusammenleben mit Maurice Sachs, der nur junge Männer begehrte, war für sie eine harte Probe. Sie bekam hier aber die Möglichkeit, sich wütend ihre Willensfreiheit und Unabhängigkeit zu beweisen und die Abwesenheit jeder Bindung zu bestätigen, zunächst,

---

[1] L. Roche, a.a.O., S.101.
[2] V. Leduc: Die Bastardin, a.a.O., S.323.

indem sie als junges Mädchen die Nahrung verweigerte, später, indem sie sich in impotente oder homosexuelle Männer verliebte und so die Sexualität verweigerte. "Er hatte kein Geschlecht, der Engel, von dem ich mich nicht trennen konnte", sagte sie von ihrem Ehemann.[1] Diese Phantasie der Autarkie findet ihren morbiden Ausdruck in der Abzehrung, wenn die Anorektikerin sich von sich selbst ernährt und jede Zufuhr von außen verweigert, um das falsche Selbst zu töten, das die Entfaltung des Lebenden erstickt.

Im Gegensatz zur Anorektikerin kämpft die Bulimikerin meist nicht offen gegen die Mutter. Ihre Sucht ist oft ein Geheimnis, eine einsame Beschäftigung mit sich selbst, von der niemand weiß: "Sechs Jahre lang erhielt sie die Illusion einer unproblematischen jungen Frau aufrecht", erzählt Nicole Châtelet. "Sechs Jahre Leiden."[2]

Mit jedem Eß- und Brechanfall bestätigt sich die Bulimikerin ihre Autonomie: "Ich allein bestimme über mein Leben und über meinen Körper", denkt auch Marie-Claude: "Die Gewißheit ihrer Allmächtigkeit erfüllte sie mit Stolz. 'Ihr Werk!' Dieser Klotz aus Fleisch, dieser riesige Haufen von schlecht zusammengeschnürten Materien, dieses Stück Erdkarte, war ihr Werk, ihre Schöpfung!"[3]

Was sie dabei verleugnet, ist ein schlechtes Bild von sich selbst, ein teufliches Bild, das Bild von derjenigen, die die Mutter kritisiert und zerstört. Die Vorwürfe, die sie gegen sich (unvollkommen, liebesunfähig, ein Nichts) und gegen ihren Körper wendet, sind in Wirklichkeit an die Mutter gerichtet. Durch die Wiederholung der bulimischen Anfälle versucht die Bulimikerin

[1] Ebd., S.313.
[2] N. Châtelet, a.a.O., S.153.
[3] Ebd., S.163.

der Mutter zu bedeuten, daß diese auf ihren Einfluß, auf
ihre wachsame Allmächtigkeit verzichten habe. Die den
Körper betreffende Klage ist zweischichtig: einerseits ist
der Körper "zu dick", andererseits wird er häufig "verantwortlich" gemacht für die bulimischen Impulse. Diese zwei Aspekte hängen eng miteinander zusammen wie
Schuld und Züchtigung.

Meist ist die Gefräßigkeit der Auslöser des Eßanfalls,
und Süßigkeiten sind das Objekt der Versuchung. Hier
finden wir das Thema der weiblichen Schamlosigkeit
wieder (Eva in den Apfel beißend, Proserpina in den
Granatapfelkern). Die bulimische Krise mimt, wie schon
erwähnt, das Szenario des Sündenfalls und die Ängste
des moralischen Gewissens. Die Züchtigung besteht
darin, daß "man sein Brot im Schweiße seines Angesichts verdient" und zu diesem Ziel allerlei Kompromisse eingeht. Das Ziel läßt sich in einer hämmernden
Wiederholung zusammenfassen: Geld verdienen, um
Nahrung zu kaufen, aufzuzehren, zu verdauen, auszu-
scheiden, und dies an jedem Tag des Lebens. Dieses
Leben wird von der Bulimikerin auf erschreckende
Weise parodiert. Wenn sie die unterschiedlichsten Lebensmittel in sich zusammenschüttet, ohne die "Syntax
der Mahlzeit" und die "Grammatik der Küche" zu respektieren, drückt sie eine Art Herausforderung bzw.
Auflehnung aus gegen einen kulturellen, festgelegten
Kodex, der sie dazu verurteilt, nur ein Wesen aus
Fleisch und Bedürfnissen zu sein. In Wirklichkeit erkennt sie dennoch nur einen einzigen Partner an: ihren
Körper, "ihr Wesen aus Fleisch und Bedürfnissen". Das
gesellschaftliche Spiel wird dabei aber im Hintergrund
belassen und zur Zielscheibe der Verhöhnung. Nicole
Châtelets Novelle versinnbildlicht diese starke Anwesenheit des Körpers in der Bulimie: "Sie hatte erfahren, wie
hartnäckig das Fleisch ist, wenn es darum geht, das Ge-

dächtnis des Schmerzes zu bewahren."[1]
Allein der Körper kann sich an den Ur-Schmerz erinnern. Châtelets Figur, Marie-Claude, füllt ihren Körper
nach Belieben und leert ihn aus wie ein bodenloses Faß,
um sich selbst zu beweisen, daß dieser Körper, der
bestenfalls ein Bauch ist, ihre Seele nicht in die Falle zu
locken vermag. Aber der Körper ist auch nicht in der
Lage, der Ort der "vollen" Identität des Subjekts zu
sein. Indem die Bulimikerin die Forderung der Bedürfnisse und die Souveränität des Begehrens verwechselt,
gibt sie zu, zu ignorieren, daß sie sich - wie der Drogenabhängige - "Neo-Bedürfnisse" schafft.[2]
Laurence Igoin erinnert hier, daß Demeter, die mütterliche Göttin der Erde, den ungehorsamen Erysichton
verfolgte und schließlich bestrafte, weil sie ihn beim
Fällen ihrer Bäume ertappt hatte. Sie verurteilte ihn zu
einem grausamen und brennenden Hunger, einem Leiden, dessen Kraft ihn verzehrte. Dieser Mythos wird
auch von Kestemberg, Kestemberg und Décobert aufgegriffen und als ein Zwang interpretiert, die Imago der
bösen Mutter durch die Vermittlung der Nahrung und
der Fäces, die sie symbolisieren (Nahrung und Fäces
werden durch Erbrechen und Abführmittel ausgeschieden), und daher im weiteren Sinne die Intrusion jedes
äußeren Objekts zu beseitigen. Dieses äußere Objekt
(die Bäume im Mythos) wird von den drei Psychoanalyti-
kern als der "fäkale Penis", Partialobjekt der Mutter,
verstanden, der dieser nun vom schlecht gewordenen
Subjekt entrissen wird. Der Kampf mit dem äußeren
Objekt wird also aufgegeben, und stattdessen wird das
böse verfolgende innere Objekt zur Last. Pièr Girard
erklärt in ihrer Studie über Violette Leducs "Affamée",

---

[1] Ebd., S.153.
[2] P. Aimez & J. Ravar, a.a.O., S.139.

wie Violette im Laufe der analen Phase gezwungen wurde, auf die Beherrschung ihrer Schließmuskeln (Entleerung-Zurückhalten) zugunsten der rigiden und verbietenden Mutter zu verzichten. Die Mutter konnte daher von dem kleinen Mädchen im Inneren ihres Körpers nur als mächtige Herrscherin über die Fäces wahrgenommen werden. Darum wurde die Mutter als allmächtig, ja sogar verfolgend erlebt.[1] Die Konnotation des "fäkalen Penis" sollte dabei berücksichtigt werden, da Mund und Anus im Unbewußten gleichgesetzt werden. Der Wunsch, gierig und unersättlich in sich hineinzusaugen, kann dazu führen, daß der Darm als gefährliches, verschlingendes Organ phantasiert wird.

Kestemberg, Kestemberg und Décobert haben diese oder ähnliche Phantasien bei ihren Patienten beobachtet, wie zum Beispiel die Phantasie eines Röhren-Körpers, der am einen Ende abgefüllt wird und sich aus dem anderen ausleert. Der Akt des Entleerens wird dabei erotisiert und sichert den Subjekten ihre Existenz. Es gäbe angeblich in ihnen einen unbewußten Übergang von "Ich habe Hunger, also existiere ich", was gleichzeitig ein Appell an das Objekt ist, zum "Ich habe keinen Hunger, also bin ich vollständig", was eine Verweigerung des Objekts zugunsten der sekundären narzißtischen Besetzung auf der Ebene der Analität bedeutet. Das Fasten wird sinnlich lustvoll erlebt in einer Art zirkulären Genießens, als ob das Empfinden des Hungers die Subjekte erregen und beschäftigen würde, ihnen etwas Solides gäbe, an das sie sich festgreifen könnten, und ein Sicherheitsgefühl, das ihnen beweist, daß sie wirklich existieren. Die Leere, die durch die Fortdauer des Hungers gesichert wird, hält das Objekt auf Distanz und behält es zugleich anwesend. Das Objekt bleibt anwesend auf der

---

[1] Vgl. P. Girard, a.a.O., S.212-213.

Ebene der Vorstellung (Beschwörung diverser Nahrungsmittel, Kochrezepte oder sogar Kochen und das Vergnügen daran, den anderen beim Essen zuzusehen); aber die Subjekte lassen sich dabei auf den Akt (des Essens) nicht ein.

Das Gefühl der Fusion wird in der Überfüllung und der Sättigung gesucht, aber die Sättigung wird nicht erreicht. Die Leere vertieft sich in dem Maße, wie das Subjekt sich vollstopft und die in den Bauch gestopfte Nahrung wieder ausgeschieden werden muß. Die bulimische Verzehrung findet auf diese Weise ihren rechten Platz in Rosolatos Unterscheidung in die zwei Phasen innerhalb des Verrdauungszyklus:

1. Der Verlust des Objekts löst die erste Welle der Austreibung aus. Was schlecht ist, wird verweigert, und das Objekt wird in der Phantasie vom Körper ausgeschieden (durch Erbrechen und Abführmittel).

2. Die Wiedereinverleibung verfolgt nun aber die Phantasie, das Objekt wiederzufinden, das böse Objekt zu beherrschen und es zugleich oral zu zerstören.

Auch der Wunsch, zu behalten und zu besizen und damit Macht über sich und andere zu haben, ist ein Ausdruck des sadistischen Bemächtigungstriebs der analen Phase. Hierbei handelt es sich aber nicht darum, dem anderen Schmerz zuzufügen, denn dieser wird als Anderer, mit eigenen Bedürfnissen und Wünschen gar nicht wahrgenommen. Daher auch die "Härte" vieler magersüchtiger Frauen. Wenn Violette Leduc zum Beispiel die Tyrannei der Unersättlichkeit ihren Eingeweiden zurechnet, wünscht sie in Wirklichkeit etwas völlig anderes als die Wollust: sie will besitzen. Wenn sie ihrem Ehemann "den geschlechtlichen Genuß verschafft, wenn sie ihn in sich empfängt, so gehört er ihr; die Vereinigung ist realisiert. Sobald er ihr aus den Armen

kommt, ist er von neuem dieser Feind: der Andere."[1]
Alles will sie besitzen: die Männer, aber auch Geld:
"Ich heulte, um das Geschlecht Gabriels zu haben. Ich
bettele gern, ich bitte gern, ziehe Nutzen (...) Sein Geld,
auch das war Sexus, den er mir verweigerte."[2]
Auf der analen Stufe verbinden sich symbolische Werte
von Geben und Verweigern mit der Defäkation; in dieser Perspektive stellt Freud die symbolische Gleichstel-
lung Fäces = Geschenk = Geld auf.[3] Violette war geizig:
"aus Vorsicht, aus Egozentrik, aus Groll", schreibt Simone de Beauvoir.[4] Warum hätte sie ihren Nächsten
geholfen? "Hat man mir geholfen, als ich vor Kummer
krepierte?", fragte sie sich. Hart ist sie, manchmal grau-
sam. Sie hat etwas von den Danaiden, den kriegerischen
Jungfrauen aus der Mythologie. Diese begnügen sich
nicht damit, ohne Ende die berühmten bodenlosen Fäs-
ser aufzufüllen, sie ersetzen vielmehr das Wasser, Symbol des häuslichen Lebens, durch Blut, das sie anläßlich
der Initiationsriten des Demeterkultes vergießen. Im
Mythos der Danaiden enthüllt sich noch einmal das
unstillbare Begehren des Menschen, das in der Bulimie
ihren Höhepunkt findet.
In diametralem Gegensatz hierzu will die Anorektikerin
nichts essen, nichts zu sich nehmen. Damit drückt sie
die Unmöglichkeit aus, das gute Objekt, in welcher
Form (hier: Nahrung) auch immer, wiederzufinden und
reaktiviert auf diese Weise die Qualen eines anfänglichen Mangels. Wie in der Melancholie ist ihre Welt
leblos, vom Tode heimgesucht, aufgesogen im Nichts.
Alles was besetzt wurde, ging verloren. Was erwartet

[1] S. de Beauvoir: Vorwort, in: Die Bastardin, a.a.O., S.9.
[2] V. Leduc: Die Bastardin, a.a.O., S.283.
[3] J. Laplanche & J. B. Pontalis: Analsadistische Stufe, in: Vokabular..., a.a.O.,
S.64.
[4] S. de Beauvoir: Vorwort, in: Die Bastardin, a.a.O., S.17.

wurde, wurde nicht realisiert. Der Lebensraum der Anorektikerin ist öde. Überall breitet sich um sie herum
Wüste ohne Menschen aus. Starobinski spricht von Wit-
wentum, "veuvage" auf französich (viduitas)[1], und Julia
Kristeva erinnert uns an Baudelaires Verse, der wegen
einer "Megäre", die sich sein Bild angeeignet hatte, in
Trauer versteinert war: "C'est tout mon sang, ce poison
noir! / Je suis le sinistre miroir / Où la mégère se regar-
de!"[2]
Zugleich Mann und Frau, Kreuz und Phallus, Wunde
und Messer, Behältnis und Verletzung, identifiziert sich
auch die Anorektikerin mit der allmächtigen Mutter, mit
der Mutter, die alles hat, mit der "Reine-mère", ohne
sich jedoch das mütterliche Bild einverleiben zu können.
"Sie war zugleich Vater und Mutter", schrieb Violette
über die Mutter Berthe.[3] Auch die so sehr von ihr angebetete Simone de Beauvoir stellte sie in ihrem Werk
"L'affamée" als vereinigte Elternimago dar: perfekte
Gestalt der sublimen Mutter, gegen die sich aufzulehnen
undenkbar war, da sie für Violette das ideale Bild von
Stärke. Integrität, Mächtigkeit und Virilität darstellte,
das aus ihr den androgynen Elternteil machte, der alle
Wünsche Violettes erfüllen sollte.[4] Jedes Wort der "Affamée" wird S. de Beauvoir gewidmet: "Sie war alles,
ich war nichts." In einem undifferenzierten phallischen
Bild werden die Eltern vereinigt, in dem der Penis nicht
mehr als die eine oder die andere der Imagines spezifiziert wird, da der Vater völlig abwesend war. Die Imago
der archaischen, allmächtigen Mutter gewinnt die Ober-
hand, und die Vaterimago bleibt in der Mutterimago

[1] J. Starobinski: Vide et Création, in: Magazine littéraire, a.a.O., S.41.
[2] Vgl. J. Kristeva: L'infigurable mélancolie, in: Magazine littéraire, a.a.O., S.43.
[3] V. Leduc: Die Bastardin, a.a.O., S.69.
[4] Vgl. P. Girard, a.a.O., S.188.

eingeschlossen. "Es gibt keinen Vater bei uns. Es gibt meine Mutter. Was soll ich dir sagen? Meine Mutter ist alles das (...) Ich bin zur Welt gekommen mit meiner Mutter"[1], erzählte Violette in der Schule.

An ihren Vater konnte sie sich nicht erinnern. Sie lebte in einer Welt ohne Männer. Daher blieb Violette auch fern von der genitalisierten und differenzierten Imago, die innerhalb des eigentlichen ödipalen Konflikts darge- stellt wird. Das Männliche und das Weibliche waren in - der Phantasie des idealen und unempfindlichen "Körpers aus Stein" der Magersüchtigen vereinigt:

"Ich werde eine Königin aus Stein auf einem Grab. Ich werde nahe bei dieser Erde sein, die mich verschlucken wird. Auf dem Holz ausgestreckt, werde ich mit Würde voll von mir selbst sein", dachte Violettes "Affamée".

Geliebt zu werden, eine belohnende Beziehung zu der Mutter zu haben, deren Substitut Simone de Beauvoir war, von ihr aufgenommen zu werden, all dies hat Vio- lette gefehlt.[2] Die Magersucht bildet daher die außerge- wöhnlichste Manifestation der Beharrlichkeit des Begeh- rens gegen die Realität, einer grausamen Beharrlichkeit, die den Schein einer tiefen Verzweiflung annimmt. Die Lust, die bei der Eßverweigerung empfunden wird, garantiert der Magersüchtigen das Gefühl zu sein oder für sich selbst zu existieren; die körperliche Aktivität und der Körper selbst werden auf diese Weise der Be- mächtigung durch den Anderen entzogen.

Wenn die Fusion mit der Mutter auf der archaischen Stufe notwendig ist, heißt das, daß weder die Mutter noch der Penis außerhalb des Individuums sein können; und die Urszene wird dann phantasiert als die endlich verwirklichte Verschmelzung zweier Menschen, die

[1] V. Leduc: Die Bastardin, a.a.O., S.68.
[2] Vgl. P. Girard, a.a.O., S.68.

unrettbar getrennt sind. Dolto hält deshalb die Magersucht für eine "Familienneurose": das Subjekt ist in
einem fusionellen Ich gefangen, das sich vom asexuellen
Ich der Eltern nicht unterscheidet.[1] "Beide Elternteile,
vom Partner zutiefst enttäuscht, ermutigen die Patientin
heimlich, dessen Mängel auszugleichen", schreibt Palazzoli. "Das hat zur Folge, daß die Patientin zur Hälfte
heimlich die Rolle des Gatten wie die der Gattin spielt,
um ihre Sympathie auf beide gleichmäßig zu verteilen."[2]
Sie selbst bleibt auf der Strecke.

Die Figuren der Mutter und des Vaters verdienen unsere
Aufmerksamkeit, denn wenn sie in ihrer Verhaltensweise von den Betroffenen als sehr voneinander ver-
schieden und daher sehr individuell gezeichnet dargestellt werden, besteht de facto ein offensichtlicher Widerspruch zur Organisation der Imagines. Diese werden
schlecht differenziert. Das Drama der Magersüchtigen
ist das der Identität ihrer Person. Wenn wir Violettes
Beispiel nehmen, die ihrem Vater ähnlich sah, aber von
ihm nicht anerkannt wurde und immer wieder von ihrer
Mutter hören mußte, daß alle Männer Schweine sind,
können wir ihre Verwirrung verstehen. Die Verbote und
die Drohungen der Mutter hinderten sie daran, zu ihrer
eigenen Affinität zu gelangen: auf keinen Fall durfte sie
wie der Vater sein. Und in den Augen ihrer Mutter sah
sie nur das Spiegelbild einer lebendigen Schuld: das der
verbotenen Frucht, deren schreckliches Produkt sie war:
"eine Bastardin".

[1] Vgl. F. Dolto: Solitude, a.a.O., S.261.
[2] M. S. Palazzoli, a.a.O., S.244.

# Die Jungfrau-Mutter:
## zugleich Vater und Mutter

Der gesunde Säugling empfindet sein "In-der-Welt-sein-und-leben" vom libidinösen und organischen Standpunkt aus als vollkommenes Mitschwingen mit den Affekten beider Eltern bei seiner Geburt und mit ihrer emotionellen Reaktion auf seinen "kleinen Unterschied", sein männliches oder weibliches Geschlecht. Man kann sagen, schreibt Dolto, daß der als gut, schön und angenehm anerkannte weibliche Säugling schon die erste Klippe umschifft hat, wenn er/sie eine Mutter vorfindet, die ihre Mutterschaft glücklich durchlebt hat, von ihrem Partner geliebt wird und sich daher freut, in ihrem Kind die Züge ihrer Vereinigung wiederzufinden.[1] Leider kommt es noch zu häufig vor, daß die jungen Mütter den männlichen Säugling vorziehen, weil sie sich selbst und ihr Geschlecht nicht genug lieben und selbst oft von ihrer Mutter "lieblos" und entfernt von ihrem Vater erzogen wurden.[2] Unterschiede in der mütterlichen Pflege in Abhängigkeit davon, ob der Säugling weiblich oder männlich ist, bestehen zweifelsfrei. Die Dauer des Stillens zeigt die mütterliche Verfügbarkeit wie ihre emotionelle und physische Beteiligung. Die kurze Dauer des Stillens bei weiblichen Säuglingen wird von der Italienerin Belotti auf den mütterlichen Druck zurückgeführt, denn die Begierde wird viel weniger bei Mädchen als bei Jungen von der Mutter toleriert. Nach Brusset wäre zudem die Unterdrückung der infantilen sexuellen Äußerungen ebenfalls stärker bei Mädchen, und das gesamte Verhalten der Mutter gegenüber dem Körper des kleinen Mädchens gäbe Anlaß zu mehr Ambivalenz

---

[1] Vgl. F. Dolto: Sexualité féminine, a.a.O., S.53.
[2] Vgl. P. Aimez & J. Ravar, a.a.O., S.149.

als bei dem Jungen.[1] Nun ist die Mutter hinsichtlich des Erotismus die erste Initiatorin, und die Lust des Kindes ist eine Antwort auf die Lust der Mutter. Die Lustfähigkeit der Mutter erscheint daher bestimmend für das sexuelle Erwachen des Säuglings.

"Orexis" heißt auf griechisch "die Arme ausstrecken" und im weiteren Sinne das, was sich erhebt: das Begehren. "Anorexis" heißt das Gegenteil: fehlendes Begehren bzw. Verweigerung, Verlangen nach dem Nichts. Auffallend ist, daß die Mütter magersüchtiger Frauen "heimlich oder offen Abscheu vor dem Fleischlichen, dem Geschlecht, den Ausscheidungen und der körperlichen Lust" bekunden, schreibt Palazzoli. "Sie fördern Ehrgeiz und Selbstbewußtsein bei ihren Kindern, wobei sie aber streng zwischen Söhnen und Töchtern unterscheiden."[2] Wie sollte man sich dann darüber wundern, daß viele magersüchtige Mädchen oder Frauen doch gern ein Junge gewesen wären. Im Wunsch, einen Penis zu haben, verbirgt sich aber der Wunsch nach Gleichberechtigung mit dem Bruder, der von der Mutter verhätschelt wurde, oder ganz einfach der Wunsch, der Mutter zu gefallen. Das Mutter-Säugling-Verhältnis prägt das Kind unauslöschbar in seinen späteren emotionellen und sexuellen Modalitäten.

In dieser anfänglichen Phase entstammen alle Befriedigungen des Säuglings den Befriedigungen des Hörens, des Geruchs, des Sehens und der oralen Mundaktivität, die auf die Anwesenheit der Mutter Bezug nehmen. Die Mutter ist in der Regel das erste Objekt, das als Liebes- und Lustspender erlebt wird, und dies bezieht sich nicht nur auf die orale Lust, sondern auch auf den ganzen Körper und dessen biologische Rhythmen. Falls die

[1] B. Brusset, a.a.O., S.209.
[2] M. S. Palazzoli, a.a.O., S.55.

Mutter als frustrierend erlebt wird, ruft ihre Anwesenheit beim Säugling gestörte peristaltische Reaktionen hervor: Anorexie (hier Appetitlosigkeit), Verdauungs- und Wachstumsstörungen, Toxikose.[1] Wichtig bei der Entwicklung des kleinen Mädchens ist daher eine Mutter, deren physische und symbolische Person vom Liebespartner Bestätigung erhält. Wenn dies nicht der Fall ist, wird das kleine Mädchen in einer sogenannten "dualen" Beziehung zwischen Körper und Seele eingespannt sein, die die Identifizierung mit der Mutter hemmen wird.

Diese Problematik läßt sich für die Magersüchtige innerhalb eines sehr engen und konfliktuellen Verhältnisses mit der Mutter um so mehr einordnen, wenn der Vater seine Rolle als Dritter nicht übernommen hat. Sein Ausgeschlossensein bzw. sein Sichausschließen scheint den Objektwechsel verhindert zu haben, den die sexuelle Entwicklung des Mädchens notwendigerweiser erfordert.[2] Marie-Victoire Rouillers Geschichte ist das erschütternde Zeugnis dieser Zwei-Einheit in einer Welt, aus der der Mann völlig ausgeschlossen ist:

"Was für eine Freude für Sie, die Jungfrau-Mutter zu spielen", warf die junge Frau ihrer Tante vor. "Mein Vater liebte Sie und Sie wußten es, aber Sie gingen ins Kloster und er heiratete Ihre Schwester. Als sie starb, weinten Sie bestimmt viel, beteten viel, aber Sie haben uns verlassen. Gott zuzuhören, der Sie liebte, ohne Sie zu brauchen, war weniger verwirrend als das Begehren eines Mannes zu hören, der Sie nicht gleichgültig ließ."[3] Marie-Victoires Tante verkörpert bis zum Exzeß die dominante, kühle und rigide Mutter, die von manchen

[1] F. Dolto: Sexualité féminine, a.a.O., S.55.
[2] Vgl. B. Brusset, a.a.O., S.213.
[3] M. V. Rouiller, a.a.O., S.65.

Autoren beschrieben wird, nachdem der Vater aus der Familie ausgeschlossen wurde oder als feindselig, enttäuschend erlebt wird:

"Vielleicht wäre ich anders geworden, wenn er mich geliebt hätte, er liebte zu sehr sein Leiden, um es mit den Lebenden teilen zu wollen", klagte sie in einem anderen Brief.[1]

Zum Annehmen der Mutter gehört auch das Annehmen des Vaters. Hier könnten wir die Suche nach dem Nichts, die die Magersucht darstellt, der Verwerfung des Vaters aufbürden, oder viel mehr dem "Namen des Vaters", wie Lacan diese definierte. "Im Namen des Vaters" ist weder Familienname, noch der Vater als Person. Er ist im Subjekt der Signifikant, der das Gesetz darstellt.

Warum ist dieser "Signifikant" wichtig? Weil er den Unterschied zwischen dem Tierischen und dem Menschlichen, zwischen Natur und Kultur, einführt. Man braucht natürlich keinen Signifikanten, um Vater oder tot zu sein, aber ohne Signifikant wird niemand von den beiden Seinszuständen jemals etwas erfahren. So meint Lacan mit dem Ausdruck "Im Namen des Vaters (...) eine Instanz, die nicht auf Verwandlungen des realen oder imaginären Vaters reduzierbar ist und die das Gesetz verkündet."[2] Damit der Mensch von der Funktion des "Namens des Vaters" gekennzeichnet wird, muß dieser symbolische Platz des Vaters für die Mutter existieren. Es reicht nicht aus, daß die Mutter sich mit der Person des Vaters abfindet, sondern es ist wichtig für die Entwicklung des Kindes, daß sie Wert auf das Wort bzw. auf die Autorität des Vaters legt, mit anderen

---

[1] Ebd., S.91.
[2] J. Laplanche & J. B. Pontalis: Symbolisch, das Symbolische, in: Vokabular..., a.a.O., S.488.

Worten auf den Platz, den sie im Namen des Vaters in der Beförderung des Gesetzes sicherstellt. Nach Lacan hat eine Frau den Namen eingegliedert, wenn sie akzeptiert, daß der Vater durch sein Eingreifen das Kind aus dem dyadischen todbringenden Zustand, in dem es sich für den Phallus der Mutter hält, vertreibt. Am Beispiel von Violette Leduc können wir dies deutlicher machen. Als kleines Mädchen wurde sie zum Kind-Penis - Wiedergutmachung der vom Liebhaber verlassenen und deprimierten Mutter - und ließ die Mutter genießen, genau dort, wo der Ur-Schmerz war.[1] Von jeher nahm Violette Berthes Gram wahr: "Berthe, meine Mutter, ich war doch dein Gatte vor deiner Hochzeit", sagte sie. Sie pflegten aneinandergepreßt zu schlafen, "ihre Hinterbacken, die niemals groß gewesen waren, in der Höhlung meines Schoßes, gegen meinen Bauch und meine Schenkel eines kleinen Mädchens von neun Jahren."[2] Violette war untrennbar mit der Mutter verbunden, ein Bestandteil von ihr, ihr "Anhängsel", und ersetzte den abwesenden Phallus. Sie hatte unablässig das Gefühl, das Vakuum ausfüllen zu müssen, das der an Tuberkulose verstorbene Vater hinterlassen hatte. Die "allmächtige", alleinstehende Mutter hatte ihrer Tochter nichts zu tradieren, da sie sie als "Selbstobjekt", das heißt als Teil der eigenen Person, behandelte.

Viele magersüchtige Frauen haben im Gegensatz zu Violette einen Vater, doch wird hier der vom Wort der Mutter abhängige Vater auf die symbolische Nichtigkeit seiner Funktion reduziert, gleichgültig, ob er seine soziale Rolle gut oder schlecht erfüllt. Innerhalb der Familie ist ein solcher Vater nicht selten ein verwöhntes Kind, das nicht gewillt ist, die Interessen anderer über

---

[1] Vgl. P. Girard, a.a.O., S.79.
[2] V. Leduc: Die Bastardin, a.a.O., S.37.

236

seine eigenen zu stellen, oder er ist in fordernder Weise von seiner Frau (und von seiner Mutter) abhängig geblieben. Nach Mitscherlich wird "diese tyrannisch-infantile Seite des Vaters von der Mutter einerseits gefördert, andererseits insgeheim verachtet, eine Verachtung, die sich bewußt oder unbewußt auf die Kinder überträgt."[1] Die Flucht in die Magersucht kann dann interpretiert werden als der verzweifelte Versuch, in eine Position "vor der Sprache" zurückzukehren und sich darin zu verankern. Von der Sprache erwartet die Magersüchtige nichts, da der "Name-des-Vaters" nicht intervenierte, um sie aus der dyadischen Beziehung mit der Mutter zu befreien und ihr den Zutritt zur Außenwelt, zur Gesellschaft zu erlauben. Solange sie im Schatten ihrer Mutter lebte, verachtete Violette Leduc Bücher. Von dem Tag an, da sie sich ihrem Vater zuwandte, faszinierten sie die Bücher, die er geliebt hatte:

"Lesen ödete mich an. 'Nimm ein Buch, lerne daraus, daß du faul bist', jammerte meine Mutter. Mir waren meine verschränkten Arme lieber, das Baumeln meiner Füße, ich zog es vor, die Häutchen an meinen Fingernagelecken zu kauen, die Haut meiner Lippen zu beißen, eine Strähne meiner Haare zwischen den Zähnen zu drücken, den Geruch meines nackten Armes zu schnuppern."[2]

Viele magersüchtige Frauen lehnen Bücher ab, denn unbewußt wollen sie sich vom Körper der Mutter nicht trennen. Sie lehnen deshalb auch die Kommunikation mit den anderen ab. Was die Worte nicht sagen können, wird also von der Nahrung artikuliert. Essen heißt nichts anderes, als mit den anderen zu sprechen, schreibt Brillat-Savarin. Nicht essen - oder heimlich essen - heißt

---

[1] M. Mitscherlich, a.a.O., S.73.
[2] V. Leduc: Die Bastardin, a.a.O., S.43.

infolgedessen das Gegenteil, die Weigerung, in die Gesellschaft, in die Welt der Erwachsenen einzutreten. Gleichzeitig ist es ein Appell an den Vater, der seine Tochter aus der frühen Zwei-Einheit nicht befreite.

## Die Nahrung und der Körper: das "gute" und das "böse" Objekt.

Die von Melanie Klein und ihrer Schule entwickelten psychoanalytischen Theorien zeigen, wie das Kind eine normale depressive Phase im Laufe seines Lebens zur Zeit der Loslösung vom mütterlichen Objekt durchmachen muß. Wenn diese Stufe nicht stattfindet, bleibt es auf der vorherigen sogenannten "paranoid-schizoiden" Phase stehen, in der die Mutter im Phantasieleben des Kindes mit zwei Gesichtern erscheint, dem der "guten Mutter" und dem der "bösen Mutter". Dieser Spaltung des Liebesobjekts entspricht eine Ichspaltung. Der Säugling identifiziert sich mit der bösen Mutter, um die gute Mutter weiterhin lieben zu können. Die schlechten Handlungen der Mutter werden dabei introjiziert. Wenn dieser Mechanismus nicht überwunden wird, wird das Individuum ein Leben lang Vorwürfe an sich selbst oder an seinen Körper oder an einen bestimmten Teil seines Körpers (die Nase bei Violette Leduc) richten, die im Unbewußten dem ersten Liebesobjekt zugedacht werden. Der Körper der Magersüchtigen wird auf diese Weise allmählich zu ihrem Feind, zu einem "Fremdkörper" in der idealen Kugel des Ichs. Er wirkt drohend wie ein vor Wut glühender Vulkan, wie ein riesiges Maul, das alles verschlingt und austreibt. Daher muß der als ungehorsam, übelwollend erlebte Körper streng kontrolliert werden. Die Magersüchtige rächt sich an ihm, Schlag auf Schlag.

"Sofortige Befriedigung läßt keine Erinnerung zurück. Die gute Mutter wird nicht als solche erlebt, wenn sie alle Forderungen des Kindes sofort erfüllt", schreibt Perls, "sondern nur dann, wenn sie dies nach einer Verzögerung, einem Aufschub, tut."[1] Zu wirklicher Befriedigung ist eine gewisse Spannung notwendig. Bulimische Frauen behandeln feste Nahrung, als ob sie flüssig wäre, und diese wird daher in großen Schlucken einverleibt. Sie haben kein Interesse an der Zerstörung fester Nahrung entwickelt. Sie haben weder die Fähigkeit entwickelt zu kauen, noch die, etwas durchzuarbeiten oder Aufschub zu ertragen und schaffen sich die notwendige Spannung auf künstliche Weise durch das Objekt-Nahrung, manchmal auch durch Alkohol oder Drogen oder Diebstahl.

"Ich vertraute mich in dem Moment, da ich stahl, dem Schlimmsten und dem Besten an, dem Pech und dem Gelingen, dem Tode und dem Leben, der Hölle und dem Paradies", schrieb Violette Leduc. "Meine Aktentasche bläht sich von Unnützem."[2] Wenn die mütterliche Fürsorge hauptsächlich in der Pflege des Körpers und im Mästen des Kindes besteht, wenn dieses schreit, wird ihm jeder imaginäre Raum geraubt. Schon in ihrer Kindheit konnte Violette Leduc nichts schlucken. Die Mahlzeiten waren für sie eine Qual. Mit eisiger Miene schaute sie ihre Mutter an, die sie anschrie. Sie war zugleich fasziniert und erschrocken. Ein Machtverhältnis sadomasochistischer Art begann zwischen Mutter und Tochter vor dem Teller. Serge Leclaire erinnert hier, daß die Anorektikerin auf dem Gebiet des Bedürfnisses nach Nahrung von der aufmerksamen Mutter so gut gemästet wird, daß ihr Verlangen nach Liebe verkannt bleibt.

[1] F. S. Perls, a.a.O., S.59.
[2] V. Leduc: Die Bastardin, a.a.O., S.163..

Deshalb findet sie keinen anderen Weg, ihre Bitte um Liebe zu wiederholen, als die Nahrung zu verweigern, durch die ihr Bedürfnis so gut ausgefüllt und ihr Verlangen so perfekt erstickt wurde.[1] Auch Valérie Valère bekam in diesem Sinne nicht die Liebe, nach der sie sich sehnte, und sie sagte später von ihrer Mutter:
"Sie gibt mir Geld, um sich ein untadeliges Gewissen zu verschaffen, nur dafür ist sie da. Keine Gespräche, keine Blicke. Das ist eine Welt, die nichts hört. Nichts."[2]
Valérie ähnelte dem "Hungerkünstler" von Franz Kafka, der keine Speise finden konnte, die ihm schmeckte: "Hätte ich sie gefunden", sagte er seinem Aufseher, "glaube mir, ich hätte kein Aufsehen gemacht und mich vollgegessen wie du und alle."[3]
Die mästenden Mütter, so wie Winnicott sie beschreibt, tragen zu der Organisation des "falschen Selbst" bei, indem sie die Erregung des Säuglings mit der Brust oder mit der Flasche zu beruhigen versuchen. Sie lassen die Autonomisierung des erregten Kindes nicht zu, die dieses nur durch die Wut und das Durchstehen der depressiven Phase erreichen würde. Diese depressive Phase gründet in der Ebene der Loslösung vom Objekt, so daß dieses als getrenntes Objekt, als "Anderer" erkannt wird - auch wenn es aus partiellen oder gespaltenen Ausdrücken, aus "gutem" und "bösem" Objekt besteht. Sie ist daher notwendig für die Individuation des Kindes. In dieser Zeit drängt auch der Konflikt oder die Angst in die menschliche Psyche: folglich organisiert sich der psychische Apparat, um die der Trennung vom Objekt oder vom Prä-Objekt innewohnende Depression

---

[1] Vgl. C. Balasc, a.a.O., S.94.
[2] V. Valère: Das Haus..., a.a.O., S.170.
[3] F. Kafka: Ein Hungerkünstler, in: Sämtliche Erzählungen. Frankfurt/Main, Fischer Taschenbuch Verlag, 1970, S.171.

zu ertragen, indem er sich auf das unbewußte, konfuse, aber existierende Erlebte seiner Kontinuität stützt.[1] So gewährt auch die ontologische Sicherheit, die von der Liebe des Anderen ausgeht, dem Kind aus der Tiefe seiner eigenen Forderungen heraus die Macht, die Abwesenheit dieses Anderen zu symbolisieren. Aber, und das ist ein ganz wesentlicher Aspekt, "diese von der Liebe gespendete Sicherheit wirkt nur dann, wenn sie aus der Unsicherheit, in der versagten Erfüllung der Forderung entsteht, der sich die Begierde anschließt." Anstelle der Winnicott'schen Mutter, die 'gut genug' ist, setzt M. C. Boons diejenige, die 'schlecht genug' ist, die nicht erfüllt, die "ihr Kind nicht in einer Liebe - in einem Genießen - einsperrt, der keinerlei Sehnsucht entspringen kann."[2]

An dieser Stelle muß noch einmal betont werden, daß es sich bei der Mutter um die archaische, phantasierte Mutter handelt, die zugleich als "gut" und "böse" erscheint, weil sie die Brust gibt und verweigert. Infolgedessen wird sie als Spenderin jedes Wohlbefindens und jedes Unwohlseins erlebt, als Herrin über Leben und Tod, als orale und anale, allmächtige Mutter. Wenn die Mutter überängstlich ist, kein Vertrauen zu sich selbst hat, besteht daher die Gefahr, daß sie auf das Signal des Kindes nicht wartet und es vorsichtshalber füttert, obwohl es gar keinen Hunger hat. Wenn der Säugling die zu oft gegebene Brust oder Flasche nicht erträgt, weigert er sich zu essen oder erbricht die Nahrung, die ihm aufgezwungen wurde. Manchmal erträgt der Säugling aber auch die Überernährung und macht sich zur Gewohnheit, immer satt zu sein. Er lernt dann nicht zu

---

[1] Vgl. Kestemberg, Kestemberg & Décobert: La faim et le corps. Paris, P.U.F., 1972, S.271.
[2] M. C. Boons, a.a.O., S.11.

warten und Warten zu ertragen. Er wird daher von der allgegenwärtigen, ernährenden Mutter zu sehr abhängig und entwickelt ihr gegenüber zugleich eine stumme Aggressivität. Die Mutter wird einseitig als "böses Objekt" erlebt, der Säugling nimmt ihr die geringste Verspätung, den kleinsten Entzug übel. Später wird dieses Kind Schwierigkeiten haben, sich den Unannehmlichkeiten des Lebens auszusetzen. Angst wird bei ihm das Bedürfnis erwecken, auf die Nahrung zurückzugreifen, um die ehemalige Sicherheit bei der Mutter wiederzufinden. Er wird sich dann von deren Bemächtigung nur um den Preis eines gewaltigen herzzerreißenden Scheidens loslösen können, wenn überhaupt ...

Die Einstellung der Pädagogik gegenüber dem Schreien der Säuglinge hat sich erst seit zwei bis drei Jahrzehnten verändert. Die Mütter, von denen wir sprechen, ließen meist ihr Baby schreien, wenn es nicht gerade - nach einem bestimmten Zeitplan - gefüttert werden mußte. Das Baby wurde nicht auf den Arm genommen, sondern weinend liegen gelassen. Daran erinnert sich Marie-Victoire mit Schmerzen:

"Der Schmerz läßt mich in die Ängste der Kindheit stürzen, und ich erlebe im Tiefsten meines Fleisches die Schreie und die Wutanfälle wieder, in denen ich mich verschloß, in der Hoffnung, daß Sie mich umarmen würden."[1]

Wer keine Liebe schenken kann und stattdessen nur Nahrung gibt, stürzt das Kind in die Anorexie oder in die Sucht. Wichtiger als die Nahrung sind dabei die Zeichen der Liebe, die sie begleiten mögen: "die Liebkosungen einer Stimme, eines Blickes, die zärtliche Berührung wärmender und liebevoller Hände."[2] Erhält ein Individuum in der Frühkindheit nicht genügend

[1] M. V. Rouiller, a.a.O., S.68.
[2] M. C. Boons, a.a.O., S.11.

Bestätigung in Form von Wärme, Lob und Anerkennung, so bleibt es ungestillt im Bereich des Selbst. Es bleibt "liebeshungrig", schreibt Raymond Battegay. Aber auch Kinder, die übermäßig umhegt worden sind, leiden in ihrem späteren Leben unter diesem "emotionalen" Hunger, weil ihnen niemand die frühkindliche Verwöhnung zu ersetzen vermag. Dieses Hungrig-Sein nach Liebe und Anerkennung bedeutet dann, "daß der betreffende Mensch zeitlebens eine Leere in seinem Selbst und in seinem Selbstgefühl schmerzend erlebt und alles daransetzt, diese schmerzlich empfundene Befindlichkeit zu beheben."[1] Ausgehend vom Anderen, phantasiert das Kind seine eigene körperliche Vollständigkeit. Wenn das Bild, das ihm von dem Anderen angeboten wird, negativ besetzt wird, kann das Kind sich selbst nicht akzeptieren und lieben: "Ich existiere nicht, ich bin nichts", behauptete Violette Leduc. "Ich war ein gähnendes Loch."[2] "Du wirst zu nichts kommen", sagte Berthe ständig zu ihr. "Du wirst nie wie eine andere sein."

Durch die negativen Zuschreibungen ihrer Mutter wurde Violettes Leben zu einem unermeßlichen Mißerfolg: "Ich blieb ein Kind, um das man sich kümmern mußte. Eine Idiotin auf dem toten Punkt"[3], dachte Violette von sich selbst. Das gleiche Selbstwert-Defizit finden wir bei vielen anderen magersüchtigen Frauen wieder, die keine Bewunderung durch die Mutter erlebten. "Ich erhoffe mir schon nichts mehr, ich plane nichts, ich habe keinen Willen. Nichts!", schrieb Valérie Valère.[4]

Nach Brusset gibt es nicht wenige gefährliche Verhaltensweisen seitens der Mutter, die dem Kind schaden

---

[1] R. Battegay, a.a.O., S.17.
[2] V. Leduc: Die Bastardin, a.a.O., S.52.
[3] Ebd., S.348.
[4] V. Valère: Das Haus..., a.a.O., S.155.

können. Die Mutter kann zum Beispiel das Kind vollstopfen, um sich selbst gegenüber ihrer eigenen Phantasie von Verfall und Tod des Kindes zu beruhigen; sie
kann es auch überreizen, ohne es zu befriedigen, oder es
in einer rigiden Positur auf Distanz halten, aus Angst
vor seiner Begierde. Andere Mütter projizieren auf die
Begierde des Kindes die eigenen Triebe, die sie als
zügellos, unmoralisch und bedrohlich empfinden, vor
allem, wenn das Kind ein Mädchen ist. Wieder andere
sind überfürsorglich, richtige Glucken (dieser Typus ist
in Ländern wie Italien noch stark vertreten), die die
Kinder reichlich füttern, um indirekt das kleine "ausgehungerte" Mädchen in sich zu ernähren.

Auch die Mutter ist ein kleines Mädchen gewesen. Das
dürfen wir nicht vergessen: "Fideline ist mit zwanzig
Jahren Witwe", schrieb Violette Leduc. "Meine Mutter
wird nach dem Tod ihres Vaters geboren; sie hat ihn
nicht gekannt."[1] Berthe wird bei einer Tante unterge-
bracht. "Der Onkel ist Schweineschlächter. Da ist sie
entsetzt, erschreckt, von einem Ungeheuer kommandiert,
das im Blut der Würste wühlt. Das ist ein Ehemann, das
ist der erste Mann, auf den sie trifft."[2]

Violettes Verständnis ist ein Trost für alle Mütter magersüchtiger Frauen, es macht die Bürde der Schuld, die
den Müttern meist auferlegt wird, weniger erdrückend.
Trotzdem mußte Violette sich in sich selbst der Brust
des Schreckens, dem quälenden Schatten der verlorenen
Mutter, der "bösen" und verinnerlichten verführenden
Mutter stellen, die ihr Begehren erzeugt hatte, ohne es
jemals befriedigt zu haben.[3] Violettes Mutter behandelte
das Kind, wie sie selbst von ihrer Mutter behandelt

---

[1] V. Leduc: Die Bastardin, a.a.O., S.21.
[2] Ebd., S.22.
[3] Vgl. P. Girard, a.a.O., S.65.

worden war. Es wurde in ein Pensionat geschickt.

Winnicott hat gezeigt, wie das Kleinkind Objektbeziehungen eingeht, indem es sie primär zerstören, in seine Eigenwelt einverleiben möchte, und erst im Erleben der Unzerstörbarkeit des Objektes zu einer reiferen Bezugnahme zu Mitmenschen, in dieser Zeit der Mutter, fähig ist.[1] Bei der magersüchtigen Frau hat die Introjektion, die die Differenziertheit mit der Mutter erlaubt, nicht stattgefunden. Die Ebene der Identifizierung ist, "wie die allmächtige Mutter zu sein", ohne das mütterliche Objekt einverleiben zu können. Die Nahrung stellt die Abhängigkeit von der mütterlichen Imago und den Kampf innerhalb eines prä-objektbezogenen Erlebten dar; sie bezeugt die Schwierigkeit, die Objektbeziehung einzugehen. Die Nahrung oder die Oralität selbst wird nicht libidinös besetzt, sei es innerhalb der kannibalischen Lust, sei es innerhalb der Lust, die Nahrung aufzunehmen. Dies weist auf die Schwierigkeit bei der Einverleibung und daher sekundär auf die Schwierigkeit hin, auf Grund einer Undifferenziertheit zu introjizieren, die keinen Unterschied zuläßt zwischen dem, was von "außen" oder von "innen" kommt. Objekt und Subjekt sind bei Magersüchtigen nicht scharf getrennt. "Nichts" zu essen oder "zu viel" zu essen werden schließlich die Zeichen für die Suche nach Grenzen:

"Ich werde zum Vampir auf Distanz", denkt Violette Leducs Affamée (...) Ich verzehre ihr Gesicht. Ich bin ein Kannibale."

Violette neigte dazu, das Liebesobjekt süchtig "aufzufressen". Fenichel spricht in diesem Zusammenhang von "love addicts", Liebessüchtigen.[2] Nach Raymond Battegay bedeutet die süchtige Inkorporation, "daß diese

---

[1] R. Battegay, a.a.O., S.85.
[2] Zitiert von R. Battegay, a.a.O., S.70.

Menschen sich das Objekt, das sich ihnen zu entziehen droht, einverleiben möchten".[1] Violettes Leidenschaft für Simone de Beauvoir stellte sich wegen der Abwesenheit oder der manifesten Gleichgültigkeit ihrer Madame als eine Niederlage heraus. Der unersättliche Versuch, das Glück in einer Vereinigung mit der unerreichbaren Simone de Beauvoir, in ihrer Anwesenheit oder in Fürsorge wiederzufinden, zeichnet hier die unmögliche Introjektion des ursprünglichen Objekts.[2] Die als "Hunger" beschriebenen Einverleibungsversuche sind in Wirklichkeit die körperliche Version eines Introjektionsversuchs von dem, was im Ich fehlt. Magersüchtige sind deshalb immer auf der Suche nach einem Idealobjekt, das sie in der frühesten Zeit ihres Lebens nicht erhalten haben. Da sich kein Objekt auf die Dauer als so ideal erweisen kann, wie sie es erwarten, ergibt sich schon aus diesem Umstand, daß primär gute Objekte zu bösen werden können, wie das im frühkindlichen Erleben auch normalerweise der Fall sein kann, bzw. daß eine Spaltung in gute und böse Objekte erfolgt.[3] Bulimikerinnen versuchen hingegen durch Aufnahme übermäßiger Nahrung zum guten Objekt zu kommen, doch kaum daß sie es verschluckt haben, wird es zum bösen, weil sie von der Nahrung am Ende doch nicht vollkommen gesättigt werden können.

Die von der Abwesenheit des Idealobjekts (etwa Simone de Beauvoir in den Augen von Violette Leduc) veranlaßten depressiven Affekte, die zu Machtlosigkeit und Mangelhaftigkeit führen, geben im Rahmen eines Mangels an "Haben" einen Seinsmangel zu erkennen. Violette erzählte:

[1] Ebd., S.69.
[2] P. Girard, a.a.O., S.55.
[3] M. Klein (1932), zitiert von R. Battegay, a.a.O., S.53.

"Sie fragte mich, was mich interessierte, was ich lese. Ich antwortete ihr: nichts (...) Mein Tag mit ihr war ein gefolterter Bauch gewesen!"[1]

Violette "hungerte nach Anwesenheit".[2] Um ihren beschädigten Narzißmus zu sichern, schwankte sie zwischen der Position des grandiosen Selbst einerseits und Wehklagen und schmerzvollem Appell an das idealisierte Liebesobjekt andererseits.[3] Simone de Beauvoir war für sie ein Substitut der archaischen Mutter, der Mutter-Droge, die nicht auf dauerhafte Weise in die innere Welt des Kindes introjiziert werden konnte. So war Violette gezwungen, die angebetete Madame die Rolle des fehlenden oder entstellten inneren Objekts spielen zu lassen.

"Wenn ich dünn wäre, wäre alles anders", denkt die magersüchtige Frau. Das Schwanken zwischen Depression und Grandiosität gehört ebenfalls dazu. Tania Blixens Tagebuch zeugt von fast täglich wechselnden Gemütszuständen, welche eine Grundbedingung ihres Lebens waren, bis zu ihrem Tode.[4] "Ich kann alles" ist aber genauso unrealistisch wie "ich kann und ich bin nichts". Hier zeigt sich das "Alles oder Nichts" des Lustprinzips. "Der Narzißmus kennt keine Grenzen", schreibt Maryse Holder.[5] "Fraß mich zum Hotel durch (...) eine kulinarische Tour durch alle Stadien meiner Depression. Meine Schulden drücken mich immer mehr. Madame Bovary (...) Je mehr ich esse, desto hungriger werde ich."[6] Geld und Essen wurden schließlich zu ihren einzigen Themen, "Geld und Sex".

[1] V. Leduc: Die Bastardin, a.a.O., S.63-64..
[2] Ebd., S.89.
[3] Vgl. P. Girard, a.a.O., S.73..
[4] J. Thurman, a.a.O., S.151..
[5] M. Holder, a.a.O., S.288.
[6] Ebd., S.305.

Maryses Klage, ihr unersättlicher Durst und ihr Hunger, sind hier der regressive Ausdruck eines anderen Verlangens, einer anderen zu formulierenden Anklage: die Mutter unterließ es, ihre Tochter mit einem echten Geschlechtsorgan zu beschenken. Maryses Bulimie deutet auf die Simultaneität, die Parallelität und den sich ankündigenden Wechsel vom Lutschen zur Masturbation der Klitoris bei dem kleinen Mädchen.

Nach Palazzoli unterscheiden sich dennoch Appetit und Erotik sehr gründlich von Hunger und Lust, die das blinde Verlangen nach Befriedigung mit allen verfügbaren Mitteln widerspiegeln, im Fall von Maryse durch gesichtslose Partner von unbegrenzter Zahl. In der Tat gibt es zwischen Appetit und Eros eine enge soziale Affinität: Beide verlangen ein verfeinertes Gefühl für Unterscheidungen. Appetit bedeutet nicht, daß man wahllos ißt, was einem vorgesetzt wird, sondern daß man entsprechend zubereitete und servierte Speisen und Getränke genießt, wenn möglich in Gesellschaft von Verwandten, Freunden und gern gesehenen Gästen. In derselben Weise sucht die wahre Liebhaberin ihr Vergnügen nicht unterschiedslos; sie hat ihre persönlichen Maßstäbe hinsichtlich dessen, was sie bei ihrem Partner ersehnt, sie lehnt es ab, sich mit Surrogaten abspeisen zu lassen. Maryse aß hingegen wie ein Tier - hastig und schnell, doch letztlich ohne Genuß: "Alles, was ich tat, war essen, mich erbrechen und neue Versuche zu starten, mich wieder von Indios antörnen zu lassen."[1]

Es ist klar, daß dieses Verhalten etwas Rachsüchtiges an sich hatte, das sehr stark von oralen Aggressionen geprägt war. Ihre Eßstörung drückte ihren Haß auf diejenigen aus, die sie mißbrauchten, "auf Mexikos Homosexualität", auf ihr verzweifeltes Gefühl der Einsamkeit,

---

[1] Ebd., S.222.

aber auch - das sagte sie selbst - auf "ihre Unfähigkeit, die Vergangenheit in den Griff zu kriegen". Maryse wollte bedingungslos geliebt werden; sie wollte, daß die Männer für sie verfügbar sind, und dieses Beziehungsmuster gleicht der frühen Mutter-Kind-Beziehung, der Symbiose.

Maryse suchte bei den mexikanischen Männern die ambivalente, homosexuelle Abhängigkeit, die ein kleines Mädchen bei der Mutter erlebt. Sie fühlte sich von der femininen Art der Mexikaner angezogen, fand ihr Lachen herrlich, "beinahe tuntig".[1]

"Miguel hatte recht", schrieb Maryse. "Meine Zuneigung für Frauen rivalisiert manchmal mit meiner Neigung für Männer."[2] "Ich glaube, wenn ich zurückkomme, werde ich endlich mal mit einer Frau schlafen, das einzige, was ich noch nicht ausprobiert habe."[3]

Es ist aber sehr unwahrscheinlich, meint Sheila MacLeod hierzu, daß "der eigene Körper - der weibliche Körper, der auf dem Höhepunkt der Krankheit ein verabscheuter und sogar widerwärtiger Gegenstand gewesen ist - im späteren Leben zu einem Gegenstand erotischen Begehrens oder erotischer Befriedigung wird."[4] Diese These widerspricht den Beobachtungen von Lili Gast, die von drei ihrer Interviewpartnerinnen berichtet, die in der Anfangs- und Hochphase ihrer Magersucht praktisch keine freundschaftlichen Beziehungen zu anderen Frauen unterhielten und anschließend doch gleichgeschlechtliche Liebesbeziehungen auslebten.[5] Als Kate Millett die Briefe von Maryse las, fand sie es ebenfalls schade, daß ihre Vertraute Edith Jones "nicht auch die Geliebte sein

[1] Ebd., S.38.
[2] Ebd., S.262.
[3] Ebd., S.34.
[4] S. MacLeod, a.a.O., S.199.
[5] L. Gast, a.a.O., S.150.

konnte; die Liebhaber, die sie beschreibt, sind so unwürdige Vertraute. So gefühllos. Sie verhalten sich eher wie Feinde."[1]

Dafür hätte Maryse fähig sein müssen, die bisexuelle Struktur ihrer Persönlichkeit zu akzeptieren, die aus der Einverleibung von Vater und Mutter entsteht. Stattdessen erwartete sie vom Mann die Erlösung bzw. die Anerkennung ihrer sexuellen weiblichen Identität. Die mexikanischen Männer wurden zu einer Art "Droge". Sie suchte in ihnen die "gute Mutter", bei der sie hätte wiedergutmachen können, was ihr die eigene Mutter verwehrt hatte, als sie starb. Das, was sie in Mexiko suchte und von dem sie annahm, daß sie es von ihrer Mutter gebraucht hätte, nennt der Ehetherapeut Jürg Willi "symbiotische Verschmelzung". Dies suchte sie auch in ihrer Beziehung zum Meer:

"Wieder im Meer zu sein war so, als ob ich wieder mit meiner Mutter, meinem eigentlichen Element vereint wäre. Wasser, überall nur Wasser (...) Konnte mich davon nicht trennen."[2]

Eine Symbiose ist eine Lebensform von zwei Einzelwesen, die sich gegenseitig etwas bieten, was der jeweils andere nicht hat, schreibt Willi. Danach sehnte sich Maryse leidenschaftlich:

"Ich sehne mich nach dem jungen Fischer, weil er all das hat, was ich schon immer am tollsten fand: Schönheit und Unschuld."[3]

Das "Idealobjekt" zeichnet sich bei Maryse durch die Phantasie aus, daß zwischen seinen zusammengesetzten Teilen eine physische und geistige Adhäsion existiere, die jeder Prüfung widersteht. Die integrale, organische

---

[1] K. Millett: Einführung, in: Ich atme mit dem Herzen, a.a.O., S.11.
[2] M. Holder, a.a.O., S.245.
[3] Ebd., S.286.

und psychische bisexuelle Einheit, wonach Maryse sich sehnte, stellt das Versprechen der Treue an die verstorbene Mutter dar. Auf diese Weise besteht die Bindung fort.

Im Gegensatz zu den mexikanischen Jugendlichen hatte Maryse massive Knochen, gigantische Hände und Füße. Sie hatte früher über Eliots Stein- und Knochenmetaphern geschrieben und beide gleichgesetzt. "Sie war selbst wie aus Stein, schwer, hart, aber gleichzeitig auch weich, feucht. Sie lag völlig leblos in der Sonne, wenn sie sich bräunte - ließ sich austrocknen", erinnert sich ihre Freundin Selma. Nun beinhaltet der Zustand des Einklangs Wärme, Geborgenheit, angenommen werden, erfüllt sein. Maryse hielt sich, wie die Napoletaner aus dem 18. Jahrhundert, für eine "Tochter des Meeres": "Mutter Mar sprach mir Trost zu, nahm mich auf, badete mich, machte mich frei, sauber, stark, schlank, und geschmeidig."[1] Sie fühlte sich dann wie neu geboren. Der Gegenpol zu diesem Wohlbefinden ist aber die panische Trennungsangst. Die Hypothese von Renate Göckel, daß Eßsüchtige eine mißlungene Symbiose durchgemacht haben und ihr Leben lang nach einer gelungenen Symbiose suchen,[2] bestätigt Maryses Geschichte.

Berühren, Kontakt und Essen sind ein Austausch, der über die Haut und über den Mund stattfindet. Wenn diese beiden Bereiche gestört sind, wurde vermutlich in der Phase, in der diese beiden Sinnesmodalitäten im Vordergrund standen, die Entwicklung in irgendeiner Form gestört. Dies drückt sich eindeutig in der Sexualität von Maryse aus:

"Verlangen - Vergnügen - im Mund und auf der Zunge,

---

[1] Ebd., S.317.
[2] R. Göckel, a.a.O., S.141.

während er sich weiter unten erfüllt. Das ist vollendeter Sex."[1]

"Eine Art existentieller Heißhunger auf jeden Happen Leben"[2], wie es Kate Millett formuliert, auf jede kleinste sinnliche Wahrnehmung. Sex, endloses Verlangen. Sex und Tanzen, für Maryse eine tranceartige Ekstase: Tanz ist Mediation, Masturbation, man vögelt sich selbst dabei, schrieb sie. Lieben bedeutete im Gegensatz dazu "verlieren". "Es ist ein Spiel, wie Krieg," behauptete sie und nahm die Corrida als Beispiel für die Beziehung der Männer zu den Frauen: "Immer diese seltsame Mischung aus Freundlichkeit und Sadismus, die mexikanische Verführungstechnik"[3], der sie verfiel. "Ein Spiel mit uralten Regeln (...) Reizen, töten, Applaus empfangen. Ihre Schönheit ist in Wirklichkeit nur für sie selbst, nicht für Frauen."[4] Ihre eigentliche Überzeugung war, daß man sie bestrafte, weil sie "frei und unabhängig war" und ihre "polymorphe Sexualität auslebte".[5]

Auf Sexualität lastete in Mexiko ein extrem strenges Tabu, was zur Folge hatte, daß auch die entsprechenden ödipalen Phantasien von Maryse wie in ihrer Kindheit unterdrückt werden mußten und sich keine lustvolle Autonomie im Verhältnis zum eigenen Körper entwickeln konnte. Stattdessen wurde die Differenz der Geschlechter verneint zugunsten einer androgynen Welt, in der der Andere annulliert wurde. In ihren tollsten Augenblicken genoß sie es, daß sie und ihre Liebhaber "identisch waren"[6], daß sie sich in ihnen spiegeln konnte. Maryse wollte die Männer besitzen. Sie wollte sich

---

[1] M. Holder, a.a.O., S.259.
[2] K. Millett, a.a.O., S.14.
[3] M. Holder, a.a.O., S.93.
[4] Ebd., S.95.
[5] Ebd., S.306.
[6] Ebd., S.255.

nicht durch sie und ihre geschlechtliche und kulturelle Differenz bereichern oder eine Veränderung erleben. Sie ging mit ihnen in ihrer Vorstellung eine Fusion ein, bei der sie als Objekte zu existieren aufhörten. Aus dieser Perspektive erscheint Maryses "polymorph-perverse" Verhaltensweise als die Persistenz oder das Wiederauftreten eines partiellen Elements der Sexualität, als eine Regression auf eine frühere Fixierung der Libido, als das Kind sich von der Mutter noch nicht differenzieren konnte. Dadurch, daß sie nie das früh Versäumte erlangen konnte, blieb Maryse fixiert auf ihre bedingungslosen Fusionswünsche. Wie viele andere eßgestörte Frauen hatte sie ein Schwarz-Weiß-Weltbild, das kaum Grautöne kannte. Auf die Gefühlsäußerung: "Mein Gott, wie sehr ich dieses Land liebte"[1], folgte in dem nächsten Brief genau das Gegenteil: "Hasse dieses beschissene Land."[2] René Spitz spricht davon, daß erst dann, wenn dasselbe Objekt als gut und böse, schwarz und weiß mit allen dazwischen liegenden Grautönen wahrgenommen wird, eine echte Objektbeziehung möglich ist. Eine unechte Objektbeziehung ist eine rein narzißtische, d.h., das Objekt (Mutter, Partner, Freunde) wird nur daraufhin bewertet, wie gut es bestimmte Bedürfnisse erfüllt. Erst bei einer echten Beziehung kann das Objekt als solches geliebt und respektiert werden. Maryse hingegen erwartete, daß die Liebe ihre "besudelte Existenz" wieder reinwäscht. Die Liebe war für sie Flucht, Ausweg und Rettungsring, und sie versagte gerade deshalb als rettende Kraft.

Ihre ambivalente Position erklärt die Unbeständigkeit ihrer Identifizierungen. Die mexikanischen Männer werden zugleich als Objekt des Begehrens und als Ob-

---

[1] Ebd., S.140.
[2] Ebd., S.141.

jekt der Identifizierung besetzt. Diese Identifizierung bleibt aber ambivalent, da ihr Entwurf ("Angleichung eines Ichs an ein fremdes") immer ein Einverleibungsakt bleibt (Liebe, Zerstörung). Hat sie die Objekte (Nahrung-Männer) geschluckt, so muß sie diesen Prozeß stets von neuem wiederholen, weil ein Objekt, das verschluckt, "inkorporiert" wird, für sie aufhört, Objekt zu sein. Damit blieb sie ungesättigt und unersättlich. Es konnte auch keine Liebe entstehen, die den Teufelskreis von Verfolgen und Verfolgtwerden hätte durchbrechen können oder ein freies Leben zwischen freien, offenen Menschen ermöglicht hätte.

Maryses Briefe bezeugen eine beharrende und vergebliche Suche nach Liebe. Ihre Heimsuchung besteht darin, keine Antwort auf ihren Appell zu bekommen. Ihr gelingt es nicht zu kommunizieren. Ihre Briefe legen nur Zeugnis von der Abwesenheit des Objekts (einer Frau) ab. Das Schreiben wird zu einer langen Wehklage, zu einem Verlassenheitsschrei. Maryse erforschte ihre verwüstete Welt bis an die Grenzen des Möglichen. Ihre Geschichte drückt das Leiden des Mangels, des "zu kurz Kommens", der Abwesenheit vom Liebesobjekt als ein quälendes ungestilltes Bedürfnis des Körpers aus. Ihr Appell richtet sich zwar an den Anderen; dieser Andere ist aber unerreichbar. Die Einsamkeit ist älter als die Unerreichbarkeit der Objekte, denen sie in ihrem erwachsenen Leben begegnete. Sie ist die Wiederholung des kindlichen Dramas, ihrer Verlassenheit durch die von den Nazis ermordete Mutter. Maryses Briefe tragen die Spuren einer Tragödie, nämlich ihrer Unfähigkeit, das Begehren und den Mangel zu leben. Das Schreiben vermag nicht, eine Sublimierungsarbeit zu leisten, sondern es spiegelt wie die durch den Alkohol und den Tanz erlangte Lust den Wunsch, die narzißtische Leere zu überwinden. Maryse versuchte zu zeigen, daß "auch das Schreiben ein Orgasmus ist und daß 'das' die Botschaft seines Mundes ist. Daß sich Orgasmus nicht nur auf die Genitalien beschränkt."[1] Die Quelle ihrer Suche und ihres Forschens über das Verlangen blieb die orale Zone, und das Ziel die Einverleibung bzw. die Introjektion der Mutter. Der Narzißmus endete in der schriftlichen Onanie.

Diese auszufüllende körperliche Leere entspricht in Wirklichkeit einem "Loch" im psychischen Apparat; die ursprüngliche Angst, die den Alkoholiker zum Trinken, die Bulimikerin zum "Fressen", die Anorektikerin zum Hungern treibt, ist nicht darstellbar. Sie ist nicht mit Bildern oder Wörtern verbunden; sie ist gedanklich nicht faßbar: es handelt sich um eine Angst im "Rohzustand", eingegraben im Fleisch. Hier wird Hilfe gesucht in der Materialität, wird auf der Sicherheit beharrt, die der Körper gegenüber den unantastbaren Bedeutungsverschiebungen der Sprache und der Unwirklichkeit der ausgedrückten Gefühle bietet. Wörter rufen Angst hervor. Daher schützt Schweigen gegen das Umherirren.

## Bedeutung der Sprache

Die bulimische Symptomatik wird häufig durch Trennungen ausgelöst, also dadurch, daß das Mädchen oder die Frau vom Freund verlassen wird oder von zu Hause auszieht. Das Schicksal Maryse Holders ist vielleicht extrem, aber dafür um so deutlicher. ("Und jetzt, keine Karriere, kein Geld, kein Stan. Ich kann nicht zurück."[2]) Und ihr Fall ist ein gutes Beispiel für die allgemeine Unsicherheit der Frauen bezüglich ihres Aussehens und

---

[1] Ebd., S.260.
[2] Ebd., S.112.

ihres Wertes in der Öffentlichkeit. Der einzige gangbare Weg zur Lösung des Problems schien ihr eine "Auslieferung" ihres Körpers in der Sexualität und ein partielles, oberflächliches Einlassen auf die Männer. Mit anderen Worten eine Art Doppelleben, das den Rückzug auf das Gefühl der Grandiosität und seine Erhaltung als Zufluchtstätte erlaubte (Maryse betrachtete sich als "Abenteuerin, Kultursuchende, Vamp"[1]) und dennoch eine - wenn auch unbefriedigende, frustrierende - Beziehung ermöglichte.

"Total als Sache betrachtet zu werden, kann auch befreiend wirken. Führt zu einer ironischen Haltung, d.h. Eigenliebe"[2], erzählt Maryse in den ersten Briefen. So läßt der Schmerz nach. "Belustigtes Überlegenheitsgefühl stellt sich wieder ein (Illusion), ein Zyklus, der sich immer wiederholen wird."[3]

Wie man als kleines Kind behandelt worden ist, so behandelt man sich später sein ganzes Leben lang"[4], schreibt Alice Miller. Und vielleicht auch seine Mitmenschen...

Wir erwähnten bereits, daß bei magersüchtigen Frauen keine Introjektion, kein Ausfüllen des ohne Brust gebliebenen Mundes mit Wörtern stattgefunden hat. Aus diesem Grund vermochte Maryse nicht im Spiel der Artikulation und der Benennungen das unerträgliche Fortsein der Mutter zu verarbeiten (sie war zwei Jahre alt, als diese starb). Die symbiotischen Wünsche wurden durch die Sprache nicht aufgelöst und das Drama der Trennung nicht besiegelt. Die Unfähigkeit, das Fehlen der Brust zu introjizieren, weist auf die Unfähigkeit hin,

[1] Ebd., S.342.
[2] Ebd., S.36.
[3] Ebd., S.162.
[4] A. Miller, a.a.O., S.158.

die Abwesenheit, die Trennung und die Differenzierung zu introjizieren. Diese Differenzierung setzt aber, wie wir wissen, eine reziproke Beziehung zwischen dem Selbst und dem Anderen voraus, also ein Gleichgewicht zwischen Selbstbehauptung und Anerkennung. "Bei idealem Gleichgewicht kann die Person entweder ganz sich selbst hingegeben sein oder ganz empfänglich für andere. Sie kann allein sein oder mit anderen zusammen."[1] Die Fähigkeit, in solche Zustände einzutreten, bei denen Einssein und Getrenntsein miteinander versöhnt sind, ist Voraussetzung für die intensivsten Erfahrungen im erwachsenen Liebesleben. "Bei einem negativen Kreislauf der Anerkennung hat die Person das Gefühl, daß Alleinsein nur durch Vernichtung der aufdringlichen Anderen möglich ist; daß Einstimmung nur möglich ist durch Unterwerfung unter Andere."[2] Dies erlebte Maryse in der Konfrontation mit einer anderen, fremden Kultur:
"Irgendwie hat diese Kultur eine andere Wellenlänge und negiert mein augenblickliches Projekt, die Erforschung des Verlangens."[3]
Die Nahrungsmittel sollten bei ihr ersetzen, was sie bei anderen nicht erreicht: Liebe, Anerkennung und Zuwendung. Sie versuchte, in ihren Briefen zu zeigen, daß sie nicht nur einsam in einem fremden Land war, sondern im eigenen Selbst. Und weil sie mit niemandem diesen Schmerz teilen konnte, konnte sie sich auch in der eigenen Seele keinen Ort schaffen, wo sie sich hätte ausweinen können. Das Wehr-und Hilflose bekam keine Heimat:[4]

---

[1] J. Benjamin, a.a.O., S.31.
[2] Ebd.
[3] M. Holder, a.a.O., S.356.
[4] Vgl. A. Miller, a.a.O., S.141.

"Diese hundert Jahre Einsamkeit - mein Leben - werden mir ein Rätsel bleiben. Einsamkeit schien mir plötzlich das eigentliche Thema meines Romans zu sein."[1]

Durch ihre Briefe versuchte sie, über ihr Lebensunglück und ihren Lebenshunger zu klagen, ohne jedoch jemals das Gefühl zu bekommen, gehört zu werden. ("Denn ich bin fürchterlich egozentrisch, wehleidig, von meinen eigenen Ängsten paralysiert. Ich weiß keinen Ausweg", schrieb sie kurz vor ihrem Tod.[2]

Maryses Mutter war, wie schon erwähnt, 1943 in Frankreich von den Deutschen erschossen worden. In Maryses Augen hatte ihre Mutter sie verlassen. Ihr Tod war, ihrer Meinung nach, eine Art Selbstmord gewesen. Obwohl sie von ihrer Kindheit in Frankreich verfolgt wurde wie auch von den Jahren auf der Flucht vor den Nazis und dem Trauma, als Siebenjährige in Amerika eine neue Sprache lernen zu müssen, betrachtete sie sich aber nur insofern als Opfer, daß sie keine Mutter hatte, referiert ihre Freundin.

Maryse, wie viele andere eßgestörte Frauen, fühlte sich "überflüssig". Sie war als Kleinkind nicht in der Lage gewesen, ihre Mutter "bei sich zu halten". Dafür war sie "nicht gut" genug gewesen. Maryses Forschen über das Verlangen beleuchtet jenen Punkt, zu dem wir ununterbrochen streben, von dem wir uns aber aufgrund unserer Fähigkeit zur Sprache ausgeschlossen fühlen. Nach Boons entsteht letztlich Genießen nur, "wo Sprache verloren geht. Beim Sprechen stoßen wir stets auf - mit jedem Wort auftretende - Momente von Seinsverlust: dies gibt uns Anlaß zur Annahme, daß es ein Ur-Genießen vor dem Wort gibt."[3] Diesen Zustand des Ur-Genie-

---

[1] M. Holder, a.a.O., S.103.
[2] Ebd., S.365.
[3] M. C. Boons, a.a.O., S.18.

ßens hat Maryse zu erreichen versucht, als sie ohne Spanischkenntnisse nach Mexiko ging:

"Es ist erstaunlich, wie die Unkenntnis der Sprache das Leben in noch verstärktem Maß zu einem mirakulöserweise zusammenpassenden Puzzle werden läßt."[1]

Maryse war auf der Suche nach einer neuen Sprache in der Hoffnung, sich dieses Mal von dem Ort des Urschmerzes zu entfernen:

"Mein Schatten auf der Discowand, auf dem Sand, im Wasser. Versuche, eine neue Sprache auszufeilen."[2]

Erst im Ausland konnte Maryse wie ein Säugling in die Worte des Anderen eintauchen und sich in dessen Abhängigkeit begeben: "Machismo und Leidenschaft, ich bin mir nicht ganz sicher, ließ uns eine eigene Sprache entwickeln. Diese Sprache, die ziemlich primitiv war, und die nur wir verstehen konnten, war das Aufregendste an der ganzen Sache."[3]

Diese "gemeinsame" Sprache schaffte aber keine Wirklichkeit. Ihr sexuelles Glück blieb narzißtisch, im Bild des Ähnlichen und des "Zwillings" gefangen, und drückte die tiefe Sehnsucht nach der Mutter, nach der homosexuellen Liebe aus. Deutlich ist zu erkennen, daß sie immer noch "hungrig" nach jener Geborgenheit und jenem emotionalen "Ernährtwerden" strebte, an dem es ihr in der Kindheit gebrach. Da sie diese notwendige "Nahrung" in der alltäglichen Umwelt nicht erhielt, fiel sie immer wieder zurück in übermäßige Nahrungszufuhr. Das verschluckte Objekt war für sie jeweils nicht mehr gegenwärtig, und so mußte sie - gierig - weiter essen, wie "eine Löwin"[4], ohne dadurch endgültig gesät-

---

[1] M. Holder, a.a.O., S.69.
[2] Ebd., S.54.
[3] Ebd., S.31.
[4] Ebd., S.262.

tigt zu werden. Auf diese Weise regredierte sie auf eine "Zeit vor der Sprache", d.h. außerhalb der Erinnerung.

Wenn der fusionelle Raum ein von der mütterlichen Stimme bewohnter Raum ist, die dem Kind seine erste psychische Nahrung besorgt, so erscheint Maryses Streben als das Verlangen, jenseits der Sprache zurückzukehren, das heißt in den Körper der Mutter, in ihren eigenen Körper. Ihre Erfahrung mit den Mexikanern, deren Sprache sie nicht kannte, führte sie zwangsläufig auf die Ebene unbewußter Wünsche nach imaginärer Ganzheit, nach Teilhabe an der Macht der archaischen Mutter, nach Symbiose im Begehren. Nichts stand mehr zwischen ihr und der Sonne[1], dem Ausdruck der mütterlichen Libido. Wenn sie sich der Wärme ihrer Strahlen hingab, drückte sie das ursprüngliche Begehren nach der Einheit mit der Mutter aus.

Ist Maryses Reisebedürfnis die Suche nach der "verlorenen Mutter", wie Jung es vermutet? Oder ist es die Flucht vor der Mutter? Marie-Victoire Rouiller bezieht hierzu eindeutig Stellung: "Ich will mich entfernen, den Pranger der Kindheit loslösen, der mich zu Ihnen zurückführt, im Herzen gefesselt. Ich will wiederfinden, was mein Leben ohne Sie war, in dieser spanischen Jugendzeit, als ich neue Empfindungen durch Stimmen kennenlernte, die den Ihren nicht ähnelten."[2]

Im Ausland fühlte sich Marie-Victoire frei. Sie suchte die "gute Mutter", die alles versteht, alles wiedergutmacht. Von ihrer Freundin Nièves sagte sie:

"Nur Nièves, indem sie mich in einer unbekannten Sprache anredete, konnte die empfindliche Spalte in diesem von mir errichteten Panzer finden. Sie hat mich im Schweigen, also in einem Ort jenseits des Gedächt-

---

[1] Ebd., S.49.
[2] M. V. Rouiller, a.a.O., S.69.

nisses aufgenommen, an dem Sie mich noch nicht an den Tod meiner Mutter gefesselt hatten."[1]

Dieses Streben, in eine schweigende Welt hinabzusteigen, versinnbildlicht dennoch eine für die Depression typische Regression: die absolute Abhängigkeit; die Hoffnung, unterstützt und geschützt zu werden; den Ehrgeiz, auf ursprüngliche Befriedigungen zurückzugreifen. All dies wird durch die analytische Theorie als Verlangen nach der intrauterinen Zuflucht verstanden oder als Versuch bezeichnet, eine alte Erfahrung zu überwinden und abzuwehren, die keine Vorstellungsrepräsentanz haben konnte, und die im Gegenteil die ursprüngliche Agonie wieder hervorruft.[2] Auf diesem sehr archaischen Zusammenhang fußt das Verlangen nach homosexueller Wiedergutmachung, das Marie-Victoire beschreibt:

"Ich war mit ihr bis in meine Sprache verbunden: ich hatte kein Spanisch gelernt, sondern ihre Art, zu sprechen, mit ihren Ausdrücken und dem Klang ihrer Stimme.[3] Wenn sie in meiner Nähe war, fühlte ich mich lebendig; wenn sie mich küßte, wenn sie meine Hand hielt, spürte meine Haut keine Angst, ich war stark, ich leerte mich nicht mehr aus wie ein zerplatzter Schlauch; und wenn sie mit mir sprach, floß ihre Stimme in mir wie ein Saft, sie gab mir meine Wurzeln zurück."[4]

Diese Suche nach "wahrer" Identität wurde von Maryse Holder durch einen Schatten symbolisiert, der sie überall hin wie ein Spiegelbild oder ein "alter ego" begleitete. Mitunter kehrte die Zerstückelungsangst zurück, wenn die narzißtische Identifizierung verloren ging. Die Suche

[1] Ebd., S.85.
[2] Vgl. P. Girard, a.a.O., S.78-79.
[3] M. V. Rouiller, a.a.O., S.95.
[4] Ebd., S.82.

nach dem eigenen Selbst im "Ähnlichen" bedeutete doch, daß das Anderssein des Anderen verkannt werden mußte. Maryse verleugnete die Kultur des Anderen, und konnte daher die Kluft zwischen ihr und den Mexikanern nicht überbrücken:

"Inzwischen ist mir die tiefe Kluft, die uns trennt, auch klar geworden, diese Kluft zwischen seinem Spanisch und meinem Englisch, seinem Mexikanertum und meinem Amerikanertum, ganz zu schweigen von den geschlechtsspezifischen Unterschieden."[1]

Ihre Verneinung der fremden Kultur und der Geschlechtlichkeit führte zu einer selbstzerstörerischen Verhaltensweise. Ohne Kenntnis der Landessprache konnte keine wechselseitige Anerkennung stattfinden, konnte keine Andersartigkeit nebeneinander bestehen und keine gesellschaftliche Realität:

"Ich bin allmählich überzeugt, daß ich, solange ich die Sprache nicht beherrsche - dominar, wie sie hier sagen - keine Beziehung aufbauen kann, auch nicht mit Frauen."[2]

Nun beginnt das menschliche Dasein aber mit eben dieser besonderen Begebenheit, in die Sprache aufgenommen zu werden. Seit dem Ursprung ernährt sich das Kind ebensosehr von Wörtern wie von "Brot". Karl Abraham versteht die Metaphorisation der Nahrungszufuhr als ein In-Wörter-kleiden. Sie sei die Introjektion als Prozeß, der für das Abgleiten von dem mit der Brust gefüllten Mund zu dem mit Wörtern gefüllten Mund durch die Erfahrungen des leeren Mundes sorge.[3] Die Rolle der Mutter als Initiatorin in die Sprache (vgl. "Muttersprache") ist also wesentlich und leider, so

---

[1] M. Holder, a.a.O., S.322.
[2] Ebd., S.44.
[3] Zitiert von L. Igoin, a.a.O., S.55.

scheint es, noch zu stark von den Müttern verkannt. Die Mutter muß die Objekte beim Namen nennen, schreibt Dolto, weil das benannte Objekt als Repräsentant von ihr und daher der Nicht-Einsamkeit des Kindes funktioniert, wenn sie nicht mehr da ist.[1] Wenn der Mund bestimmte Wörter nicht artikulieren, bestimmte Sätze nicht ausdrücken kann, wird er in der Phantasie "das Unbenennbare" zu sich nehmen. Der leere Mund, der vergeblich ruft, um sich mit introjektiven Wörtern zu füllen, wird von neuem unvermeidlich zum gierigen Mund vor der Sprache, vor der verbalen Phase. Der bulimische Anfall setzt auf diese Weise eine Art Rückkehr in die Zeit der ersten Regungen und Wutanfälle des Säuglings in Bewegung, dieser "ursprünglichen Gewalt", die alle magersüchtigen und bulimischen Frauen in ihrem Inneren spüren und fürchten.

Bulimikerinnen erfahren die älteste, die archaischste Weise, eine im Inneren empfundene Spannung zu beruhigen: die, die Leere des Mundes dort auszufüllen, wo ein Bad voller zärtlicher Wörter notwendig gewesen wäre, um die Erfahrung des Mangels zu lehren. Ein Kind kann nicht immer den Mund voll haben (Nahrung, Schnuller, Daumen), und die Mutter muß nach und nach die orale Kastration durchsetzen, indem sie diese dem Kind mit Liebe und Geduld nahebringt und es in die Wörter, in die Sprache, die erste Frucht dieser "symboligenen Kastration", einführt.[2] Wenn die Kinder keine Möglichkeit haben, Worte, beruhigende Bilder zu introjizieren (die beruhigenden Wörter der Mutter kompensieren die Leere des mit Nahrung nicht erfüllten Mundes), werden sie Nahrung oder Objekte einverleiben, um eine innere Leere auszufüllen. Nach Dolto

[1] Vgl. F. Dolto, a.a.O., S.43.
[2] Vgl. P. Aimez & J. Ravar, a.a.O., S.196.

steckt das präpsychotische Kind alles in den Mund, kleine Objekte, Steine, Exkremente, alles was sich bietet. Aber dieser entmenschlichte Raum, den es verschlingt und manchmal auch erbricht, spricht nicht und ernährt es weder psychisch noch affektiv. Magersüchtige entgehen der Psychose, doch die Anorexie, die im erwachsenen Alter erscheint, ist womöglich die Folge eines frühzeitigen Mangels an Kommunikation und Einvernehmen mit der ernährenden Mutter.[1]

Indem die Magersüchtige ihr Leiden dem Blicke Anderer zur Schau stellt und deren Faszination und Abscheu erregt, versucht sie, sich von der mütterlichen Bemächtigung zu befreien, sich eine unberührbare Hülle zu errichten, ein Grundsicherheitsgefühl in ihrer eigenen Haut zu bekommen. Didier Anzieu spricht hier von der Verarbeitung eines "Moi-peau" (Haut-Ichs) zunächst durch Bemächtigungsversuche des Körpers und dessen Inhalte (Aktivitäten der Ausleerung und des Nachfüllens: Anorexie, Bulimie, Verstopfung, Durchfall, das heißt die Verarbeitung von dem, was Anzieu ein "Moi-peau sac", eine Haut-Ich-Tasche, eine Behältnis-Haut nennt); dann durch die Einzeichnung des Leidens auf seiner körperlichen Hülle.[2]

In seinem ursprünglichen Zustand entspricht das Ich auch bei Freud dem, was Didier Anzieu das "Haut-Ich" nennt: das Ich ist vor allem ein körperliches Ich, es ist nicht nur ein Oberflächenwesen, sondern das Ich selbst ist die Projektion einer Oberfläche. Kurz und gut, das unbewußte Ich ist vor allem ein Körper-Ich. Die Projektion der Haut auf das Objekt ist beim Kleinkind ein geläufiger Prozeß. Man findet ihn in der Malerei wieder, wenn das (oft übermalte und schraffierte) Leinen eine

---

[1] Ebd.
[2] Vgl. D. Anzieu: Le Moi-peau. Paris, Bordas, 1985, S.212.

symbolische (oft empfindliche) Haut hervorbringt, die dem Künstler als Schutzwall gegen die Depression dient. Die autoerotische Besetzung der eigenen Haut erscheint bei den von ihrer Mutter zu früh getrennten Säuglingen. Auch findet man sie wieder bei erwachsenen Menschen, die zu früh von ihrer Mutter getrennt wurden. Maryse Holder berichtet von einer Pilzinfektion:

"Ich kratze wie verrückt zwischen den Zehen meines linken Fußes. Fußpilz hat meinem Leben einen neuen Sinn gegeben. Es macht solchen Spaß, diese käseartige Masse zu entfernen und die sich abschälende, schuppige Haut abzukratzen."[1]

Was am tiefsten in uns und was zugleich unsere Oberfläche ist, das ist die Haut, sagte Paul Valéry.[2] Das Kind, auf französisch "l'enfant" (infans = das, das nicht spricht), erlangt die Wahrnehmung seiner Haut als Oberfläche anläßlich der Kontakterfahrungen seines Körpers mit dem Körper der Mutter und dies im Rahmen eines Verbundenheitsgefühl mit ihr. So gelangt das Kind nicht nur zu der Vorstellung einer Grenze zwischen "außen" und "innen", sondern auch zu dem notwendigen Vertrauen in die fortschreitende Beherrschung seiner Öffnungen (Entleerung-Zurückhalten). Das Kleinkind kann sich dabei nur sicher fühlen, wenn es andererseits ein Grundgefühl besitzt, das für die Integrität seiner körperlichen Hülle bürgt. Dies ist nur möglich, wenn die Mutter es als eigenständige Person wahrnimmt, ihm das Gefühl vermittelt, daß sein Körper ihm gehört. Das lernt das Kind in einer Entwicklungsphase, die von Lacan als "Spiegelstadium" bezeichnet wird. Mit etwa zweieinhalb Jahren erkennt sich das Kind zum ersten Mal bewußt als

---

[1] M. Holder, a.a.O., S.367.
[2] Zitiert von D. Anzieu, a.a.O., S.59.

Person im Spiegelbild. Vorher hatte es im engen körperlichen Kontakt mit der Mutter eine "gefühlte" Vorstellung von seinem Körper. Gesicht und Geschlecht, zusammen im Spiegelbild wahrgenommen, vermitteln dem Kind ein neues Bewußtsein seiner Identität als kleines Mädchen oder als kleiner Junge. Das Kind erfährt durch sein Spiegelerlebnis gleichzeitig, wie andere es sehen, was vorher in seiner Beziehung zu den Menschen seiner Umgebung keine Rolle spielte. Es empfindet jetzt ein neues Gefühl der Abgrenzung. Magersüchtige Frauen haben ein verzerrtes Bild von sich, weil die Mutter die wahren Bedürfnisse des kleinen Mädchens nicht richtig wahrnahm. Sie sah das Kind nicht, wie es war, sondern wie sie es gern gehabt hätte, ermutigte es zu dem, was Winnicott ein "falsches Selbst" nennt. Dieser Mangel an Anerkennung führt zu einem Gefühl der Unvollkommenheit, zu einer Verzerrung des Körperbildes. Frauen, die von Gedanken an den Körper besessen sind, sind sich unbewußt der Integrität ihres inneren Selbt nicht sicher.

Was heißt abnehmen zu wollen auf dem Hintergrund dieser Überlegungen? Abnehmen bedeutet, "überflüssige" Kilos zu verlieren. Was die Frauen daher verlieren wollen, ist auch das Gewicht ihrer Vergangenheit. Sie wollen sich von ihr befreien. Was schwer wiegt, ist die aus der Kindheit herrührende Angst, nicht gesehen zu werden. Der bulimische Körper wie der anorektische Körper ist zunächst ein sprechender Körper, der ein Leiden ausdrückt; ein animalischer Körper, erster Ort, an dem die Einzeichungen des Leidens Spuren hinterlassen (die Onophophagie ist fast bei allen Bulimikerinnen wiederzufinden: manche von ihnen kauen ihre Nägel bis auf's Blut).

Der Körper ist dafür geschaffen, daß er gezeichnet wird und die Verletzungen trägt, von denen Narben Zeugnis ablegen. Die Verletzungen liegen aber meist weit zurück und sind so tief vergraben, daß man sie nicht benennen und verstehen kann. In diesem Sinne legt der abgezehrte Körper der Anorektikerin Zeugnis ab von dem Diskurs, der sie bewohnt: was die anderen als Krankheit oder Symptom bezeichnen, muß erkannt werden als ihr Wunsch, gesehen zu werden bzw. zu existieren und zu begehren. Durch ihre beharrliche Eßverweigerung bekundet sie ihre Forderung nach dem Beweis des Begehrens bei ihrer Mutter und nach einem eigenen Anspruch auf Autonomie und Begehren.

Das kleine Mädchen, das als weibliches Geschlecht nicht begehrt wird, kann kein echtes Objekt für die Mutter sein. Darum muß es eine Fata Morgana, nämlich die des Besitzes eines Penis, schaffen, die den Wunsch verdeckt und begräbt, als Mädchen gesehen, akzeptiert, geliebt, anerkannt zu werden. Nicht der rühmliche Penis wird geneidet, sondern der Status des durch die Mutter und die Gesellschaft aufgewerteten und gelobten Jungen. Er allein scheint einen Anspruch auf die anale, phallische und genitale Lust zu haben.[1] Wenn einen Penis zu haben, das Recht bedeutet, das eigene Geschlecht genießen zu dürfen, dann bedeutet "kastriert zu sein", sich jedes Genießen, jede Bewegung und jede Freude verbieten zu lassen, in den regressiven Weg des Nicht-Lebens schmerzlich zurückkehren zu müssen, bis zu den äußersten Grenzen des Todes im Schweigen und in depressivem Verharren.[2]

Mit ihrem knabenhaften Körper verkünden magersüchtige Frauen, daß sie wie Männer einen Anspruch auf Begehren haben. Sie fühlen sich "kastriert" und führen im schlimmsten Fall ein zur Larve zurückgekehrtes

[1] Vgl. P. Girard, a.a.O., S.168.
[2] Ebd., S.168-171.

Leben mit lautlosen Gedanken. Sie erwarten nichts mehr, auch nicht von den Tagen, die kommen. Sie vergessen, daß sie sterblich sind. Sie schrecken vor echter menschlicher Liebe zurück, weil sie Angst haben, sich in ihr zu verfangen. Geliebt zu werden, zu lieben, eine Frau zu sein bedeutet, jemand wie ihre Mutter zu sein, jemand, der immer "zu kurz" kam, unglücklich war oder sogar verlassen wurde. Sie können in dem, was sie spüren, nicht klar differenzieren zwischen dem, was von der Mutter stammt und dem, was von ihnen selbst kommt. Das Ich findet in der Kontrolle des endlich als eigen empfundenen Körpers eine Hülle wieder, die die Gefühle der Einheit und der Kontinuität des Selbst befestigt.

Wir haben gesehen, daß die Mutter nicht als orale, stimulierende Mutter durch ihre beruhigenden, wiedergutmachenden, anregenden Wörter oder durch die von ihr erzählten Geschichten über die Welt und deren Geheimnisse introjiziert wurde. Für das Kind sind die Wörter der Mutter eine Art kulturelle Milch, die vor dem Abstillen durch die großzügigen, abwechselnd vollen und leeren Brüste in seinen Mund fließt und es vom Leer-Sein ins Voll-Sein übergehen läßt.[1] In Familien vieler magersüchtiger Frauen wird die junge Tochter dafür bestimmt, die Insignifikanz des "Schatzes" der Signifikanten fortbestehen zu lassen, der ihr durch den Anderen (in unserer Gesellschaft hauptsächlich durch die Mutter) als Ort der Sprache, des Symbolischen, überliefert wurde. Auf diese Weise besteht der Schatz der Signifikanten aus Sorgen, Arbeit, Tatsachen ohne wahre Worte, ohne Lust, ohne Begehren. Das Haben beherrscht das Sein; das Tote beherrscht das Lebendige. Die Magersüchtige hat ihren Eltern nichts zu sagen,

[1] Vgl. F. Dolto: Sexualité féminine, a.a.O., S.67.

Nichts und doch Alles. Sie fühlt sich als eine Heimatlose, ungeliebt und mißverstanden. Wenn sie versuchen würde, mit den Eltern die Gewalt ihrer Gefühle zu teilen, die sie so einsam macht, wüßten diese nicht, wovon sie spricht, wer sie ist (sie, die "brave, liebe Tochter"). Sie wäre ihnen "fremd". Warum also sollte sie sich ihnen dann erklären? Niemand hört sie, niemand versteht sie, niemand beschützt sie. Sie ist eine Fremde in ihrer eigenen Familie und in ihrer eigenen Muttersprache. Die tote Sprache ihres abgezehrten Körpers verbirgt ein lebendig begrabenes Ding, etwas, das keinen Namen hat. Nun macht aber die Sprache allein aus einem Menschen ein Individuum, das sich denkt, sich ausdrückt und sich daher von den Anderen abgrenzt. Magersüchtige durften zu Hause nie "Nein" sagen. Sie durften nie sagen, was sie wirklich fühlten und dachten, mit anderen Worten: sie wurden zum Verstummen gebracht. Ein allen Familien gemeinsames Merkmal ist, daß Magersüchtige in ihrer Kindheit nicht als Individuum, mit eigenen Bedürfnissen und Rechten gesehen oder anerkannt wurden, sondern daß sie vor allem das Leben der Eltern zufriedenstellen und vollständiger machen mußten. Zu Wort kommen durften sie nie.

## Die Beziehung zum Vater

Bisher wurde vorwiegend die Bedeutung der Mutter-Tochter-Beziehung erörtert. Dennoch ist der Vater eine Schlüssel-Figur in der Psyche magersüchtiger Frauen, unabhängig davon, ob das Vaterbild zu stark oder zu schwach ist. Trotz ihrer kritischen Einstellung dem Vater gegenüber identifizieren sich viele Magersüchtige mit ihm. Auch wenn sie vom Vater in der Kindheit, manchmal auch in der Jugendzeit, geschlagen wurden, bewundern sie ihn, vor allem wenn er "der Herr im Haus" ist. Um diesem herrschenden Vater zu gefallen, versuchen sie, sich männliche Eigenschaften anzueignen, sei es im intellektuellen oder im sportlichen Bereich. Nach Kestemberg, Kestemberg und Décobert ruft die Phantasie des idealen, schlanken und erigierten Körpers, der eine Art Phantasiebildschirm der nur durch die Ausleerung nach dem Auffüllen lebenden Körper-Röhre ist, das Bild des rein geistigen, durch einen in seiner Idealisierung unsterblichen Phallus dargestellten Vaters hervor.[1] Das Selbst der Tochter verschmilzt durch die Identifikation mit dem phantasierten erigierten Penis des Vaters mit dem idealen Partialobjekt zum Ideal-Selbst. Untergründig spürt man dennoch die Abwesenheit des Vaters und den Wunsch der Tochter nach einem Sicherheit und Liebe spendenden Vater, einem Vater, den sie sich als Retter vor der symbiotischen Verschmelzung mit der Mutter ersehnt, der aber in Wirklichkeit gar nicht existiert.

Auch Tania Blixen war der Überzeugung, ihr Vater habe sie aus der Kinderstube und damit aus der Gewalt von Großmutter und Tante befreit. "Er ließ sie das uneingeschränkte sinnenfrohe Leben eines Mannes kosten, das einen Gegenentwurf darstellte zur begrenzten Welt der Frauen mit all ihren ethischen Fallen und ihrer Selbstverleugnung."[2] Tania Blixen sagte immer über ihren Vater, er habe sie stets verstanden so wie sie war und auch so geliebt. "Sie sagte aber auch, daß er, da er sie verlassen habe, die 'Verantwortung' dafür trage, daß sie es im Leben so schwer hatte; wäre er am Leben geblieben, so wäre mit Sicherheit alles sehr anders ge-

---

[1] Vgl. Kestemberg, Kestemberg & Décobert, a.a.O., S.158.
[2] J. Thurman, a.a.O., S.47.

kommen."[1]
Die magersüchtige Frau ist in ihrer Phantasie untrennbar mit ihrem Vater verbunden. An anderer Stelle schreibt Thurman über Tania Blixen: "Wenn Tanne allein mit dem Vater durch die Wälder streifte, dann war ihr, als seien sie die einzigen Menschen auf der Welt. Es war Tannes Paradies vor dem Sündenfall."[2] In dieser "Vaterleibsphantasie" sieht Fenichel die Vorstellung vom Penis als die Fortsetzung der Vorstellung vom Inneren des Mutterleibes. Die Identifizierung mit dem Penis entspricht der Identifizierung mit dem Embryo, dem Anhängsel der Mutter. Demnach wären die magersüchtigen Töchter zumindest im Stadium der Identifizierung mit dem Phallus das phantasierte Bindeglied zwischen Vater und Mutter.[3]

Im Gegensatz zur Anorektikerin, die eher eine starke, dominante (phallische) Mutter und einen abwesenden, infantilen, charakterschwachen (kastrierten) Vater hat (dies vor allem in den romanischen Ländern), hat die Bulimikerin eine Mutter, mit der sie sich nicht identifizieren kann, und einen mächtigen Vater, vor dem sie sich unterschwellig fürchtet. Kestemberg, Kestemberg und Décobert stellten fest, daß das verführerische Verhalten des Vaters zudem häufig der Anorexie vorausgeht und daß dieses zweideutige Verhalten in der Form einer Faszination durch die anorektische Verhaltensweise der Tochter fortbesteht. Ein solches Verhältnis zu dem Vater kann Anlaß zu einer Eßstörung sein, wenn die junge Tochter merkt, daß sie ihrem Vater besser gefiele, falls sie zehn Kilo weniger wöge.

[1] Ebd., S.45-46.
[2] Ebd., S.47.
[3] Vgl. O. Fenichel: Die symbolische Gleichung: Mädchen = Phallus. Internat. Zeitschr. f. Psa. 22 (1936), S.301.

Bei der Bulimie spielt hingegen die Verfolgungsangst eine wesentliche Rolle. Diese ist typischerweise dadurch gekennzeichnet, daß das "Verzehren" der Nahrung von vornherein mit der Angst koexistiert, "verzehrt zu werden", das heißt mit der Angst, dem Koitus des Vaters zu dienen.[1] Im Wunsch, abzunehmen, verbirgt sich die Angst, Objekt eines zu sehr manifesten sexuellen Begehrens seitens des Vaters zu werden. Die visuelle Darstellung einer in ihrer Fülle und ihren Formen reduzierten Figur, die in der Lage ist, durch die Finger des begehrenden Objekts zu schlüpfen, beschwört die Gefahr einer inzestuösen Beziehung. Die Vergewaltigungsangst wird wiederum nur überwunden, wenn der Vater auf seine libidinösen Annäherungsversuche verzichtet.

Viele magersüchtige und bulimische Frauen sind in ihrer Kindheit oder als Heranwachsende - meist innerhalb der Familie - Opfer sexuellen Mißbrauchs oder sexueller Belästigung gewesen. Zahlreiche Studien stellen Ähnlichkeiten zwischen den Symptomen von eßsüchtigen Frauen und Frauen, die sexuell mißbraucht wurden, fest. In beiden Fällen spiele sogenanntes dissoziatives Verhalten eine wesentliche Rolle, das heißt, die Frauen versuchen, ihren Körper vom Ich abzuspalten, um sich zu schützen. Sie erleben ihren Körper als etwas Fremdes, ihnen nicht mehr Zugehöriges, versuchen, ihr Selbst unbeschädigt zu erhalten, was immer dem Körper auch widerfahren sein mag. Die Konsequenz ist oft Abscheu und Ekel vor Sexualität. Die traditionelle Rolle als Frau wird abgelehnt.

Die verantwortlichen inzestuösen Männer ihrerseits können nur schwer Zuneigung und sexuelles Verlangen voneinander trennen. Das Kind wird wie ein Selbstobjekt behandelt. Daß es vergewaltigt oder zum Oralver-

[1] Vgl. L. Igoin, a.a.O., S.101.

kehr gezwungen wird (was im übrigen mit akuter Erstickungsgefahr einhergehen kann und ihr Leben schließlich bedroht), wurde lange Zeit als Tabu behandelt.

Die amerikanische Literaturwissenschaftlerin Louise Desalvo zeichnet ein packendes Porträt von Virginia Woolfs viktorianischer Familie, deren Mitglieder durch zahlreiche inzestuöse Bande miteinander verbunden waren. Vergewaltigungen, allzu intime Gewohnheiten und gebilligte Verführung auch durch entferntere Verwandte haben das Leben Virginias seit ihrer frühen Kindheit bestimmt. Der sexuelle Mißbrauch durch ihre Halbbrüder wurde vor allem als Ursache für ihre Eßverweigerung, ihre lesbischen Neigungen und ihren Selbstmord gesehen. Durch diese destrukturierende Erfahrung wurde Virginias symbolisches Leben in der Sexualität gehemmt. Was Ferenczi als "verbotene Frucht" bezeichnet, bringt das Verbot oder genauer die Vorstellung des "Ernährungs-Inzests" ans Licht. In dieser Hinsicht wird die Bulimie von einigen Autoren als Inkorporation des Penis interpretiert, da die Nahrung die Rolle des symbolischen Substituts des väterlichen oder brüderlichen Phallus ersetzt.[1] Dies würde zum Teil erklären, warum Virginia Woolf bereit war, sich langen schmerzlichen Mastkuren zu unterziehen, die sie bis zu ihrem Tod vor Angst erzittern ließen. Für sie nahm der Konflikt zwischen Fleisch und Geist die Wendung eines tödlichen Duells.

Das Verhältnis der Bulimikerin zu Männern ist oft von Furcht geprägt, da das Verhältnis zum Mann über das Verhältnis zum Vater führt. Der Vater wird beschrieben als "sehr strenger oder aufbrausender und wenig einfühlsamer Vater". Er gilt als "mächtig und bedrohlich",

---

[1] Ebd., S.77.

273

"einer, der sich um alles zuhause kümmert", "Alkoholiker", "tyrannisch und eifersüchtig", als einer, der nie da ist, der seine Familie verlassen hat, oder der "depressiv und selbstmörderisch" ist und nur seine Gefühle und seine Begierden in faszinierenden, aber gefährlichen und destruktiven Wutanfällen auslebt. Die Bulimie der Tochter ist dann als Echo der schnell aufgebrachten Impulsivität des Vaters zu verstehen. Die Vaterbilder sind also bei Bulimikerinnen Bilder der Macht (oder sogar der Gewalt); daher auch die Neigung der Betroffenen zu einem starken, virilen, mächtigen Selbstbild, das eine Reaktion auf eine als erdrückend, erstickend und nicht befriedigend empfundene mütterliche Abhängigkeit ist. In dieser Konfiguration kleben sie an der Mutter (dies drückt sich häufig durch die vielen Telefonate mit der Mutter aus, wobei die Schnur als "Nabelschnur" interpretiert werden kann), während der Vater, ob gehaßt oder vergöttert, "fern vom Leibe gehalten" oder als ewiger Abwesender denunziert wird: "Das Wort 'Vati' habe ich mit Füller durchgestrichen und durch 'mein Vater' ersetzt. Soweit erlaubte ich mir anscheinend zu gehen. Auf jeden Fall hielt ich ihn für einen Tyrannen. In meinen Tagebüchern finden sich immer wieder Klagen über ungerechte Behandlung, unverdiente Bestrafungen (auch die körperliche Variante) und willkürliche Verbote. Auch gegen meine Mutter hegte ich Groll. Ich fand, daß sie meine Partei hätte ergreifen und mich irgendwie vor meinem Vater hätte verteidigen müssen."[1] Dennoch fehlt auch eine Komplizität mit dem Vater nicht, da dieser trotz allem in den Augen der Bulimikerin ein Bild der Kraft und auch der Verführung darstellt. Hinter der Gleichgültigkeit und dem Mangel an Kommunikation versteckt sich aber fast immer, wie eingangs

---

[1] S. MacLeod, a.a.O., S.51-52.

erwähnt, eine Beziehung inzestuöser Art, die die Mutter mißtrauisch macht. Obwohl manche Frauen die Härte des Vaters ablehnen, empfinden sie das Bedürfnis, seine Wutanfälle oder seine Gleichgültigkeit zu rechtfertigen, da sie ein Bündnis mit einem starken und idealisierten Menschen suchen. Der idealisierte Vater ist das Liebesobjekt, der reale Vater aber eher enttäuschend.

Die Bulimie der Tochter, die die Mutter ebenso quält wie die Härte des Vaters, erscheint also als entferntes Bündnis mit dem Vater. Die Identifizierung mit dem Vater ist um so prägnanter, je weniger die Mutter ein aufwertendes oder beneidenswertes weibliches Bild repräsentiert. Sie ist eher verängstigt, passiv, frustriert, eine von ihrem Mann erniedrigte Mutter, mit anderen Worten: eine bedauernswerte Figur. Wie sie will die Bulimikerin auf keinen Fall sein. Sie will stark werden. Hinter der Haltung der Tochter errät man manchmal die Eifersucht einer Mutter, die die Liebe ihrer Kinder nicht mit dem Vater teilen will, sei es, um ihn zu bestrafen, sei es, um jede Rivalitätsgefahr seitens der Tochter abzuwehren. Da der Vater in diesem Fall eher dazu neigt, sowohl jede Form von zu intimer Beziehung mit seiner Tochter als auch jede Form von Konfrontation mit seiner Frau zu vermeiden, wird das Vater-Tochter-Verhältnis auf schmerzliche Weise von Enttäuschung geprägt. ("Zwischen meinem Vater und mir fand keine wirkliche Kommunikation statt", schreibt S. MacLeod.[1]) Es kann auch vorkommen, daß das von den Eltern empfundene Gefühl des Versagens angesichts einer kaum beeinflußbaren Bulimie bei dem Vater ein Gefühl ständiger Irritation und gleichzeitig ein überbesorgtes Verhalten erzeugt. Er versucht dann, zwischen Mutter und Tochter zu intervenieren, um den Schaden zu begrenzen. Ke-

[1] Ebd., S.68.

stemberg, Kestemberg und Décobert sprechen hier von einer "Bemutterung" des Vaters, die von einer ungewöhnlichen Aufmerksamkeit gegenüber seiner Tochter schon zu Kleinkindzeiten charakterisiert wird. Diese Bemutterung kann dazu führen, daß eine dauerhafte Beziehung zu einem Mann erschwert wird. Die Tochter bleibt im Pantheon des Vaters gefangen, das heißt dem Vater treu, und weigert sich, ihm eine Nachkommenschaft zu schenken, um seine symbolische Macht unter Ausschluß aller anderen Männer zu bewahren. Hier finden wir den Mythos der Danaiden, der Nachfahren der durch die Wut der Göttin bestraften "inzestuösen Tochter" wieder: diese wurde aus ihrer Heimat vertrieben und zum Umherirren verurteilt. Auch die Bulimie ist eine Flucht vor dem Wahnsinn, vor der mütterlichen Rache (im Mythos durch den Stich einer Bremse symbolisiert), wobei "die Krankheit" bei der Tochter nicht wie bei Ulysses trotz Umwegen ins Vaterland zurückführt, sondern in ein Land des Exils. (Vgl. J. Kristeva, Die ersten Fremden waren fremde Frauen[1])

In der Bulimie wie in der Anorexie ist eine doppelte Bewegung zu erkennen: das Streben, zu benennen, was man einerseits vom Vater, andererseits von der Mutter hat. Dies ist nach Laurence Igoin ein wichtiger Punkt, da Angst entsteht, wenn die beiden Stützen plötzlich fehlen oder als miteinander nicht vereinbare Entscheidungen erlebt werden, wenn die vermutete Mesalliance der Eltern sich also als unerträglich erweist. "Der Kampf zwischen Lebenswillen und Todessehnsucht, zwischen Fressen und Hungern, ist der Streit zwischen dem Weiblichen und dem Männlichen in ihrer Seele", schreibt hierzu Andrea Graf. "Da ihr Ich sich verzweifelt an die falsche Seite klammert, die männliche, wer-

---

[1] J. Kristeva: Etrangers à nous-mêmes. Paris, Fayard, 1988, S.63.

den beide destruktiv. Wenn es ihr gelänge, ihr Ich umzupolen, indem es ihre Weiblichkeit akzeptiert, dann könnte die männliche Seite schöpferisch werden."[1] Schöpferisch wurde eine Frau wie Tania Blixen trotz allem, aber im affektiven Bereich wiederholte auch sie und verklärte das, was sie in Wirklichkeit als große Entbehrung in ihrer Kindheit erlebt hatte, nämlich daß "die beste Ehe eine Seemannsehe sei: die Verbindung zwischen einer bodenständigen, Kultur stiftenden und wahrenden Frau und einem ungebundenen Mann."[2] Wenn die Mutter zugleich Vater und Mutter gewesen ist, finden wir häufig das Bild des von der mißtrauischen und verbietenden Mutter dargestellten abscheulichen Vaters. In ihrer Tochter sieht die Mutter die schlechten Seiten des Vaters. Dieser wird als unfähig, widerlich, schlecht oder verräterisch dargestellt. Die Tochter empfindet Verwirrung sowohl bezüglich der Identität des Elternbildes, das normalerweise einen hohen Identifizierungswert hat, auch bezüglich ihrer eigenen Identität. Ähnelt sie dem Vater, wird ihr von der Mutter verboten, den Vater als Vorbild zu nehmen, ja selbst einen männlichen Partner zu suchen.

Die Tochter muß dann auf ihre eigenen Wünsche verzichten, um die unglückliche Mutter nicht zu verraten, und bleibt ein loyaler "kleiner Diener" wie Violette Leduc. Sie kann nur zu einem Substitut des kastrierten Phallus des zerstörten unvollständigen Vaters werden. Ein auffallender Zug in Violette Leducs Identifizierung mit dem Vater drückt sich zum Beispiel im Gefühl der Unvollständigkeit aus. Das Ich ist in diesem Fall immer der kastrierte Vater (oder die deprimierte und gefühllose

---

[1] A. Graf: Die Suppenkasperin. Geschichte einer Magersucht. Frankfurt/Main, Fischer Verlag, 1986, S.112.
[2] J. Thurman, a.a.O., S.48.

Mutter). Die idealisierte Mutter ist hart, überlegen, und wird vergöttert. Die Tochter darf sich von ihr nicht loslösen; sie liefe Gefahr, die mütterliche Liebe zu verlieren und den eigenen verwüstenden Haß zu entdekken.[1]

Auffällig ist, daß alle Frauen, die magersüchtig werden, sich stark für ihren Vater interessieren. "Im positiven Fall kann sich dieses Interesse in den Wunsch verwandeln, dem Vater zu gefallen und ihm nahezukommen. In anderen Fällen aber kann es so weit gehen, daß die Tochter Abscheu vor ihrem Vater empfindet. Das Interesse aber ist in jedem Fall da", schreibt Marilyn Lawrence.[2] In allen Fällen suchen magersüchtige Frauen ihren Vater. Der Konflikt spielt sich zwischen zwei widersprüchlichen Gefühlen ab. Das Versprechen, der Mutter treu zu bleiben (aus Liebe), und der Wunsch, dieses Versprechen zu verletzen (Haß), das ihr entlockt wurde, führen abwechselnd zu der Zurückweisung des Vaters und dessen unwiderstehlichem Reiz.[3]

Falls der Vater fehlt bzw. gestorben ist, ruft seine Abwesenheit ein Gefühl der Verlassenheit hervor. Tania Blixen wurde durch die Trauer um den toten Vater in eine tiefe Einsamkeit gestürzt. "Es war", sagte sie später, "als sei ein Teil von einem selbst gestorben", und dieser Teil war die Fähigkeit, spontan und vertrauensvoll zu lieben. Von nun an litt sie zeitlebens unter einer Furcht, die "an panische Angst grenzte, ihr Leben und das Innerste ihrer Seele sozusagen unwiderruflich einzusetzen für etwas, was man verlieren könnte."[4] Zu Beginn ihrer Pubertät dachte Tania Blixen unablässig an

[1] Vgl. P. Girard, a.a.O., S.220.
[2] M. Lawrence: Ich stimme nicht. Identitätskrise und Magersucht. München, Rowohlt 1987, S.74.
[3] Vgl. P. Girard, a.a.O., S.228.
[4] J. Thurman, a.a.O., S.53.

ihren Vater und empfand sein Fehlen in ihrem Leben als vernichtende Tragödie. Im Alter von fünfzehn wurde sie ergriffen von der Wahnvorstellung, daß ihr Vater in ihr weiterlebe, und daß seine Ideale nur durch sie fortbestehen könnten.[1] Immerhin schuf ihr diese Vereinigungsphantasie mit dem Vater - von erotischen wie von religiösen Gefühlen getragen - einen starken, wenn auch imaginären Verbündeten gegen die Verzweiflung.[2]

In der Mutter fand sie eine Verbündete in ihrer hingebungsvollen Pflege zum Andenken des Toten. Für die Mutter war der Selbstmord von Tanias Vater "nicht nur ein Verlust von größter Tragweite, sondern in gewisser Weise eine beschämende Niederlage."[3] Erhängen war kein ehrenhafter Tod für einen Offizier. Als Tania an Syphilis erkrankte, dachte sie an den Selbstmord ihres Vaters zurück: "Meines Vaters Schicksal hat sich eigenartigerweise weitgehend in dem meinen wiederholt."[4]

Der Mutter blieb sie trotz der großen geographischen Entfernung treu. Selbst im höchsten Zorn war sie immer darauf bedacht, "ihrer Mutter zu versichern, wie sehr sie sie noch immer brauche und liebe." Als sie sich von ihrem Ehemann trennte, sehnte sie sich verzweifelt "nach Zuspruch und schlichtem Trost, nicht Mitleid, nicht Rat - den Hauptbestandteilen des Gefühlsvorrats ihrer Familie."[5]

In dieser Zerrissenheit zwischen Vater und Mutter, Männlichem und Weiblichem, finden wir einen der Angelpunkte der weiblichen Sexualität: den Austausch des urprünglichen Objekts - der Mutter - gegen den Vater. Wegen ihrer Ambivalenz scheinen magersüchtige

---

[1] Ebd., S.88-89.
[2] Ebd.
[3] Ebd., S.55.
[4] Ebd., S.52.
[5] Ebd., S.253.

Frauen Angst vor dieser Veränderung zu haben und davor, daß ihre Liebesfähigkeit ganz verloren geht. Denn wenn sie das Liebesobjekt wechseln müssen, heißt dies nicht etwa, daß die Liebe sich nur verirren kann?[1] Dies mag eine Erklärung dafür sein, warum sie sich von der Mutter nicht loslösen können und woran sie leiden, nämlich an der Angst, einen Dritten zu lieben. Auch Freunde sind dann nicht mehr erwünscht, denn Freunde sind "Menschen, die leiden mußten und umkamen - das Wort selber bedeutete Trennung und Verlust".[2]

Magersüchtige bleiben also durch enge Fesseln an die Mutter gebunden, die schwer zu zerreißen sind, da sie aus Liebe und Haß bestehen. Sie leben gefangen in einer Wirklichkeit, die keine richtige Entwicklung kennt, da der Vater nicht eingriff, um sie aus der Zwei-Einheit schlüpfen zu lassen; oder wenn er es tat, dann inzestuös oder traumatisierend:

"Wenn ich ihm gestatte, sich mir zu nähern", schrieb Marie-Victoire Rouiller, "wenn ich weine, kommt er vielleicht zurück, um mich lebendig in einer Gruft aus schwarzem Leder zu begraben. Und dennoch: wenn das Klappern seiner Stiefeln aufhört, an meine Schläfen zu schlagen und mich zu terrorisieren, werde ich langsam wie meine Mutter im Bade des Todes verschwinden können."[3]

Das Trauma ist besonders schwerwiegend, wenn, wie oben bereits erwähnt, die Frau als kleines Mädchen sexuell mißbraucht oder öffentlich in einer sadomasochistischen Szene geschlagen (phantasmatisch vergewaltigt) wurde, in der sie sich als "das Ding" ihrer erregten Eltern empfand. Die Kinder nehmen die emotionelle

---

[1] Vgl. L. Igoin, a.a.O., S.118.
[2] J. Thurman, a.a.O., S.513.
[3] M. V. Rouiller, a.a.O., S.88.

Hilflosigkeit ihrer Eltern wahr und spüren sehr genau, daß diese sie als Objekte narzißtischer Lust (oder Schmerz), das heißt, als erotische Objekte besitzen wollen. Die ödipale Krise des Kindes wird um so eher überwunden, je mehr die Eltern in ihrem affektiven Leben durch eine gegenseitige Liebe und ein unstreitiges Einvernehmen aneinander gebunden sind, die weder von den Worten noch von den Verhaltensweisen ihres Kindes aufgewühlt werden können. Wenn die Ehe nicht funktioniert, wird das Kind leider häufig zum Sündenbock, ohne jemals eine Chance zu erhalten, sich zu verteidigen:

"Mein Vater hob die Hand hoch", schrieb Marie-Victoire; "er hatte nicht den Mut, uns zu schlagen, es reichte ihm, uns zu hassen, wenn er die Abwesenheit meiner Mutter nicht mehr ertragen konnte."[1]

Die Magersüchtige erzählt in der Art, wie sie sich selbst versklavt, kontrolliert, einengt, ums Leben bringt, was mit ihr in der Vergangenheit geschehen ist. Das soll nicht heißen, wie Alice Miller es auch betont, "daß die Eltern böse Menschen waren, sie haben nur ihr Kind dazu erziehen wollen, was es auch später geworden ist: ein gut funktionierendes, leistungsfähiges, von vielen Menschen bewundertes Mädchen."[2] Oft wurden sie nicht einmal von den Eltern selbst erzogen, sondern von Gouvernanten, oder im Fall von Virginia Woolf und ihrer Schwester Vanessa vom älteren Halbbruder. Fast immer, so Alice Miller, "zeigt die Anorexie nervosa alle Details einer strengen Erziehung: die Erbarmungslosigkeit, die Diktatur, das Überwachungssystem, die Kontrolle, die Verständnislosigkeit und den Mangel an Einfühlungsvermögen für die wahren Bedürfnisse des Kindes. Dazu

---

[1] Ebd., S.62.
[2] A. Miller, a.a.O., S.156.

kommt die Überhäufung an Zärtlichkeit abwechselnd mit Ablehnung und Verlassen (Freßorgien und Erbrechen)."[1]

Durch den Tod der Mutter mußte sich Virginia Woolf dem Vater hinwenden und geriet in ein Dilemma: denn jetzt wurde sie von dem Halbbruder mißbraucht, zur Unterordnung gezwungen, in ihrer Weiblichkeit gedemütigt und erniedrigt. Diesen schmerzhaften Kampf einer Tochter mit ihrem Vater schilderte sie in ihren Erinnerungen: "Nie habe ich einen solchen Zorn, eine solche Ohmacht empfunden. Denn nicht ein Wort dessen, was ich empfand, durfte geäußert werden. Noch heute finde ich keine Worte für sein Benehmen, außer, daß es brutal war. Wenn er statt Worten eine Peitsche benutzt hätte, wäre die Brutalität auch nicht größer gewesen."[2] Dieses Beispiel zeigt, wie problematisch es für die Frau ist, sich - zum Zweck der Ablösung der Mutter - mit dem Vater zu identifizieren, wenn die Beziehung zwischen Vater und Mutter symbiotischer Natur ist oder nicht auf dem Prinzip der Gleichheit beruht.

Um ihre Stellung bei dem Vater zu bewahren, versucht die magersüchtige Tochter, sich mit ihm zu identifizieren, indem sie alles Männliche in Identifikationen mit den Mitgliedern der Gesellschaft idealisiert und ihre eigenen weiblichen Eigenschaften verleugnet. Diese Einteilung war in Virginia Woolfs Elternhaus besonders geprägt: "Unten im Haus herrschte die reine Konvention - oben der reine Intellekt. Aber es gab keine Verbindung zwischen den beiden."[3]

Das Bild, das magersüchtige Frauen von ihrem Körper haben, entspricht dieser dualistischen Einteilung: un-

---

[1] Ebd.
[2] V. Woolf: Augenblicke, a.a.O., S.169.
[3] Ebd., S.183.

terhalb der Gürtellinie das Weibliche, das unbewußt mit dem Tierischen gleichgesetzt wird, darüber der Kopf, symbolischer Ort der Gedanken und der existentiellen Kontrolle. Ihr Körper-Ich ist entzweit: "Mangel an Kontrolle. Eine entsetzliche, fürchterliche Versklavung. Ich werde zum Tier", schreibt die Betroffene Karen Margolis in ihrem Bericht. "Ich verliere die menschliche Würde."[1]

Wir haben gesehen, daß diese Spaltung, die eng mit der paranoid-schizoiden Position zusammenhängt, "in einer sich in der Phantasie abspielenden Projektion gespaltener Teile der eigenen Person des Subjekts, sogar seiner ganzen Person (und nicht nur böser Teilobjekte) ins Innere des mütterlichen Körpers besteht, und zwar derart, daß die Mutter von innen her verletzt und kontrolliert wird."[2] Hier können wir aber auch eine Identifizierung mit dem Angreifer erkennen. Die magersüchtige Frau identifiziert sich mit dem mächtigen idealisierten Vater, was die Verkennung des weiblichen Körpers, seine Unterwerfung, sogar sein Verschwinden einschließt. Wichtig ist dabei, daß die mit Recht oder Unrecht von der Psychoanalytikerin Célérier als "borderline"- Subjekte betrachteten Magersüchtigen der Psychose entgehen, weil sie die Stellung des Vaters in einem Pseudo-Ödipus anerkennen, der sie vor der destruktiven Fusion mit der Mutter rettet.[3]

Die Rolle des Vaters bleibt in der Erziehung des Kindes nämlich wichtig durch die Bedeutsamkeit, die ihm durch das Begehren der Mutter verliehen wird. Dadurch findet das Kind Zugang zu einer anderen phantasmatischen

[1] K. Margolis, a.a.O., S.81.
[2] J. Laplanche & J. B. Pontalis: Projektive Identifizierung, in: Vokabular, a.a.O., S.227.
[3] Zitiert von P. Aimez & J. Ravar, a.a.O., S.184.

Welt als der der Dyade und entdeckt, daß es neben der Mutter andere mitmenschliche Objekte gibt. Man kann aber nicht genug betonen, daß die in der Entwicklung der Tochter dominante Rolle der Mutter nur dann vollständig gespielt werden kann, wenn auch die Mutter als physische und symbolische Person vom Vater aufgewertet wird. Nun sind die Mütter magersüchtiger Frauen meist mehr Mütter (aber nicht notwendigerweise mütterlich) als von ihrem Ehemann anerkannte Frauen, und sie haben das Gefühl, einen Teil von sich selbst für die Familie und die Kinder geopfert zu haben. Daher erlebt die magersüchtige Frau schon als Kind eine duale Situation, die die Identifikation mit der Mutter behindert.

Weil die Psychoanalyse davon ausgeht, daß die ursprüngliche Erfahrung des Kindes mit dem primären Objekt eine körperlich-einverleibende ist, ist Palazzoli sicher, daß "die Einverleibung der negativen Aspekte des primären Objektes mit der darauffolgenden Verdrängung und Abwehr gegen die Rückkehr dieses Objektes in das Bewußtsein die dynamische Grundlage eines psychopathologischen Körpererlebens bilden mußte."[1]

Es handelt sich daher in der Magersucht um eine definitive Ablehnung der Vergangenheit, die mit der Distanzierung einem Körper gegenüber zusammenhängt, der als "fremd" wahrgenommen wird. Auch Tania Blixen hatte sich Zeit ihres Lebens Mühe gegeben, dünn zu sein - nicht nur wegen der ästhetischen Befriedigung, die ihr dies zweifellos verschaffte. "Man lernt ja im Laufe der Jahre", bemerkte sie 1928 zu ihrer Schwester Elle, "die kleineren Bedingungen des Lebens zu verstehen und sortieren, die dazugehören, damit man man selbst sein kann. Ich weiß zum Beispiel, daß ich nicht dick sein darf; und wenn ich auch alle Qualen des Hun-

[1] M. S. Palazzoli, a.a.O., S.105.

gers erleiden muß, so ist das immer noch besser als das Dick-sein, denn das 'cramps my style'."[1]

"Sei du selbst", war das Leitmotiv früherer Werke, mit anderen Worten: sei eine Frau, die einen Anspruch auf die gleichen Privilegien wie der Mann (der Bruder?) hat. So könnten sich der 'Penisneid' und die Bedeutung des Schreibens erklären lassen. Das Schreiben wird zu einem verzweifelten Bemächtigungsversuch und zugleich zum Substitut der Masturbation.[2] Die Todeswünsche gegenüber der Mutter, die auf brutale Weise bei einigen der erwähnten Schriftstellerinnen plötzlich hervortreten, sind der Versuch, sich von derjenigen Person loszulösen, die sie in einem unerträglichen Schmerz gefangen hält.[3] Einen Penis durch das Schreiben zu besitzen, heißt also, die Mutter bzw. die mütterliche Imago zu überwinden, sich sexuellem Genießen hingebend.

Unter dem Vorwand, den materiellen Komfort mit dem Geld des Vaters zu steigern, vergrößert unsere Gesellschaft das psychische Unbehagen durch eine exklusiv weibliche Erziehung. Auch Frauen, die arbeiten, kümmern sich hauptsächlich um die Kinder. Die Abwesenheit des Vaters macht die Mutter um so mehr anwesend. Sehr schnell verfallen die Eltern der Vorstellung der Aufopferung (der Vater arbeitet zu viel, und die Mutter konnte sich wegen der Kinder nicht richtig verwirklichen) und geben dem Kind zu erkennen, daß allein die Pflicht und die soziale Funktion ihr Leben ausfüllen. Wenn der Vater nicht wirklich abwesend ist, ist er meist eine simple Nachbildung, Verdoppelung der Mutter, anstatt das zu sein, was Dolto "den Anderen der Mutter"

[1] J. Thurman, a.a.O., S.106.
[2] P. Girard, a.a.O., S.163.
[3] Ebd., S.139.

nennt. Nun gibt allein die Triangulierung Mutter-Vater-Kind jedem die Möglichkeit, ein Feld einzunehmen, einen Raum zu schaffen. "Eine langsame Lösung von der symbiotischen Beziehung zur Mutter und die Zuwendung zu einer dritten Person, die Fähigkeit zur Triangulierung in der Wiederannäherungsphase" (wobei der Vater sich in der frühkindlichen, präödipalen Periode als neues Objekt anbietet, das von der allzu großen Abhängigkeit von der Mutter befreien kann), "müssen für beide Geschlechter als Grundlage für die Entwicklung zur Selbständigkeit angesehen werden", schreibt Mitscherlich.[1]

In einer Gesellschaft, in der der Mann immer abwesender ist, wird es zunehmend schwieriger, diesen entscheidenden Schritt zu machen: immer mehr Mütter sind alleinstehend und fungieren zugleich als Vater und Mutter. In dieser sogenannten "vaterlosen Gesellschaft", "wo Männerbünde, Brudergemeinschaften, 'Männlichkeit' im traditionellen, selbstidealisierenden Sinn und doppelte Moral, aber kaum Väterlichkeit zu finden sind"[2], wird nicht nur die Gleichheit der Geschlechter gepriesen, sondern auch deren Undifferenziertheit.

Wie Lacan geht Mitscherlich von einem psychischen Modell aus, in dem das Dritte konstituierend ist, und warnt vor der Dyade. In der Figur der Triangulierung ist als Drittes (je nach Vorbild) der Vater, das Gesetz, die Kultur anwesend. Der Vater erscheint in der Symbolik weniger als ein der Mutter gleicher Elternteil denn als Gesetzgeber. Er ist die Quelle der Institution.

Die Magersüchtige bringt nun aber zum Ausdruck, daß er doch NICHTS von all dem ist. Sie fordert die Macht (das Gesetz, die Männer, die Medizin) heraus. Derweil

---

[1] M. Mitscherlich, a.a.O., S.71.
[2] Ebd., S.172.

setzt die Bulimikerin sich selbst die Regel eines einsamen Spiels: essen und heimlich erbrechen. Der Arzt oder der Psychotherapeut, Fürsprecher der Gesellschaft (er versucht aus beiden doch noch "richtige" funktionierende Frauen zu machen), wird sich also vergeblich bemühen, ihnen Vernunft beizubringen, denn sie bestimmen sich im Namen eines anderen Gesetzes, eines nicht geschriebenen Gesetzes, das das Gedächtnis einer Familie verewigt und die mütterliche Stammesgeschichte respektiert. Der Kampf, der von der Mutter nicht geführt wurde, wird mit ihrem lautlosen Einverständnis von den Töchtern geleistet, koste es, was es wolle: das genitale Begehren des Vaters wird verschluckt und begraben; die Ausgehungerte kann nicht mehr sprechen, sie hat "ein Grabmal im Mund" (l'affamée).

"Sogar beim Essen kriege ich nicht, was ich will. Ich esse jedoch kaum jemals tolles Essen, wenn ich mich einfach nur vollstopfe. Ich bevorzuge Heferollen und Kaffee, weil sie so undefinierbar sind", schrieb Maryse Holder. "Ich bin eine Heferolle."[1]

Nur Tanzen machte ihr Spaß und Schreiben, weil sie sich dabei in "ihr eigenes Symbol" verwandelte: "eine Schlange, die sich in den Schwanz beißt".[2]

Todesschlange und Liebesschlange werden von Maryse verwechselt, da die genitale Sexualität für sie nur zerstörerisch sein kann. Beides, Tanzen wie Schreiben, zelebriert hingegen das Unvergängliche, symbolisiert aber die abwesende Sprache. Die Kunstschrift wie der Tanz bleiben ein Ersatz für die verstummte Sprache und sind damit sekundäre, gefährliche Bemühung, sich symbolisch eine Abwesenheit wiederanzueignen. Tanzen und Schreiben haben als unmöglich Symbolisierbares

[1] M. Holder, a.a.O., S.237.
[2] Ebd., S.325.

und als unmöglich Sagbares etwas mit jenem extremen Moment der leidenschaftlichen und verstummten Liebe zu tun. In der Tat leidet Maryse "stumm", und Valérie Valère hat zwei Jahre lang "schweigend geschrien".[1] Violette Leduc sagte: "Schreiben heißt, sich zu befreien. Das ist falsch. Schreiben heißt, nichts zu ändern."

## Der Körper und
## seine Beziehung zum Schreiben

*Ecrire, c'est se cacher. (Bachelard)*
*Schreiben heißt, sich zu verbergen.*

Die Werke der oben zitierten Autorinnen stehen auf der Seite des Ur-Genießens, des Ur-Schmerzes und des Todes. Jedes Wort agiert im Umfeld des "Loches", das im Realen, also in seinen Signifikanten hinterlassen wurde. Die Schreibenden werden ständig "dieser Bindungslosigkeit, dieser Science-Fiction Verfremdung" ausgesetzt.[2] Sex war die einzige Sache, die sich für Maryse in Worte fassen ließ, "weil die Zeit stehen" blieb.[3] In ihrem Alter (sie war sechsunddreißig) erinnerte die Natur eigentlich "nur an die eigene Sterblichkeit. Liebe hieß, sie vergessen."[4] Indem sie sich schrieb, kehrte sie in diesen Körper zurück, den sie als den beunruhigenden Fremden, Ursache und Ort ihres Unglücks, betrachtete. Wenn der Körper aber zensiert wird, wird gleichzeitig das Wort zensiert: "Mein Ausstoß an Wörtern stieg in diametralem Verhältnis zu meinem Gewichtsverlust",

---

[1] V. Valère: Das Haus..., a.a.O., S.169.
[2] M. Holder, a.a.O., S.138.
[3] Ebd., S.90.
[4] Ebd., S.311.

schreibt hierzu Karen Margolis.[1] Mit dem Auftreten der Schrift wurde die Inschrift der Körper der Individuen auf eine anonymere Haut, das Pergament, übertragen. Indem sie sich schreiben, wollen magersüchtige Frauen ihren durch die Angst, durch die Scham eingemauerten, vom Durcheinander seiner Triebe erschreckten Körper vernehmbar machen und das Gefühl erlangen, eigene körperliche und seelische Grenzen zu haben. Auch Tania Blixen verzweifelte an ihren "Sünden" - ihren Begierden, ihren Fehlern, ihrem Unglück - und wollte sterben. Aber sie fand den Mut, sie in Erzählungen zu verwandeln.[2] Sie rechnete sich sogar der mündlichen Überlieferung zu und sagte von ihren Geschichten, daß sie eine nahezu physische oder instinktive Quelle hätten, wie der Tanz.[3] Durch die erotische Kraft des Erzählens erhoffte sie sich, wie einmal Scheherazade - mit der sie sich stark identifizierte - einen allmächtigen Mann zu entwaffnen, der durch den Verlust seines Glaubens an das weibliche Ideal zum Mörder wurde. Für sie waren Tod und Sexualität unentwirrbar miteinander verwoben. Ihr Leben hing von der Kraft ihrer Faszination ab, und auch sie war gezwungen, wie die Märchenfigur aus "Tausend und einer Nacht", ihre Fähigkeit, andere in ihren Bann zu ziehen, auf die Probe zu stellen - und somit zu überleben.[4]

Im dänischen Literaturbetrieb fühlte sie sich als Außenseiterin, und aus diesem und anderen Gründen fühlte sie sich dem Romancier Meir Aron Goldschmidt sehr nah, der über sein Gefühl der Nichtzugehörigkeit, der Entfremdung von den Dänen und über die Heimatlosigkeit

[1] K. Margolis, a.a.O., S.15.
[2] J. Thurman, a.a.O., S.159.
[3] Ebd., S.385.
[4] Ebd., S.281.

schrieb.[1] Die Fremdsprache kann in diesem Fall, wie schon erwähnt, die ungestümen Gefühle auf Distanz rücken und Schutz geben. Sich einer Fremdsprache zu bedienen, heißt, einen markanten, wesentlichen Zug der eigenen Identität zu maskieren. Tania Blixen fand in der englischen Sprache und hinter einem männlichen Pseudonym die Freiheit, ihre Erzählungen zu schreiben.[2] Das Schreiben wie die Fremdsprache geben einem Wiedergeburtsmythos Gestalt. Der Schriftsteller erlebt die Schöpfung seines Werkes als Selbstschöpfung durch Autogenese. Das Knochengerüst des Textes (Substitut des fehlenden, eigenen Körpers), das Raum und Zeit ordnet, umschließt eine Grenze zwischen "Innen" und "Außen". Auf diese Weise wird ein Ort für die repräsentative Tätigkeit und die Idee eines sich um den Körper des Textes ordnende Schöpfung begrenzt.[3] Das Werk bildet das Antidot, das der Verfolgungsangst entgegengehalten wird.

Auch die "neue Sprache" kann eine "Auferstehung des Fleisches", eine neue Haut, eine neue Sexualität mit sich bringen. Sie gibt die Möglichkeit, einen Bereich für sich zu haben, in den die Eltern, die die Fremdsprache nicht sprechen, nicht eindringen können. Nach Julia Kristeva kann die Position, "anders zu sein", plötzlich auf positive Weise kultiviert werden und als das Endergebnis der menschlichen Autonomie erscheinen. Sind wir sprechende Menschen nicht erst unter der Voraussetzung, daß wir uns von den anderen differenzieren können, indem wir ihnen unsere persönliche Meinung von dieser wahrgenommenen und übernommenen Differenz aus kom-

[1] Ebd., S.86.
[2] Ebd., S.89.
[3] Vgl. D.Anzieu, a.a.O., S.210.

munizieren?[1] In diesem neuen Land, durch die Genese der neuen Wörter, wird die magersüchtige Frau die Liebe und den Weg zu anderen vielleicht finden. Im Ausland ist sie auf jeden Fall sicher, daß sie mit einem Blutsverwandten, einer Schwester, einer Tochter nicht assoziiert wird. Nichts wird an einen Inzest erinnern.

[1] Vgl. J. Kristeva: Etrangers..., a.a.O., S.61-62.

# IV. DAS GEWICHT DER KULTUR IM SCHLANKHEITSIDEAL

Das Interesse für die kulturellen Veränderungen und die soziale Werterhöhung der Schlankheit hat dazu geführt, daß die Magersucht immer mehr als eine "Zivilisationskrankheit" angesehen wird. In Wirklichkeit war die Anorexie schon vor einem Jahrhundert, ja früher noch, seltsamerweise mit der heutigen identisch. Die Magerkeit ist zu jeder Zeit mit moralischen, ja sogar religiösen Bedeutungen belastet worden, die steife Vertikalrichtung des mageren Körpers als Zeuge der höher gelegenen Werte und der Transzendenz fungierend.

In unserem Kulturkreis geschah mit Platon und Descartes die Spaltung zwischen Geist und Fleisch zu Unrecht. All das Gute war plötzlich im Geist und all das Böse im Körper. Der Körper war grundlegend verdorben, da er die Spuren der Erbsünde bewahrte. Daraus leitete sich eine Verachtung des Körpers und all seiner körperlichen Funktionen ab, die schmutzig, unrein und verführerisch erschienen. Der minderwertige und unter Verdacht stehende Körper wurde dem Geist unterstellt. Er mußte beherrscht, gezähmt, dressiert und erstickt werden. Diese Verachtung des Körpers führte in unserer

293

Kultur dazu, daß er gehaßt und vergessen wurde.[1] Im 18. Jahrhundert kam dann die Tradition der Herabsetzung des weiblichen Körpers besonders zum Vorschein. Das Epos von Sade war nicht die Negation der Moral, wie man häufig glaubt, sondern deren Jubel ad absurdum. Die Menschen, die den Sadismus "lebten", waren die anerkannten Verteidiger der Ordnung: Lehensherren, Bischöfe, Magistraten. Gemeinsam war allen die Verachtung der Frau, ihres Körpers und ihrer "Seele". Die Richter und die Inquisitoren der Frau erniedrigten sie in ihrem Fleisch selbst. Sie werteten das Fleischliche ab, indem sie es mit der Frau gleichstellten und sie einerseits durch rasende Vervielfältigung objektivierten, andererseits ihr im Namen des Kapitalverbrechens das sexuelle Genießen verweigerten. So verlängerte Sade, indem er es systematisierte, das Streben seines Jahrhunderts, die Weiblichkeit mit dem Bösen zu identifizieren. Die Grundidee des Kastratentums war auch in der Kirchengeschichte verwurzelt. "Mulie tacet in ecclesia" - die Frau schweige in der Kirche - bestimmte der Apostel Paulus. So blieben Frauen lange Zeit in Rom von der Opernbühne ausgeschlossen. Das Ende der Kastration zu Gesangzwecken fällt zeitlich mit dem Ende des Kirchenstaates 1870 zusammen.

Sex in der Ehe zum Zweck der Fortpflanzung war für die Kirche akzeptabel, Sex zum Vergnügen schon immer eine Sünde. Das Diktat war: "Eine anständige Frau kennt keine Lust." Susie Orbach vergleicht die Anorexie mit einem Gefängnis sowie dem Hungerstreik politischer Gefangener und insbesondere der Suffragetten: "Was habe ich davon", sagte die Suffragette Lucy Stone im Jahre 1855, "wählen zu dürfen, Eigentum zu besitzen, wenn ich über meinen Körper und seine Funktionen

---

[1] Vgl. P. Aimez & J. Ravar, a.a.O., S.114.

nicht absolut frei verfügen kann." Achtzig Jahre später, nachdem die Frauen das Wahlrecht errungen hatten und die erste Welle der organisierten Frauenbewegung wieder verebbt war, schrieb Virginia Woolf, daß es noch Jahrzehnte dauern würde, bis Frauen die Wahrheit über ihren Körper sagen könnten.[1]

Magersucht ist aber nicht nur ein Gefängnis, sie ist zum Teil ein selbstgewähltes Kloster, ein Ort des Schweigens und der Restriktion, der benutzt wird, um sich von der aktiven männerbeherrschten Welt zurückzuziehen. ("Ich wünschte mich Priester, Kirche, Gesang-Worte, heilige Gesten, wie sich eine Schauspielerin tragisch und aufrichtig wünscht."[2]) Magersüchtig zu sein, heißt auch oral keusch, rein zu sein. "An die Stelle des Rosenkranzes ist die Kalorientabelle getreten", schreibt Naomi Wolf hierzu.[3] Fett wird wie überflüssiger weiblicher Schmutz empfunden. Die Magersüchtige stellt nicht nur den engen Zusammenhang zwischen Essen und Sexualität her, sondern die Essensverweigerung ist zugleich die Sexualitätsverweigerung. Hinter dem Essen verbirgt sich das eigentliche Anliegen, nämlich die Geschlechtlichkeit. Die magersüchtige Frau will keine "eßbare Frau" (schön zum Anbeißen) sein. Anstelle der Frau tritt der Kastrat, der immer wieder versucht, der Begrenztheit seines Ichs zu entfliehen und sich die Eigenschaften des anderen Geschlechts anzueignen. Die Libido wird stillschweigend vom Subjekt ins eigene Bild gesteckt, bis zur Besessenheit. Die Anwesenheit ist der Körper, die lustvolle Umgestaltung des Körpers. Der Narzißmus endet in Onanie.

[1] Zitiert von N. Wolf, a.a.O., S.13.
[2] V. Leduc: Die Bastardin, a.a.O., S.31.
[3] N. Wolf, a.a.O., S.132.

Am Anfang des 20. Jahrhunderts hat Freud als erster den weiblichen Narzißmus historisch begriffen, indem er zeigte, daß die Frauen sich ihrer Schönheit verschrieben, um sich für ihre Unterdrückung zu entschädigen. Seiner Meinung nach richteten die Frauen auf den eigenen Körper das Begehren, das nach außen zu wenden ihnen verboten war. Sie liebten sich, bis sie sich selbst genügten, um sich dafür zu rächen, daß sie in ihren Objektwahlen nicht frei waren:

"Die Ablehnung eines Heiratsantrages war in jenen Tagen eine Katastrophe", schreibt Virginia Woolf. "Sie bedeutete den vollkommenen Bruch. Menschliche Beziehungen spielten sich, zumindest zwischen den Geschlechtern, damals so ab wie heutzutage die Beziehungen zwischen den Staaten - mit Unterhändlern und Verträgen. Die betreffenden Parteien trafen sich zu dem großen Anlaß des Heiratsantrages. Wurde dieser abgelehnt, kam es zu einer Art Kriegserklärung."[1]

Der Druck der Gesellschaft von 1900 verbot fast jedes natürliche Gefühl, und für den Prototyp des Viktorianers war die Frau eine Sklavin.[2] Heute können wir kaum sagen, daß die Frauen sich deshalb selbst lieben, weil sie ihr Begehren nicht nach außen wenden dürfen. Sie investieren viel Zeit in die Pflege ihres Körpers, um das Recht zu haben, sich selbst zu lieben. "Unser Narzißmus entspringt heute nicht mehr der Faszination, sondern der Wachsamkeit", schreiben hierzu die Franzosen Brückner und Finkielkraut. "Wir sind nicht in unseren Körper verliebt, wir machen uns Sorgen um sein Image, denn nach ihm bemißt sich unser Wert."[3]

[1] V. Woolf: Augenblicke, a.a.O., S.135.
[2] Ebd., S.170.
[3] P. Brucker & A. Finkielkraut: Die neue Liebesunordnung. Reinbek bei Hamburg, Rowohlt Taschenbuch Verlag, 1989, S.274.

Ob die Frauen aber am Anfang des Jahrhunderts sich mehr liebten als heute, daran dürfen wir zweifeln. Aus den skizzierten Erinnerungen Virginias Woolfs:

"Als ich sechs oder sieben war, gewöhnte ich mir an, mein Gesicht im Spiegel zu betrachten. Doch ich tat es nur, wenn ich sicher war, allein zu sein. Ich schämte mich. Ein starkes Schuldgefühl schien automatisch damit zusammenzuhängen (...) Ich kann mir heute nicht die Nase vor Leuten pudern (...) Und doch war das weibliche Element in unserer Familie sehr stark. Wir waren berühmt für unsere Schönheit (...) Ich muß mich meines Körpers geschämt oder Angst vor ihm gehabt haben."[1]

Hier erinnert sie sich an den sexuellen Mißbrauch durch ihren Halbbruder George, betont aber immer wieder, wie spartanisch, asketisch und puritanisch ihre Erziehung war. Ihrer Meinung nach war ihr Schamgefühl nicht nur Ausdruck dieser individuellen Problematik, sondern auch ihrer gesellschaftlichen Situation der Entfremdung vom eigenen Sein zugunsten der viktorianischen Scheinwelt. Dies löste bei ihr, wie bei vielen hungerstreikenden Frauen heute, einen heftigen Kampf aus:

"Vater selbst war ein typischer Viktorianer. George und Gerald waren unbeschreiblich konventionell. So daß wir nicht nur gegen sie als Individuen ankämpften, wir kämpften gegen sie als Repräsentanten einer Ära."[2]

Virginia fühlte sich - wie viel später Maryse Holder oder Marie-Victoire Rouiller - "im Stich gelassen". Sie sehnte sich nach väterlicher Nähe, aber auch nach mütterlicher Wärme, die ihr den Aufbau eines konsistenten Selbst gestattet hätten. Nicht ein Wort dessen, was sie

[1] V. Woolf: Augenblicke, a.a.O., S.92-93.
[2] Ebd., S.171.

empfand, "durfte geäußert werden".[1] Pflicht und Emotionen waren unterschiedslos vermischt. "Und die Geister ihrer ältesten Schwester Stella und der Mutter beherrschten die Szenen von George: 'Du bist noch zu jung, um eine Meinung zu haben. Außerdem liebe ich dich. Ich hasse es, allein (auf Parties) zu gehen. Ich muß dich bei mir haben'", sagte er zu ihrer Schwester Vanessa und riß sie dann in seine Arme.[2]

Aktiv, wenn auch unbewußt, formen die Eltern (oder Ersatzeltern) die Identität des Kindes in Übereinstimmung mit der bestehenden Kultur. Es hat also keinen Sinn, die "Verantwortung" der anorektischen und bulimischen Pathologie von der Mutter auf den Vater, dann auf das Familiensystem, ja sogar auf die Konsumgesellschaft zu schieben. "Die Polariät von Subjekt und Objekt ist das dauerhafte Skelett der Herrschaft, jederzeit bereit, mit manifester Geschlechtsspezifik ausstaffiert zu werden, sobald die Situation es verlangt", schreibt Jessica Benjamin.[3] Und in der Familie von Virginia "waren es die männlichen Verwandten, die das Spiel beherrschten."[4]

Manche Autoren haben in der Anorexie das Zeichen einer Auflehnung gegen das weibliche Dasein, so wie es sich unsere jüdisch-christliche Kultur bis jetzt vorstellte (passiv, friedensfertig, der Mutterschaft verpflichtet), sowie eines nicht artikulierten feministischen Protestes gesehen, da magersüchtige Frauen beanspruchen, in ihrer ursprünglichen Persönlichkeit anerkannt zu werden, und sich weigern, als Sexualobjekt nach Belieben der Männer und der männerbeherrschten Gesellschaft behan-

---

[1] Ebd., S.169.
[2] Ebd., S.182.
[3] J. Benjamin, a.a.O., S.209.
[4] V. Woolf: Augenblicke, a.a.O., S.178.

delt zu werden. Diese Einstellung wurde zum Beispiel von Sheila MacLeod vertreten:
"Als ich schließlich weniger als 38 Kilogramm wog, und mich im Spiegel anschaute, erblickte ich jemanden, der schön war: Ich erblickte mich selbst."[1]
In ihrem Versuch, herauszufinden, warum Magersucht eine Krankheit bei Mädchen und nicht so sehr bei Jungen ist, weist die Familientherapeutin Mara Selvini Palazzoli auf die Art und Weise hin, "in der das heranwachsende Mädchen 'lüsternen Blicken' ausgesetzt ist, der Menstruation unterworfen; in der sexuellen Umarmung wird sie penetriert werden; der Foetus wird in sie eindringen, das Kind wird an ihr saugen."[2] Sheila MacLeod findet "zutreffend, wie beschrieben wird, was einer Magersüchtigen ihrer Überzeugung nach als Frau bevorsteht: eine passive Rolle, eine hilflose Lage, Verlust des Selbst."[3]
Im Unbewußten wollte Sheila MacLeod wohl "erwachsen werden", doch gleichzeitig war sie entschlossen, "es nicht zu werden", denn die Verhaltensmodelle, die ihr angeboten wurden, waren "entweder abschreckend oder unerreichbar".[4] Der direkte Zusammenhang zwischen der sozialen Aufwertung der Schlankheit und der Magersucht verdichtet also diverse und widersprüchliche Bedeutungen und kann auf unterschiedliche Weisen interpretiert werden: manche Frauen machen die Verminderung der sozialen Differenziertheit nach dem Geschlecht und die homosexuelle Unisex-Mode für die Magersucht verantwortlich, da sie eine androgyne Schlankheit (schmale Hüften, knackiger Po, lange Beine) voraus-

[1] S. MacLeod, a.a.O., S.104.
[2] M. S. Palazzoli, a.a.O., S.89-90.
[3] S. MacLeod, a.a.O., S.101.
[4] Ebd., S.78.

setzt; andere sehen darin das tragische Ausdrucksmittel eines Verlangens nach Liebe, das sich in der dargebotenen Zerbrechlichkeit, ja sogar in der ein wenig anachronistischen Romantik der Abzehrung verschärft; oder die Stigmatisierung einer Angst und einer verborgenen Gewalt in der Figur, die den Verfall und den Tod zugleich parodiert und beschwört; oder auch noch die soziale Unterdrückung der seit Jahrhunderten mit etwas Schmutzigem und Bedrohlichem assimilierten Sexualität, die gereinigt und kontrolliert werden muß.[1]

"Ich möchte mager sein, weil ich kein Fleisch mag", schreibt hierzu Sheila MacLeod. "Fleisch, weibliches Fleisch ist für die Magersüchtige etwas, das ihr von außen aufgezwungen worden ist, und in Extremfällen ist es für sie das Aufzwingen von etwas Geschwollenem, Verunreinigtem, Schmutzigem."[2]

Hier müssen wir daran erinnern, daß das Verbot, den Sexus zu berühren, den die Mutter selbst während der Körperpflege manchmal erregt, die Frau in einem Schamgefühl und in der totalen Abhängigkeit einsperrt und der weiblichen Sexualität eine passive, negative, "kastrierte" Position zuweist. Was im Weiblichen furchterregend ist, ist nämlich dessen Reduzierung auf den Zustand eines "Dings", des Todes, des Bemächtigungsverlustes und der Hingabe der Bemächtigung durch Andere.[3] Wenn auf Onanie und Sexualität ein strenges Tabu lastet, so hat dies zur Folge, schreibt Mitscherlich, "daß auch die entsprechenden ödipalen Phantasien unterdrückt werden und sich keine lustvolle Autonomie im Verhältnis zum eigenen Körper entwickeln kann."[4] Einen Signifikanten für alle Körperteile und den weibli-

[1] Vgl. B. Brusset, a.a.O., S.36.
[2] S. MacLeod, a.a.O., S.90.
[3] Vgl. P. Girard, a.a.O., S.183.
[4] M. Mitscherlich, a.a.O., S.96.

chen Sexus zu haben, um diese zu benennen, ist wichtig, denn was nicht genannt wird, ist Nichts; es existiert nicht. Wichtig ist auch, daß dieser Signifikant kein Wort mit einem entwertenden Sinn ist, und daß die Mutter nicht ablehnend reagiert, wenn das kleine Mädchen ihre Genitalien entdeckt und die Anerkennung ihrer Andersartigkeit bei dem Vater sucht. Dies ist ein entscheidender Schritt zur Bildung eines differenzierten Körperbildes. Nach Mitscherlich kann die Loslösung von der Mutter "nur dann gelingen, wenn das Kind die narzißtische Besetzung seines ganzen Körpers, die Genitalien eingeschlossen, geleistet hat."[1]

Nun sind die meisten Frauen von dieser Ganzheit abgeschnitten. Im Kampf mit dem Körper verstrickt zu bleiben, ist ein Mittel, die Illusion, die in früher Kindheit ihren Anfang nahm, weiter auszuleben, das tröstliche Gefühl, die Mutter und sie wären eins. Die magersüchtige Frau ist in einem Kloster eingeschlossen, in dem der Körper Gottes Stelle eingenommen hat. Sie strebt aber wie früher die Mystikerin nach einer anderen Liebe, nach einer anderen Sprache, nach einem anderen Ort, von dem sie die Erlösung erwartet. Und das gelobte Land liegt in der "männlichen" Welt der Idee:

"Ein inneres Leben zu haben, nachdenken, jonglieren, schweben, Gleichgewichtskünstler in der Welt der Idee werden," schrieb Violette Leduc. "Angreifen, zurückschlagen, widerlegen, was für ein Wettkampf, was für ein Krawall, was für ein Ritterschlag! Verstehen. Das großzügigste Verb. Das Gedächtnis. Behalten. Die Intelligenz. Mein herzzerreißender Mangel. Die Wörter, die Gedanken gehen rein und raus wie Schmetterlinge.. Ich werde mich mit dem Namen von Kassandra trösten. Laut ausgesprochen, gibt er mir die Illusion der Intel-

[1] Ebd., S.45.

ligenz. Kassandra. Schamhaftigkeit, Eleganz. Diskutieren, Meinungen tauschen, Überzeugungen gewinnen."[1]
Mit der Hilfe des Wörterbuchs lernte Violette, den Kern der Wörter, den Sinn, die Bedeutung ihrer Sprache zu assimilieren, lustvoll zu genießen. Das Mißlingen der Beziehung zu anderen endete in dieser privilegierten Form des Sich-Mitteilens: einem eigenen Werk!

## Ungezähmte Figuren der Anorexie

Viele "ungezähmte Figuren der Anorexie"[2] entschieden sich dafür, ihre intellektuellen Fähigkeiten zu nutzen, um sich in sozialem Aktivismus zu entfalten: ob Mystikerin (Thérèse de Lisieux), Kaiserin (Elisabeth von Österreich), Militantin (Eleanor Marx, Simone Weil), Schriftstellerin (Virginia Woolf) oder Schauspielerin (Jane Fonda), das Ziel dieser Frauen war immer das gleiche: mitzuteilen, daß Lebensqualität über das Überleben hinausgeht. Durch ihre Offenherzigkeit hat eine Frau wie Jane Fonda mehr als alle Medizinberufe daran gearbeitet, die Bulimie bekannt zu machen. All die oben zitierten Frauen wollten Frauen "für sich selbst" sein und weigerten sich, es "für die anderen" zu sein. Sie versuchten, ihre eigenen Normen zu leben und beanspruchten die Anerkennung ihres körperlichen und psychischen Ichs.
"Nähern Sie sich mir", bat Marie-Victoire Rouiller. "Nehmen Sie mich in Ihren Wörtern auf, berühren Sie mich mit Ihren Blicken. Lockern Sie meine Fäuste in der Liebkosung Ihrer Handflächen, legen Sie Ihren

[1] V. Leduc: La bâtarde, a.a.O., S.348.
[2] Titel von G. Raimbault & C. Eliacheff, a.a.O.

Atem auf mich und drücken Sie mich in Ihre Arme, bis mein Körper sich beruhigt und sich in Ihrer Nähe öffnet, in der Wärme Ihres Fleisches."[1]

Lange Zeit erkannten die Freudianer das Bedürfnis nach körperlichem Kontakt nur als einen libidinös - zunächst im oralen Verlangen des Säuglings nach der mütterlichen Brust, dann durch die rein genitalen Beziehungen - konkretisierten Trieb an. In dieser Perspektive vernachlässigten sie die Tatsache, daß das einmal aus dem mütterlichen Bett vertriebene Kind jedes persönlichen Kontakts für etwa zehn Jahre, das heißt während seiner ganzen Kindheit und Frühjugend, beraubt und dazu verurteilt wird, sich mit einem Übergangsobjekt (Teddybär etc.) zufrieden zu geben, um seinen Hunger nach einem vertrauten und warmen Körper zu stillen. Dieser Mangel an körperlichem Kontakt steht am Ursprung der Unersättlichkeit des Menschen. Er beraubt ihn einer für Vertrauen und Sicherheit bürgenden Liebe jenseits der Sexualität. Die Hilflosigkeit des Kindes hängt mit einer körperfeindlichen Gesellschaft zusammen, und niemand kann heute in Zweifel ziehen, daß bestimmte Charakterstörungen, Ausbrüche von Gewalt und jugendlicher Toxikomanie Folgen der körperlichen Wüste sind, in die unsere Kultur Kinder und Jugendliche verbannt. Winnicott sieht daher in der Anorexie eine Art Abwehr gegen diese Wüste, die "Angst vor der Leere", die dennoch als frühzeitige Erfahrung gesucht wird. Das Subjekt, das die erschreckende Leere fürchtet, errichtet durch die Eßverweigerung eine kontrollierte Leere oder füllt sich durch eine zwanghafte und als wahnsinnig empfundene Gefräßigkeit: "Der Dämon des Heißhungers, ein Tier mit tausend Mündern, hatte sich in Marie-Claude eingeni-

---

[1] M. V. Rouiller, a.a.O., S.104.

stet, und sie war in die Wildheit gestürzt."[1]

Allein die kontrollierte Umgestaltung der Erscheinung, nach der das anorektische und bulimische Subjekt strebt, schützt es vor der Gefahr des Zerfalls und des drohenden Grenzverlustes, wenn es sich schließlich doch einmal auf einen Anderen zutragen läßt. Marie-Victoire Rouiller schrieb hierzu:

"Ich habe also Jahre lang das Begehren gezügelt, das mich zu Ihnen führte, da ich davon überzeugt war, daß dieser Strom alles auf seinem Weg zerbräche. Ich lerne, mich von den Wellen treiben zu lassen, und während ich darauf schwimme, kann ich den Blick zu den Anderen erheben."[2]

Sehr häufig wird dieses Begehren, von dem die Magersüchtige besessen ist, zu dem Begehren, durch Osmose an der besonderen Form des Unglücks ihres Zeitalters beteiligt zu sein:

"Meine Rebellion öffnete mein Herz, sie zog Wege des Feuers in der Wüste der alten Moral", erzählte Marie-Victoire anläßlich des Bürgerkriegs in Spanien. "Von den Kniebeugen gingen wir zu der erhobenen Faust über, von der Inbrunst zur Wut, von der Einsamkeit zur Solidarität."[3]

Diese Rebellion finden wir oft wieder: "Ich machte Gedichte über das Alter, über den Hunger in der Welt, über Vietnam und natürlich über den Tod", schreibt hierzu Louise Roche in ihrem Bericht.[4]

Geheilt von ihrer Neigung zu Luxus und Mondänem, stellte sich Violette Leduc schließlich mit Entschiedenheit auf die Seite der Armen, der Verlassenen. Simone

---

[1] N. Châtlet, a.a.O., S.154.
[2] M. V. Rouiller, a.a.O., S.98.
[3] Ebd., S.79.
[4] L. Roche, a.a.O., S.38.

de Beauvoir zeichnete von ihr das folgende Porträt: "Sie verehrt die Besitzlosigkeit eines van Gogh, eines Pfarrers von Ars. Alle Nöte finden in ihr ein Echo: die der Verlassenen, der Verirrten, der Kinder ohne Elternhaus, der Alten ohne Kinder, der Vagabunden, der Clochards. Sie ist untröstlich, wenn sie sieht, wie die Wirtin eines Restaurants einem algerischen Teppichhändler die Bedienung verweigert. Konfrontiert mit dem Unrecht, nimmt sie sogleich Partei für den Unterdrückten, für den Ausgenützten. Es sind ihre Brüder, sie erkennt sich in ihnen wieder."[1]

Auch Simone Weil hatte eine fanatische Bewunderung für all die, die anders waren, entzweit, die Außenseiter. Gabrielle Fiori beschreibt mit Begeisterung Simones "große Ansprüche" und ihren Hunger nach Einigkeit, nach Zuhören, nach Intensität, die sie selbst als unersättlich bezeichnet.[2] In "Ihren Memoiren einer Tochter aus gutem Hause" erinnert sich Simone de Beauvoir an ihre Begegnung mit Simone Weil: "Eine große Hungersnot hatte China heimgesucht, und man hatte mir erklärt, daß sie bei Bekanntgabe dieser Nachricht in Schluchzen ausgebrochen sei: diese Tränen zwangen mir noch mehr Achtung für sie ab als ihre Begabung für Philosophie. Ich beneidete sie um ein Herz, das imstande war, für den ganzen Erdkreis zu schlagen. Sie erklärte schneidend, daß nur eins heute auf Erden zähle: eine Revolution, die allen Menschen zu essen geben würde."[3]

In vielen Fällen erscheinen der Tod und die Einsamkeit als zwei wichtige Zwangsvorstellungen. Magersüchtige fühlen sich in der Welt "im Exil" oder ganz "von der Welt abgeschnitten", sehr weit entfernt von den Men-

---

[1] S. de Beauvoir: Vorwort, in: Die Bastardin, a.a.O., S.19.
[2] G. Fiori, a.a.O., S.169.
[3] S. de Beauvoir: Memoiren..., a.a.O., S.229.

schen, die sie umgeben. In dieser Einsamkeit bleibt meist kein fester Wert, keine Hoffnung, kein Glauben übrig, und ihre Angst wird dadurch bestimmt, daß sie die Vergangenheit nicht ändern können. Die Tragik magersüchtiger Frauen fußt auf dem Widerspruch eines Menschen, der grundsätzlich von den Anderen getrennt ist, ohne ihnen jedoch entfliehen zu können: Appell und Verlangen nach dem Anderen einerseits, Scham vor sich selbst andererseits sowie die Angst, ohne Möglichkeit einer Berufung beurteilt zu werden. Wie sollen sie dem "Huis-Clos", der Hölle hinter verschlossenen Türen, entfliehen, die sie mit den Urhebern ihrer Qualen (Eltern, Partner[-in], Freunden) verbindet?

Wir sagten bereits, die Magersucht sei eine Flucht. Sie ist auch die Triebfeder des Krieges, den die Betroffenen gegen die Depression führen. Der Hungerstreik, an den sie sich mit Verzweiflung klammern, gibt ihnen Mut und hilft ihnen, sich eine Rolle auszudenken, die dem entspricht, was sie gern gewesen wären: stark, furchtlos, die Kompromisse des Lebens und das Gewicht ihrer "Erblichkeit" ablehnend. Die meisten von ihnen wollen sich mit ihrer Mutter und deren Geschlecht nicht identifizieren. In Wirklichkeit können sie sich aber von ihrer Mutter nicht loslösen. Sie enthalten sich der Nahrung, um der Bemächtigung durch sie zu entfliehen, als ob essen bedeuten würde, an der Brust dieser zum Sterben gehaßten oder geliebten Mutter zu bleiben. Allein, nichts hilft. Wie griechische Heldinnen können sie ihrer Mutter nicht entkommen. Das Gesicht der Mutter ist wie ein magischer Spiegel, der die Spuren aufzeigt, die die Zeit eines Tages an ihren Töchtern hinterlassen wird. Diese entdecken mit Abscheu die Welt der Erwachsenen, eine Welt, in der man nicht sieht, was man tut; in der man nicht tut, was man sagt: eine absurde, taube und blinde Welt, die behauptet, daß das Leben darin bestehe, das Alter zu akzeptieren und zuzusehen, wie die Illusionen und Wünsche nach und nach zerbröckeln. Auch die Mutterschaft erscheint ihnen plötzlich als Demission. Wie Antigone von Sophokles wollen sie weder geduldig warten noch Kompromisse schließen: sie brauchen das Absolute. Die Magersucht ist die Weigerung, sich auf die Welt der Erwachsenen einzulassen: "Ehrgeiz zu haben hieße für mich," sagt Wilfried in einem Werk von Valérie Valère, "Maler, Musiker, Regisseur oder Schriftsteller zu sein. Einen Beruf zu haben, in dem ich von niemand außer mir selbst abhängig wäre. In dem ich allein wäre."[1] Auch Tania Blixen galt als "geborene Rebellin und Individualistin - eine intellektuelle Petroleuse".[2] Simone Weil wurde gar vom Philosophen Alain, der auch ihr Professor war, "die Marsbewohnerin" genannt.[3] Die Magersüchtige ist also die, die mit ihrem Körper "Nein" sagt, da sie nicht mit ihrem Mund "Nein" sagen kann - denn auch wenn sie schreibt, macht sie den Mund nicht auf. Sie gibt weder Ratschlägen noch Ermahnungen nach, denn diese mußte sie schon zu sehr in ihrer Kindheit erleiden, und erklärt sich als "alleiniger Richter". Sie will von Niemandem, von Nichts abhängen und findet die Gesetze in sich selbst, wie Valérie Valère: "Wenn die glauben, sie kriegen mich mit ihrem Gefängnis! Was können die überhaupt machen, diese Arschlöcher, wenn ich nicht mitmachen will. Diese Gesellschaft, diese Scheißwelt, diese Scheißvernunft, dieses Scheißleben! Die Dummen sind sie. Ist ihnen klar, wie sehr die ihr beschissenes Leben lieben? Die sind bereit, alles und jedes zu geben, um weiterzuleben! Und um

---

[1] V. Valère: Malika, a.a.O., S.85.
[2] J. Thurman, a.a.O., S.261.
[3] G. Raimbault & C. Eliacheff, a.a.O., S.170.

was zu leben? Für ihre widerliche Fresserei, für ihre widerliche Vögelei. Um ihre widerliche Macht aufzubauen, die ihrer Doktoren, ihrer Direktoren."[1]

Auch ihre Ablehnung der Sexualität bezeugt wie ihre Eßverweigerung, daß sie nicht "wie die Anderen" sein will. Die Sexualität macht gleich, sie raubt dem Menschen jedes Rätsel. Die Sexualität stellt die Menschen auf die gleiche Ebene mehr noch als seine übrigen Bedürfnisse und Tätigkeiten. Sie macht alle Menschen gleich. In einer als tierisch bewerteten Haltung beweist der Mensch daher seine Eigenschaft als Bürger: es gibt nichts Öffentlicheres als den Geschlechtsverkehr, meint die Magersüchtige in Anlehnung an Cioran und seine "Versuchung zu existieren".

Genau so muß ihre Verweigerung interpretiert werden. Ihr Wille nach Autonomie macht aus ihr eine mißtrauische und rachsüchtige, ungezähmte Jungfrau wie die griechische Göttin Diana: "Ich habe ja auch mein ganzes Leben lang Diana lieber gemocht als Venus", sagte Tania Blixen 1928 zu ihrer Schwester Elle; "mich spricht dieses Schönheitsideal mehr an, und ich selbst möchte lieber ein Dasein wie Diana führen als das der Venus mit noch so vielen Rosengärten und von Tauben gezogenen Wagen."[2] Die bestechendsten Frauengestalten in ihren Erzählungen sind die Idealistinnen, die Männern mißtrauen und sich nicht unterordnen, die die Erfüllung in der geschlechtlichen Liebe höheren geistigen Zielen opfern.[3]

Trunken von einer Freiheit ohne Zügel meint die magersüchtige Frau, sich durch ihre Eßverweigerung selbst bestimmen zu können, wie Tania Blixen es tat, als sie

---

[1] V. Valère: Das Haus..., a.a.O., S.33.
[2] J. Thurman, a.a.O., S.104.
[3] Ebd.

sich ihre Fastenkuren auferlegte, um "durch Hunger und Leiden Größe zu erlangen".[1] Dennoch entgleitet ihr ihre Handlung, da sie schließlich von der Nahrung und von ihrem Körperbild besessen ist, von einem Image, in dem sie sich verliert und entfremdet. Was in ihrem Kampf fehlt, ist ein wirkliches Bewußt-Werden, Ergebnis einer Arbeit, die sich geduldig in der Geschichte, im Relativen erfüllen muß, mit beständiger Hilfe unsicherer und herumtappender Handlungen, die weder gut noch schlecht sind, die aber insgesamt ein bestimmtes Bild des Menschen nach und nach enthüllen und entwerfen. Sogar das Schreiben war für Valérie eher eine Flucht. Sie stellte wie Rainer Maria Rilke die Feder, "Revanche des Schwachen", dem Schwert gegenüber.[2]

Das Schreiben war das neue Gefängnis, das sie sich erwählt hatte, und ihre Schreibmaschine enthüllte sich schließlich als eine neue Diebin ihres Seins. Sie hatte den Eindruck, es sei ihr nicht gelungen, die richtigen Worte zu finden, die Sätze kehrten sich alle gegen sie, sie habe versagt...

[1] Ebd., S.106.
[2] Vgl. I. Clerc, a.a.O., S.134.

# V. AM ANFANG STAND DAS WORT

Die Schrift erscheint ursprünglich als ein Substitut der Sprache. Sie symbolisiert den Verlust einer Anwesenheit: die Schrift setzt sich durch, wenn die Sprache sich zurückzieht. Das Totenbuch des antiken Ägyptens beinhaltet das folgende Gebet: "Gib mir meinen Mund zurück, um zu sprechen."[1] Der Begründer der modernen Sprachwissenschaft, de Saussure, hat erkannt, daß Sprache und Schrift zwei verschiedene Systeme sind; die einzige Daseinsberechtigung des zweiten Systems ist, daß es das erste darstellt. Die Schrift bleibt also ein Symbol der abwesenden Sprache: "Bezeichnen heißt, einen Abwesenden zu umarmen", sagte Violette Leduc. "Alles, was wir schreiben, ist abwesend." Das Schreiben war für sie eine Tragödie, das Merkmal ihrer Machtlosigkeit, das Begehren und den Mangel zu leben.[2]

Die magersüchtige Frau ißt nicht, weil sie mit den anderen nicht spricht. Der Mund, Behälter der Nahrung, ist auch der Ort, aus dem die Sprache und die Worte stürzen. Essen ist ein sozialer und zwischenmenschlicher

---

[1] Zitiert von J. Chevalier & A. Gheerbrant, a.a.O., S.141.
[2] Vgl. P. Girard, a.a.O., S.41.

Verkehr, aber auch ein Appell, der sowohl gehört, als auch verloren werden kann. Mit den Speisen werden die Wörter verdaut. Was die Wörter nicht sagen können, wird von der Nahrung artikuliert.[1] Wenn das Schreiben sich als Bulimie, ein "Sich-Auskotzen", eine abwesende oder durch die Nahrung erstickte Sprache manifestiert, behält es nur mehr den Wert eines verzweifelten Liebesbriefes. Maryse Holder und Marie-Victoire Rouiller schrieben Briefe statt zu sprechen.

"Aber mit einem Brief stürzt man den eigenen Körper in die Leere", schreibt der Psychoanalytiker Daniel Sibony.[2] Der Brief strebt danach, die Abwesenheit des begehrten, geliebten Körper durch die Bewußtmachung oder den konzentrierten und gespannten Appell an die Anwesenheit zu kompensieren. Der Brief erscheint als das Symbol des dargebotenen Sexus, als eine zugespitzte Verarbeitung ohne Manipulation des Spiels mit der Spule.[3]

Besonders Violette Leduc zeichnete sich in diesem Spiel aus. Die Liebe auf Distanz zerrüttete sie so sehr wie die geteilte symbiotische Liebe. Sie schrieb an ihre Geliebte Hermine: "Wann wirst du mich küssen, bis ich um Gnade bitte? Ich küsse deine Sätze, ich küsse deine Worte, ich lasse meine Lippen über dein Briefpapier gleiten. Ich will dich sehen, Hermine, Lieben, das heißt, nicht getrennt sein. Du bist abwesend, du bist immer abwesend."[4]

Wenn das Subjekt nicht genug - verbal oder non-verbal - von der Mutter gespiegelt worden ist, empfindet es sein Ich als unvollständig. In einen Zustand der Verei-

[1] Vgl. C. Balasc, a.a.O., S.9.
[2] Vgl. D. Sibony, a.a.O., S.293.
[3] Vgl. C. David: L´état amoureux. Paris, petite bibliothèque Payot, 1971, S.186.
[4] V. Leduc: Die Bastardin, a.a.O., S.118.

sung versunken, fühlt es sich unfähig, die Dinge zu nennen und das Verbot des eigenständigen Denkens aufzuheben. Oft hatten Magersüchtige Eltern, die vorschrieben, was und wie sie zu fühlen, zu denken und zu erleben hatten. Der Brief von Kafka an seinen Vater ist das beste Beispiel dafür. In einer dualen Beziehung gefangen, erstarren Magersüchtige im Gefrierraum eines Eisberges, eines Marmorbildes, einer Steinplatte oder eines Grabes: "Ich gehöre gegen meinen Willen zu der nutzlosen Rasse der Eisberge", sagte Violette. Auf ihr Verlangen nach Liebe antwortete die eiskalte Mutter mit einem Nicht-Begehren.

Die Abwesenheit der Nahrung mimt die Abwesenheit schlechthin: die Flucht bis zum Verlust der Identität. Im Register der vorspiegelbildlichen Identifizierung gibt es Verwirrung zwischen Essen und Sprechen, wird erbrochen, was das Leben hemmt. Christiane Balasc macht dies mit einem Beispiel aus einem Werk von Rusca anschaulich:

"Praline verbeißt ihren Schrei: Fressen ist der Tod, sie hat Angst zu platzen, sie hat Angst vor diesem gigantischen unterirdischen Darm, der sich wellt und seine Papierscheiße in seinen Windungen aus Stein fabriziert."[1]

Diese Art fäkaler Penis ist wie ein massives Eindringen, das kein Wort, kein Bild wiedergeben kann, etwas, das einem Zustand radikaler Erstarrung ähnelt. Die Nahrung, die auf dem Weg durch den ganzen Körper verunreinigt würde, kann nur vom Magen verweigert werden. Wie das Faß der Danaiden leert sich der Körper von einem Ende aus, wenn man ihn vom anderen Ende auffüllt, ohne irgendeine narzißtische Einlagerung zu ermöglichen, das heißt ohne sich selbst einen Wert zu geben.

---

[1] J. Rusca: La ceinture, zitiert von C. Balasc, a.a.O., S.48.

Dieses Leiden ist der Ausdruck einer traumatischen Implosion.[1] Die körperlichen Öffnungen sind austauschbar: sich zu erleichtern, ist auch eine Art, die "böse Mutter", die Herrscherin über den Besitz der Ausscheidungsstoffe innerhalb des eigenen Körpers abzuführen. Nach der Legende widersetzten sich die Danaiden der Ehe mit ihren Vettern und ermordeten diese schließlich in der Hochzeitsnacht mit einem Dolchmesser. Auf diese blutige Weise brachen sie mit der endogenen Gesellschaft (Heirat zwischen Blutsverwandten) und bekannten sich zur Gewalt, die einem solchen Ehebund zugrunde liegt. Indem sie sich ihren Vettern sexuell verweigerten und sich Männer außerhalb der Familie, des Clans und der Geschlechtslinie wünschten, zogen sie sich den Zorn der Götter (der Eltern?) zu. Strafe mußte sein. Der Wunsch, jungfräulich zu bleiben, steht im Zusammenhang mit dem Wunsch, sich selbst zu genügen, keinem Mann zu gehören. "Ich war stolz auf mein Tabernakel unter meinem Vlies", schrieb Violette Leduc. "Eine einsame Frau. Ich war eine einsame Frau, ich gehörte mir."[2]

Dennoch ist die Bewegung zu den Anderen sehr stark bei magersüchtigen Frauen, auch wenn das Licht weder deren Fenster noch den Blick dieser Anderen erreicht, denn das Fenster, das sie öffnen, ist kein echtes Fenster. Es ist gemalt wie ein Bild, eine Ikone, die sie für "heilig" halten. Das Schweigen, in das sie sich hüllen, ist dann alles, was ihnen vom Leben übrig bleibt. ("Ich lüge, das ist meine Opferung."[3]) Ihre Sehnsucht, sich selbst zu erkennen, das heißt sich selbst zu lieben und zu achten, bleibt unerfüllt. Mehr als ihr verzerrtes Spiegelbild nimmt sie nicht wahr. In dieser Regression nar-

---

[1] C. Balasc, a.a.O., S.46.
[2] V. Leduc: Die Bastardin, a.a.O., S.258.
[3] Ebd., S.333.

zißtischer Liebe kennt die Liebe kein Subjekt, so wie
Alices Lächeln gesichtslos durch den Spiegel bleibt. Die
Liebe hat keinen Namen; sie ist, wie Violette Leducs
"Madame", die Erinnerung an eine bildlose, gesichts-
lose, stimmlose Abwesenheit.

Wenn Violette, als Kind und als Erwachsene, ständig
um den mütterlichen Blick fleht, heißt dies, daß ihr Bild
beschädigt wurde. Die narzißtische Wunde wurde durch
den trüben, mißbilligenden Blick auf ihren weiblichen
Sexus und durch den Diskurs der Mutter genährt. Der
leere Blick und die Warnungen der Mutter gegen die
Männer und die Gefahren der genitalen Sexualität
zwangen daher Violette, auf die nicht wiedergutzuma-
chende Verbundenheit mit der verletzten Mutter zurückzukommen.[1] Sie hing sich an Männer, die ihr ent-
schlüpften; an Männer, die zugleich Vater und Mutter,
Mann und Frau waren: "Ich frage mich, ob ich einen
anderen Homosexuellen lieben werde. Wahrscheinlich.
Auf der Stelle zu treten, das ist meine Ausschweifung.
Als ich zur Welt kam, habe ich den Schwur getan, die
Leidenschaft für das Unmögliche zu haben."[2]

Gerade weil die Mutter der Tochter den Anspruch auf
sexuelle Lust verweigert, ist es wichtig, daß diese den
Ort verleugnet, aus dem das Begehren stammt, indem
sie einen nicht bewohnten, von innen leeren Körper zur
Schau stellt. Der primäre Narzißmus versagt, er vermag
nicht aus dem Körper einen Behälter zu machen, das
heißt, das Gefühl der körperlichen Vollständigkeit wird
nicht erworben. ("Ich bin ein Mannequin, sagte ich mir
entmutigt. Ich versank. Ich bin ein nacktes Mannequin
eines Konfektionshauses, ich versinke, und du wirst bald

---

[1] Vgl. P. Girard, a.a.O., S.77.
[2] V. Leduc: Die Bastardin, a.a.O., S.411.

315

nichts mehr sehen als meinen Kopf."[1])

Die Angst, die magersüchtige Frauen in Augenblicken äußern, in denen sie von einer Art Verschwinden fasziniert werden, reproduziert den Schreck von damals, als sie dachten, die Mutter würde sie in ihrer Leere mit sich fortziehen. Dieser Schreck ist nach Bion ein "namenloser Schreck" oder nach André Green eine Identifizierung mit der "toten Mutter" und das Streben nach der Einheit mit ihr in einer gegenseitigen Erfüllung nicht der Lebenstriebe, sondern des Nirwanaprinzips[2], "jede Erregung auf Null zurückzuführen."[3] Für magersüchtige Frauen wird der Tod vollkommen mit der Mutter identifiziert. Sie ist die Todbringende. "Ich trage meine Mutter in mir", denken sie unbewußt. "Sie verläßt mich nicht, und kein anderer kann ihren Platz einnehmen, meine Scheide ist tot."

Alle Öffnungen sind Einbrüchen ausgeliefert und müssen daher geschlossen bleiben. Die Anorexie wird zum Zeichen eines unaufhörlichen Kampfes gegen eine Einkerkerung und einen todbringenden Übergriff in einer Dialektik zwischen Eindringen und Deprivation. Bei magersüchtigen Frauen, die an Vaginismus leiden, finden wir immer wieder die unbewußte Phantasie der aufdringlichen, vergewaltigenden Mutter. Dennoch weist Vaginismus meist auf vorzeitige sexuelle Verführungserlebnisse hin, bei denen die Initiative von anderen ausging (allgemein von einem inzestuösen Erwachsenen), von einfachen verbalen Annäherungen oder Gesten bis zu einem mehr oder weniger ausgeprägten sexuellen Attentat, die vom Subjekt passiv und mit Schrecken erlitten wurden. Und wo war derweil die Mutter?

---

[1] Ebd., S.178.
[2] Zitiert von D. Anzieu, a.a.O., S.117.
[3] J. Laplanche & J. B. Pontalis: Nirwanaprinzip, in: Vokabular, a.a.O., S.333.

Durch das Erbrechen meint das magersüchtige Subjekt, es würde über eine imaginäre Allmächtigkeit, über eine verborgene Waffe verfügen, die die Verweigerung und die Aufhebung des "Ja" durch das "Nein" ermöglicht. Es kämpft um die Illusion, daß der "Sexualschreck", diese schmutzige "Bestie", von dem es besessen ist, weggespült werden kann. Die Magersucht und die Eß-Brechsucht ist eine Reise, von der das Subjekt nicht zurückkehrt und die keine Spuren hinterläßt, was uns wieder auf das Verhältnis zum Schreiben zurückführt, schreibt Christiane Balasc.[1]

Immerhin werden die gespuckten und erbrochenen Wörter - wenn auch manchmal auf eine hämorrhagische Weise - ein anderes Los haben als der Wasserspülung übergeben zu werden. Das geschriebene Blatt ist der erste Durchbruch einer Spur und bezeugt die Hoffnung, gelesen und gehört zu werden. Das Schreiben ist ein möglicher Behälter. Die Wörter bilden sodann symbolische Äquivalente des Tastorgans und üben die Funktion des körperlichen Ichs und des psychischen Ichs aus, die in der Vergangenheit keine ausreichenden Stimuli bekommen haben. Die Schöpfung des Werkes wird infolgedessen erlebt als die Neu-Schöpfung des Subjekts durch Autogenese.[2]

Auch Enriquez hat unter dem Ausdruck von "repräsentativem Schreiben"[3] eine Tätigkeit beschrieben, in der das Subjekt sich seiner Anwesenheit bei anderen und bei sich selbst versichert. Es ist, als ob das Schreiben die Wiedererlangung einer Haut ermöglichen würde. Die Zuflucht ins Schreiben kann daher interpretiert werden als der Versuch, in eine Position vor der Sprache zu-

---

[1] Vgl. C. Balasc, a.a.O., S.52.
[2] Vgl. D. Anzieu, a.a.O., S.210.
[3] Ebd.

rückzukehren:

"Am Anfang stand das Wort und das Wort war in Gott, und das Wort war Gott", schrieb Marie-Victoire Rouiller. "Es war ein hoffnungsvoller Anfang, eine fast vollständige Fusion jenseits der Sprache."[1]

Im Eindringen in das weiße bzw. leere Blatt mit der Feder, die die magersüchtige Frau wie ein Schwert führt, läßt sich einerseits die Identifizierung des Subjekts mit dem kleinen Mädchen, das es einst ihrer Mutter gegenüber war, und andererseits mit dem Penis, der in die Mutter eindringen kann, erkennen. So wird die ideale Vollständigkeit erworben.[2] Zugleich männlich und weiblich, ist sie in ihrer Ganzheit Gott ähnlich.

Wenn wir uns auf die Bibel beziehen, die Gott mit einer Gebärmutter austattete, verstehen wir, warum der nach dem Bild Gottes erschaffene Mensch ursprünglich androgyn war. Wir können in "De Trinitate" von Petavius lesen: "Die Schrift bringt uns bei, daß Christi Geburt mit Hilfe der Matrix Gottes stattfand: obwohl Gott weder eine Matrix noch irgendetwas Körperliches besitzt, wird jede Geburt, jede wahre Geburt durch ihn ausgeführt und dies verstehen wir unter Matrix."[3]

Das Schreiben ist daher die unwiderstehliche Suche nach der Wort-Abwesenheit, nach dem Wort-Loch, da der Name Gottes vor allem ein Symbol für das Fremde, das Unbekannte im Menschen ist. Die Vorstellung der befruchtenden Worte, des Wortes als Träger des Ursprungs vor der Schöpfung, als erste göttliche Manifestation, drückt offensichtlich bei der magersüchtigen Frau den Wunsch aus, endlich zur Welt bzw. "zu Wort"

[1] M. V. Rouiller, a.a.O., S.31.
[2] Vgl. P. Girard, a.a.O., S.79.
[3] Petavius: De Trinitate. Buch V, Kap. 7, zitiert in: Das Trauma der Geburt und seine Bedeutung für die Psychoanalyse von O. Rank. Leipzig/Wien/Zürich, Internationaler psychoanalytischer Verlag, 1924.

zu kommen. Dies bedeutet nicht, daß sie ein Mann, sondern daß sie wie Adam nach dem Bild Gottes zugleich "männlich und weiblich" sein will. Indem die magersüchtige Frau ihren Körper erigiert, aus ihm einen Körper aus Stein macht, fordert sie den abwesenden Phallus, das heißt das Recht auf das Begehren. Die Leere des väterlichen Penis, die Abwesenheit oder die Abwertung des Vaters haben dem abstrakten mütterlichen Phallus Platz gemacht, dem absoluten aber unauffindbaren, unerreichbaren Ideal, dem Bild des permanenten Hinderns am Begehren. Die phallischen, unveränderlichen und harten Metaphern der Vertikalität und das Gesicht der in Trauer erstarrten "toten" Mutter beinhalten immer die Grabniederlegung des Vaters sowie dessen eigene Unerreichbarkeit, mithin das Töten des Vaters durch die Mutter.[1]

Was die magersüchtige Frau zugleich mimt und parodiert, ist die Selbstgenügsamkeit ihrer Mutter. "Was für eine Freude für Sie, die Mutter-Jungfrau zu spielen; für mich das Martyrium", sagte Marie-Victoire. "Zu gebären, ohne jemals entjungfert zu werden", so könnte man den auf der fleischlichen Ebene widersprüchlichen Wunsch der Mutter interpretieren. Die Tochter bleibt also einerseits ihrer Mutter treu, läßt sie aber andererseits im Namen des Vaters unbewußt dafür büßen, daß sie in ihr das Begehren getötet hat. Der Andere, der "Dritte", wird gestrichen zugunsten eines gespaltenen Körpers: der idealisierte, erigierte Körper wird zum Objekt des Begehrens, während der reale Körper zum Objekt der Verneinung wird. Das Ich ist kein Archipel mehr, sondern ist in zwei durch einen sehr engen Isthmus verbundene Kontinente gespalten, wobei dieser Isthmus durch die Befriedigung erzeugt wird, die von

[1] P. Girard, a.a.O., S.103-104.

der Lust an der Kontrolle, am Manipulieren an sich selbst und anderen herrührt, in einer Konfusion zwischen sich selbst und dem Anderen.[1]

Die Uneinigkeit zwischen dem Körper, so wie er erscheint, und dem idealen und immer erigierten hyperaktiven gewünschten Körper, auf den die magersüchtige Frau sich bezieht, ist oft tragisch. Der empfundene Ekel gegenüber dem Körper und den sekundären Merkmalen der Sexualität (Monatsblutungen, Haare, Brüste, Po, Fett) ist ein unbewußter Anlaß zum Kult der Körperbemächtigung: der ganz sich selbst überlassene Körper ist ekelhaft, der ideale Körper fordert eine ständige Pflege, um alles zu verdrängen, was an Sexualität erinnert.[2] Die Wichtigkeit, die dabei der Kleidung beigemessen wird, ist ebenfalls typisch:

"Es ist erstaunlich, was Kleider mir bedeuten", gestand Tania Blixen ihrem Bruder; "vielleicht messe ich ihnen einen zu hohen Wert bei. Aber nichts, ob Krankheit, Armut, Einsamkeit oder sonstiges Mißgeschick, betrübt mich mehr, als wenn ich nichts anzuziehen habe."[3]

Tania Blixens Kleider waren Ideen, Metaphern, und als alte Grande Dame gab sie ihnen wahrhaftig Namen.[4] Hier versteckt sich die tiefe Angst, nicht genug Leben oder nicht genug Liebe in sich zu haben. Um diesen "Mangel" zu kompensieren, fühlen sich viele Frauen von Kleidern abhängig.

"Zahlen, um schön zu sein, zahlen, um noch schöner zu sein, auch das war umschmeichelt werden", schrieb Violette Leduc.[5] Sie hörte die Mutter aus der Ferne:

---

[1] Kestemberg, Kestemberg & Décobert, a.a.O., S.178.
[2] G. Raimbault & C. Eliacheff, a.a.O., S.263.
[3] J. Thurman, a.a.O., S.243.
[4] Ebd., S.295.
[5] V. Leduc: Die Bastardin, a.a.O., S.172.

"Sei Weib. Wann wirst du ein Weib sein?"[1] Am liebsten hätte sie aber ein Torerokostüm gehabt, und Hinterbacken "gemeißelt wie die eines Toreros. Gemeißelt in einem ein wenig rundlichen Marmor."[2]

Was magersüchtige Frauen zum Ausdruck bringen wollen, ist nicht die Spezifität und die Singularität der Frau, sondern die virtuelle Vermischung der Geschlechter, die Auslöschung der sexuellen Differenz. Sie weigern sich, von einer Gesellschaft gespiegelt zu werden, die sie dazu verurteilt, sich seit Jahrhunderten im Blick anderer zu sehen, das heißt im Blick der Männer. In diesem Spiegel erkennen sie sich nicht wieder, fühlen sich in eine "persona" versteinert. Sie versuchen, diesem Zustand der Erstarrung zu entfliehen, indem sie verschwinden, aufhören zu existieren, wenn die einzige Realität, die ihnen angeboten wird, der Schein der Rolle ist: "Besser nichts zu wollen, wenn man schwach ist und die Undefinierbarkeit der Heferollen vorzieht", schrieb Maryse Holder in diesem Zusammenhang. "Heferollen machen mich unsichtbar."[3]

Die Bisexualität, die Transsexualität (nicht die anatomische) liegen in der Natur und in jedem Individuum. Die magersüchtige Frau läßt sich nicht von der Gesellschaft diktieren, wie sie auszusehen hat. Sie ist ihre eigene Kreatur geworden, und nur sie bestimmt, wie andere sie zu sehen haben. Die so begehrte sexuelle Vorliebe für die Schlankheit enthüllt sich durch ihr grausames Abmagern als eine Elision, eine Illusion. Sie imitiert nicht ein reales oder bestimmtes Vorbild, sondern sie strebt nach einer unendlichen, unerreichbaren Irrealität: immer dünner zu werden, jenseits der Schlankheit, jenseits der

---

[1] Ebd., S.162.
[2] Ebd., S.183.
[3] M. Holder, a.a.O., S.238.

Geschlechtlichkeit bis ins Groteske, und aus dem Körper jedes Merkmal der Verführung auszulöschen, unsichtbar zu werden, ohne Spiegel zu leben. Was die Magersüchtige fordert, ist die Anerkennung ihres wahren Selbst schlechthin.

Heute geht kaum noch eine Frau ins Kloster. Immer mehr Frauen aber werden magersüchtig. Magersucht ist jedoch nichts anderes als eine Verschleierung, eine Art Rückzug aus einer Gesellschaft, in der eine aggressive Konkurrenz auf jeder Ebene (auch zwischen den Geschlechtern) herrscht. Valérie Valère schrieb hierzu: "Ich habe alles begraben und mit einem undurchsichtigen Schleier der Traurigkeit bedeckt, der mir einen Teil der Welt verhüllt."[1]

Die Magersucht ist eine Suche nach einem Ort des Schweigens, nach einem anderen Leben, aus dem der Tod nicht mehr ausgeschlossen wäre. ("Ich bin eine Erscheinung. Nichts steht mehr zwischen mir und dem Tod. Tod, die totale Verfremdung."[2]) Sie ist ein Gral, vielleicht zu guter Letzt die "moderne Form der Heiligkeit"[3], ein ausdrückliches Abstreifen der Unterscheidungsmerkmale, auf denen unsere männerbeherrschte Gesellschaft beruht. Wenn die Magersüchtigen diese Kennzeichen ablegen, so glauben sie wie früher die ersten Christen, eine urtümliche, undifferenzierte Einheit wiederzugewinnen:

"Hier ist nicht Jude noch Grieche, hier ist nicht Sklave noch Freier, hier ist nicht Mann noch Frau; denn ihr seid allesamt einer in Christus Jesus".[4]

Die Heilige Katherina von Siena soll, nur für sich sicht-

---

[1] V. Valère: Das Haus..., a.a.O., S.172.

[2] M. Holder, a.a.O., S.333.

[3] C. Fischler, zitiert von: P. Aimez & J. Ravar, a.a.O., S.40.

[4] Galater 3, 27-28; zit. von Peter Brown, Die Keuschheit der Engel. München/Wien, C.Hanser Verlag, 1991, S.64.

bar, die Vorhaut Jesus' als Ehering getragen haben. Eine magersüchtige Frau erzählte von einem ähnlichen Traum: ihre Schamlippen wären "ausgehöhlte Hoden" (wie die der Kastraten), die sie unter sich zusammenschlug und als Windeln benutzte. Damit wurde zugleich der Wunsch nach Enthaltsamkeit und nach engelhafter Androgynität manifest. Fasten blieb für beide ein heldenhafter Beweis der Stärke und der Autonomie, genau wie das Schreiben für Violette Leduc: "Schreiben, das war kämpfen, das war mein Leben verdienen, wie die Gläubigen ihr Paradies verdienen."[1] "Ich fügte hinzu, daß ich schriebe, um geachtet zu werden."[2]

Jede Frau versuchte, auf ihre Art ihre Stimme und ihre Integrität wiederzugewinnen, wenn auch nur durch einen drastischen Verzicht auf jegliches "normale" Glück. Tania Blixen erklärte ihrem Bruder in einem Brief, wie sie dieses Opfer verstand:

"Man kann mich nicht besitzen, und auch ich habe nicht das Verlangen zu besitzen - Gott weiß, das kann Leere und Kälte mit sich bringen, aber bedrückend und beengend ist es nie. Ich weiß, auch in diesem Punkt muß ich mein Schicksal 'bedingungslos' annehmen, denn so sehr ich mich nach etwas Festerem, nach größerer Intimität in meinem Leben sehne, so passiert es mir doch immer wieder, daß ich mich dem im entscheidenden Moment entziehe. Ich sagte ja, ich wäre gern ein katholischer Priester, dazu stehe ich noch - und etwas Ähnliches bin ich ja."[3]

Die Rolle eines katholischen Priesters, das heißt einer ehelosen, androgynen und einsamen Gestalt, war der ihres Schriftsteller-Daseins nicht unähnlich. Das Schrei-

[1] V. Leduc: Die Bastardin, a.a.O., S.311.
[2] Ebd., S.400.
[3] Zitiert von J. Thurman, a.a.O., S.320.

ben schafft auch einen Ort des Schweigens, des Rück-
zugs aus der Außenwelt. Es ist auch ein Kreuz...

# EPILOG

Es ist schwierig, von der frühen Jugend zum Erwachsenen-Sein, vom Zustand der "Unschuld" zur beängstigenden Einsamkeit des verantwortlichen Menschen überzugehen. Dies erkannte schon Sartre.

Um eine Identität zu schaffen, müssen wir uns mit dem Elternteil des gleichen Geschlechts identifizieren können, sagt die Psychoanalyse: die Mutter ist für die Frau das erste und unentbehrliche Vorbild. Was aber, wenn dieses fehlt?

Das Versagen der Mutter ist zum großen Teil das Versagen einer Gesellschaft, die Jahrhunderte lang die Frauen zum Mangel an Selbstvertrauen und zur Abhängigkeit von Geld und Liebe der Männer erzog. Niemand bereitete sie gefühlsmäßig auf das Erwachsenwerden vor. Wie sollten sie dann ihre Töchter darauf vorbereiten? Heute sind die Frauen finanziell selbständig, haben die Möglichkeit, die Privilegien der Männer zu genießen, dennoch bleiben die Ängste die gleichen. Magersüchtig wird die Frau nur, wenn sie den kritischen Punkt erreicht, an dem es keinen konventionellen Ausweg mehr gibt und an dem sie einen neuen Ausweg erfinden müßte. Die Menschen sind erst machtlos, wenn sie davon ausgehen, daß sie machtlos sind, war im Zeitalter von Sartre und Beauvoir eine Botschaft der Hoffnung und der Freiheit. Eigenwille steckte in diesem Spruch, und an Eigenwillen fehlt es der magersüchtigen Frau nicht. Das Problem ist, daß viele Menschen heute den Eindruck haben, daß sie für Nichts kämpfen. Die Gründe, die für die Magersucht vorgeschoben werden, haben schließlich keinen festen Halt: weder die bloße Behauptung einer Autonomie noch die Ablehnung eines banalen und trügerischen Lebens.

Die Bulimie - noch mehr als die Anorexie - ist eine Krankheit der Gesellschaft des Überflusses, und sie bezeugt den Zusammenbruch der Gewißheiten in einer sinnlosen Welt. Die Schönheitstyrannei, der Wunsch, jung und attraktiv zu bleiben, ist der beste Beweis dafür. Die Selbstbezüglichkeit bleibt die einzige Zuflucht.

Nach Naomi Wolf befinden wir uns "mitten in einer heftigen, reaktionären Rückschlagsbewegung gegen den Feminismus", und der ehemalige Appell der Frauenrechtlerin Germaine Geer an die Frauen "Liebt eure Möse" ist verhallt. 65% aller Frauen, stellt Wolf fest, lieben ihren Körper nicht, was dazu führt, daß sie "größere soziale Ängste und ein geringeres Selbstwertgefühl haben und unter sexuellen Störungen leiden."[1] Die Tragödie beginnt wie so oft in der Kindheit, und die Botschaften der Werbung, die bei Frauen immer wieder neue Anstrengungen, aber auch Resignation auslösen, ähneln den Botschaften mancher Eltern: "Ohne Fleiß kein Preis ( = keine Liebe)." Dies hat vernichtende Folgen. Immer mehr Frauen verfallen der Eß- und Brechsucht und "kotzen sich die Seele aus dem Leib": zuweilen schon "eine tödliche Form von Normalität"[2] unter jungen Schülerinnen.

[1] N. Wolf, a.a.O., S.208.
[2] Ebd., S.257.

Susie Orbach behauptet, die moderne männerbeherrschte Psychologie spiele eine wichtige Rolle bei der immer weiteren Verbreitung der Magersucht. Sie denkt, die Männer propagierten dünne Frauenkörper und Abmagerungskuren, weil sie von der Angst vor Frauen durchdrungen seien und sie am liebsten als Ware betrachten würden. Naomi Wolf klagt die Magersucht an als "einen politischen Schaden, der (den Frauen) von einer Sozialordnung angetan wird, die ihre Vernichtung als unwesentlich betrachtet, weil man sie als zweitrangig einstuft."[1] Was passiert aber dann mit den Kindern, die schon vor Erreichen der Pubertät magersüchtig sind oder abwechselnd zuerst Nahrungsorgien feiern und dann hungern? Nach Arline und John Liggett ist die Krankengeschichte dieser Kinder ähnlich der von Jugendlichen und Erwachsenen, "nur daß bei den Jüngeren der männliche Anteil höher ist als bei den Erwachsenen."[2] Nicht nur, daß es mehr kleine Jungen gibt, die an Magersucht leiden; auch viele junge Männer sind neuerdings davon betroffen. Magersüchtige Männer sind "sehr ehrgeizig, trainieren unentwegt und wollen mit lästigen Beziehungsproblemen nichts zu tun haben. Gutes Aussehen ist alles, was ihr Herz begehrt."[3]

Ob in der Familie oder im Gesellschaftsleben, "versteht niemand niemanden", erzählen viele Magersüchtige. Es gibt keine wahre Kommunikation, keine herzliche Wärme, sondern nur Dialoge mit tauben Ohren. Schlimmer noch: sie verstehen sich selbst nicht! Wie Valérie Valère fühlen sie sich in einer Gruppe leicht zurückgestoßen und ungeliebt, mißverstanden. Gegen Kritiken können sie sich nur durch Schweigen und Abwesenheit verteidi-

---

[1] Ebd., S.295.
[2] J. & A. Liggett, a.a.O., S.29.
[3] Ebd.

gen. Das Grundproblem ihrer Unsicherheit, ihrer verlorenen Identität (sie fühlen sich oft "namenlos", "geschlechtslos", "heimatlos") liegt also nicht in der Kontrolle dessen, was sie zuführen oder nicht zuführen, sondern in der Wiederherstellung eines solideren Ichs durch geistige Nahrung, durch echte Unterhaltungen mit einer Vertrauensperson.

Nach Daniel Sibony wird es immer schwieriger, eine Unterhaltung mit den entsprechenden Ritualen, Öffnungen und Paraden zu führen. Immer häufiger gehen wir statt dessen auf den Anderen zu, um ihm etwas zu sagen, erklärt er. Man teilt also etwas mit, und falls eine Diskussion stattfindet, wird alles nach den Gesetzen der Machtergreifung besprochen.[1] Die Unterhaltung hingegen setzt die Sprache und ihre mögliche Unterbrechung (kein "Laß mich ausreden!") auf die gleiche Ebene. Beide Gesprächspartner spüren sich über die Berührung der Stimme und der Wörter, gewinnen Vertrauen zueinander. Am Anfang eines Kennenlernens kann dies eine große Hilfe sein. Die Unterhaltung muß stimulierend, ermutigend, tröstend sein, wie eine Poesie. Sie ist Gastfreundschaft.

Die warmherzige Unterstützung durch eine Vertrauensperson, (die auch ein(e) Therapeut(In) sein kann), ihre wohlwollende Neutralität und aufmerksamer Blick sind von großer Bedeutung für eine positive Übertragung, da die Wiederherstellung guter innerer Objekte das Subjekt in die Lage versetzt, Objektbeziehungen zu schaffen. Einer der wesentlichen Aspekte einer solchen Unterstützung besteht in der Notwendigkeit der aktiven und freiwilligen Teilnahme der eßgestörten Frau an ihrer eigenen Behandlung, somit an ihrer Genesung. "Je mehr Sie sprechen, desto weniger essen Sie", ist einer der

[1] Vgl. D. Sibony, a.a.O., S.289.

ersten Ratschläge, den die französischen Therapeutinnen de Castillac und Bastin ihren bulimischen Klientinnen geben. Unter "sprechen" jedoch verstehen sie nicht, sich selbst und die Anderen zu überreden oder totzureden. Viele eßgestörte Frauen tendieren nämlich dazu, den Mund sehr voll zu nehmen, ohne auch nur eines der Worte zu schmecken oder gar zu hören. Sie schlucken Wörter wie Nahrung, ohne sie gründlich zu zermahlen. So gibt es nichts zu verdauen bzw. zu assimilieren, weil es leeres Sprechen, scheinhafte Worte waren. Der Mund ist "ein voller Mund genährt mit eigener Bestätigungssucht, die Vielheit und Fremdheit nicht zulassen kann", schreibt Hanne Seitz hierzu.[1]

Eine Sprache muß gesucht werden, die den Frauen vertraut vorkommt, denn durch die Sprache allein kann wechselseitige Anerkennung stattfinden, kann Andersartigkeit nebeneinander bestehen. "Keine Verleugnung der Teile, des Wahnsinns, der Natur, des Todes, durch Hinnehmen und Verschlingen, sondern Berührung zum Anderen, Leben mit dem Gegensatz"[2], sind die Voraussetzungen für eine Heilung.

Der Körper hat seinen rechtmäßigen Platz in einer großen Kette des Seins. Die conditio humana steht in Zusammenhang mit der ewigen Suche des Menschen nach dem Lebenssinn, den ihm ein Anderer durch die Begegnung gibt. Ohne die Begegnung mit dem Anderen ist der Mensch verloren. Er kann sich selbst nur begegnen, wenn er dem Anderen begegnet, sich selbst nur lieben, wenn er "seinen Nächsten" liebt und achtet. Wenn er dem Anderen nicht begegnet, wird er sich selbst fremd und feind.

Gerade dies ist auch mit der magersüchtigen Frau ge-

---

[1] H. Seitz: Ein Vortrag, in: Körper-Bild-Sprache, a.a.O., S.99.
[2] Ebd., S.95.

schehen, denn "nichts essen" oder "heimlich essen" bedeutet, daß es keine Übereinstimmung mit den Anderen gibt. "Ich bin eine Wüste, die mit sich selber spricht", schrieb eines Tages Violette Leduc an Simone de Beauvoir.[1] Da sie weder Einsiedlerin noch Verbannte war, war es ihr Unglück, "mit niemandem ein Verhältnis der Gegenseitigkeit zu kennen".[2] In den Dialogen, die sie schrieb, schimmert ihre Ohnmacht durch, sich mitzuteilen: die Gesprächspartner sprechen Seite an Seite und antworten sich nicht; jeder hat seine Sprache, sie verstehen einander nicht. "Diese Einsamkeit, die sie zu ihrem Schicksal gemacht hat, verabscheut sie, und weil sie sie verabscheut, versinkt sie in ihr."[3]

"Ich verschlinge allein Speisen, ich ernähre mich vergeblich von Dingen, die den Geschmack der Erde haben, um häßlich und alt zu werden, um mich auszulöschen", sagte ihre "Affamée".

Bulimie-Anfälle sind Hilfeschreie. Aber die härteste Prüfung, die die eßgestörte Frau durchmachen muß, ist es, keine richtige Antwort auf ihren Appell zu bekommen. Es ist daher wichtig, daß sie ein Gefühl von Trost am Ende jeder Unterhaltung empfindet, sonst besteht die Gefahr, daß sie sich in der erstbesten Bäckerei mit Kuchen oder Schokolade tröstet. Mit dem Bauch voll von Süßem schützt sie sich vor Worten, die sie nicht hören will. Sie ist befangen in Wortpfützen, die sie jederzeit an die Leerheit der Worte erinnern. Die Angst vor der Leere wird mit Nahrung erstickt.

Die Magersucht und die Eß- und Brechsucht sind das Drama eines Menschen, der in seinem eigenen Namen das Sagen und das Handeln nicht auf sich nehmen kann,

---

[1] Zitiert von S. Beauvoir: Vorwort, in: Die Bastardin, a.a.O., S.7.
[2] Ebd., S.8.
[3] Ebd.

sei es, weil er als Objekt in der Sprache des Anderen
völlig verloren ist, sei es, weil er auf eine persönliche
Sprache verzichtet hat, da seine Bemühungen, die Umgebung durch sein Sagen zu verändern, sich als nutzlos
herausstellten.[1] Das Wort der eßgestörten Frau hatte
kein Gewicht in der Familie; und die Worte, die sie
hörte, waren Worte, in denen die Leere sprach. Häufig
sind die ausgedrückten oder nicht ausgedrückten Wünsche des Kindes auf elterliche Gleichgültigkeit gestoßen.
Die Mutter entschied über die Beschäftigungen ihres
Kindes und versuchte, es nach ihren Wünschen zu erziehen. Das kleine Mädchen konnte daher keine eigenen
Wünsche entwickeln und bekam das Gefühl, sein Leben
lang das Leben einer anderen Person zu leben.

Viele eßgestörte Frauen stellen sich die Frage, warum
sie ihre eigenen Wünsche nicht wahrnehmen können
und ahnen nicht, daß sie zum Schweigen verurteilt wurden: "Man hat mir den Schnabel geschlossen, als ich
noch nicht geboren war", schrieb Violette.[2] Andere be-
klagen sich über die schweren Mahlzeiten, die zu Hause
serviert wurden, und die nichtssagenden Gespräche bei
Tisch. Nach Françoise Dolto vermissen die Kinder heutzutage eine liebevoll servierte Nahrung, was von der
Kinder-Analytikerin als "mütterlicher Phallismus" bezeichnet wird. Wie aber soll eine berufstätige Mutter all
dies allein schaffen?

Es stimmt, daß viele Mütter in Deutschland kaum noch
oder allenfalls mit einem Gefühl der persönlichen Niederlage kochen. Man löffelt trostlos seinen Teller leer.
Die Zeit für eine ernährende Unterhaltung fehlt, im
schlimmsten Fall laufen gerade Nachrichten, und die
sind wichtiger. Nun geben die Worte des Anderen,

[1] M. Mannoni, zitiert von C. Balasc, a.a.O., S.51.
[2] V. Leduc: Die Bastardin, a.a.O., S.290.

wenn sie zweckmäßig, lebendig und echt sind, dem Empfänger die Möglichkeit, seine psychische Hülle wiederherzustellen, wenn er leidet und sich einsam fühlt, und dies, insofern die Worte des geliebten Objekts eine symbolische Haut weben, die auf der phonologischen und semantischen Ebene gleichwertig ist mit den ursprünglichen Körperkontakten zwischen dem Kleinkind und dessen mütterlicher und familiärer Umgebung. Nach Didier Anzieu ist die Herstellung dieser "Worthaut" auch möglich in der Freundschaft, in der psychoanalytischen Behandlung und in der literarischen Lektüre.[1] Marie-Victoire Rouiller machte selbst diese Erfahrung mit Nièves, ihrer spanischen Freundin:
"Dank ihr konnte ich neu geboren werden. Seit meiner Rückkehr nach Frankreich ist meine Muttersprache wieder der Hochofen meiner Wollust, das Fleisch selbst meines Begehrens geworden. Ich errichte meinen Raum im Herzen der Sprache: die Stimmen streicheln mich und die Wörter berühren mich."[2]
Violette Leduc ihrerseits fand Trost in der Literatur, ("Die Literatur führt zur Liebe, die Liebe führt zur Literatur."[3]) und Maryse Holder in der Poesie. Auch das Schreiben eines Tagebuchs kann eine wiederherstellende Funktion haben. Es stärkt nicht nur anerkannte Schriftstellerinnen, sondern alle Schreibenden, das heißt all die, die ohne ästhetischen Anspruch für sich selbst schreiben.[4] Ein Tagebuch zu schreiben, ist eine positive Art, sich einen eigenen und geheimen Raum zu schaffen, und gibt eine Hoffnung zu erkennen: die, eines Tages gelesen und verstanden zu werden.

---

[1] Vgl. D. Anzieu, a.a.O., S.233.
[2] M. V. Rouiller, a.a.O., S.86.
[3] V. Leduc: Die Bastardin, a.a.O., S.354.
[4] Vgl. D. Anzieu, a.a.O., S.233.

In sich das Kind wiederzufinden, seinen Schmerz zu zähmen, nicht sofort vor der Traurigkeit zu fliehen, sondern sie wie einen Eiterherd keimen, reifen und auslaufen zu lassen, könnte eine vorläufige, aber unerläßliche Phase der Therapie sein. Das eigene Leiden zu benennen, zu preisen und in seine kleinsten Komponenten zu zergliedern, ist ein gutes Mittel, die Trauer zu beseitigen, die die mütterliche Leerheit hervorrief. Die Einsamkeit läßt uns weniger allein, wenn sie benennbar ist und wir einen Empfänger für dieses Übermaß an Schmerz finden. Der Empfänger kann durchaus ein(e) Therapeut(in) sein, aber auch ein(e) Partner(in), der/dem es gelingt, die im Körper gefangengehaltene Mutter aufzulösen. Dies ist möglich, wenn der Partner als Lebensspender, als "Mehr-als-Mutter" phantasiert wird. Nach Julia Kristeva ist er dann kein Substitut der phallischen Mutter, sondern eine Wiedergutmachung der Mutter durch ein phallisches Verhältnis, das zugleich das "böse Introjekt" zerstört und das Subjekt aufwertet.[1] Dafür muß er sich an einem anderen Platz als dem der Mutter behaupten und der Frau das größte Geschenk machen: das eines neuen Lebens mit einer nicht erstickenden und begehrenden, noch nicht begegneten Mutter.

Es ist klar, daß die Therapeutin genügend Verfügbarkeit äußern und die Fortdauer der Beziehung über alle Hindernisse hinweg aufrechterhalten muß. Es muß vermieden werden, daß die Betroffene sich den Interpretationen von Therapeuten ausgeliefert fühlt, die vorgeben, besser als sie selbst zu wissen, was in ihr vorgeht. Auf keinen Fall darf sie in eine passive Rolle hineingedrängt und von außen beeinflußt und manipuliert werden. Die Rolle und die Haltung, die die Therapeutin annehmen muß, ist nicht leicht, weil sie ihr Ego nicht verstärkt. Sie muß

[1] J. Kristeva: Soleil noir, a.a.O., S.87.

akzeptieren, nicht alles zu wissen, auf eine konstruktive Weise ihre Ignoranz benutzen und dennoch unzweideutig versuchen, der "Klientin" aufzuzeigen, wo sie mit ihren eigenen Wünschen steht.

Eine Rückkehr in die Vergangenheit ist ein wesentlicher Aspekt des Bewußt-Werdens. Zunächst werden die psychische Einstellung der Eltern und deren Umgebung während ihrer Zeugung sowie der psychische und gesundheitliche Zustand der Mutter und ihre Wünsche während der Schwangerschaft berücksichtigt; dann wird der Familienkern und dessen Umgebung betrachtet, der Platz des kleinen Mädchens innerhalb des "Familienromans" und die Art, wie dieses die wichtigen Personen ihrer Umgebung wahrgenommen hat; schließlich wird untersucht, wie das soziale, kulturelle, geographische und politische Feld des kleinen Mädchens war, da all diese Elemente den psychischen und körperlichen Zustand des Individuums beeinflussen. Die Person wird auf diese Art und Weise in ihrer Vielseitigkeit gesehen. Eine kunsttherapeutische Methode kann als Begleitung sehr hilfreich sein. Indem die magersüchtige Frau sich selbst malt oder beschreibt als eine mythologische Figur, als Märchenfigur oder als eine Landschaft, kann sie sich selbst gestalten und sich schöpferisch unabhängig machen. ("Wenn ich mich malen würde, würden sie mich endlich wahrnehmen, mich sehen", schrieb hierzu Valérie Valère.[1]) Das Malen oder das Schreiben in der Gegenwart der Therapeutin ändert nämlich die Interaktion und die dynamische Balance; die Zweierbeziehung wird erweitert zum Dreieckverhältnis, zur "Triangulierung des potentiellen Raums".[2]

[1] Zitiert von I. Clerc, a.a.O., S.29.
[2] M. Wood: Kind und Kunsttherapie, in: Kunst als Therapie. Eine Einführung, von T. Dalley (Hrsg.). Rhaede-Widenbrück, Daedalus, 1986, S.107.

Die Therapie mit Magersüchtigen wirft uns auf die Suche des Säuglings nach dem Übergangsobjekt oder dem Spielraum (Intermezzi zwischen Mutter und Kind) zurück, dort wo das Kind seinen Vater als "Anderen der Mutter" entdeckt. Genauso wie diese Triangulierung es jedem Familienmitglied ermöglicht, einen eigenen Raum zu schaffen, kann die Therapeutin mit der Hilfe einer spielerischen Methode in gewisser Weise diesen Raum schaffen und eine Distanz zwischen sich und der Klientin einführen. Durch das Malen oder das Schreiben findet die Betroffene zudem ein Ventil für Gefühle wie Wut, Haß, Depression und Furcht. Ein Fortschritt wird aber erst erzielt, wenn sie in der Lage ist, in Worten auszudrücken, was zunächst nur bildlich dargestellt war. Das reale und ehrliche Interesse der Therapeutin für die Phantasien der Magersüchtigen bildet schließlich eine Art "narzißtischer Anerkennung", die unabdingbare Voraussetzung für ein gutes Integrieren der Triebe, so daß die Funktion des Begehrens als Stärke statt als Machtlosigkeit erscheint. "In einem Land ohne Wasser, was macht man aus dem Durst? - Stolz", antwortete Henri Michaux. "Und in einer Familie ohne Liebe?", fragte sich Valérie Valère. "- Malen, malen", dachte sie in dem Wunsch, von der Mutter gespiegelt zu werden: "Wie maman tue ich etwas Grünes auf meine Augenlider und große schwarze Striche in die Augenwinkel und noch etwas Rotes auf meine Lippen. Vielleicht hätte sie mich lieber blond? Ich leere die ganze Tube der Gelbfarbe auf meine Haare. Und ich knete die Pasten zwischen meinen Fingern, breite sie auf der Haut meines Gesichts aus und betrachte mich lange im großen Spiegel des elterlichen Schlafzimmers. Valérie-in-allen-Farben ist sehr schön."[1]

[1] Zitiert von I. Clerc, a.a.O., S.29.

Valérie fühlte sich in allen Farben schön, das heißt vollständig. Leider unternahm sie keine Therapie und ihr Appell blieb trotz ihrer Veröffentlichungen unerhört. Allein der Tod schien ihr der einzige Ausweg zu sein, und ihr Selbstmord drückte die tiefe Bestürzung eines Menschen aus, der sich nicht genug geliebt und begehrt fühlt, um zu leben. Valérie ergab sich der Faszination des Nichts, Teilaspekt dieser Faszination der Grenzenlosigkeit, die die inzestuösen Geliebten ihres Werkes "Malika" leitet, in dem der Tod sich mit dem Nichts vermischt. Ihr Selbstmord stellte vor allem dem Leben eine Frage: "Ist das Leben möglich? Hat das Leben einen Sinn?"

Seit ihrer Kindheit wünschte sie sich den Tod, und was sie in ihren Werken ausdrückt, ist das Unbehagen des Lebens, der Ausschluß von der Lebensfreude. Den Tod als eine Befreiung anzusehen, bedeutete, daß ihr Verhältnis zu der normalen Welt gebrochen war: Valérie war in gewisser Weise schon tot durch das innere Exil, zu dem sie seit ihrer Geburt verdammt wurde und das sie zum Schreiben veranlaßte: "Schreiben, um sterben zu können. Sterben, um schreiben zu können", schreibt hierzu Maurice Blanchot.[1] Dies machte auch Kafka in einem Brief an Max Brod deutlich:

"Ich habe mich durch das Schreiben nicht losgekauft. Mein Leben lang bin ich gestorben, und nun werde ich wirklich sterben. Ich selbst kann nicht weiterleben, da ich ja nicht gelebt habe, ich bin Lehm geblieben, den Funken habe ich nicht zum Feuer gemacht, sondern nur zur Illuminierung meines Leichnams benutzt."[2]

Das Überleben selbst, die elementarste aller Notwendigkeiten, erfordert den höchsten Preis, und darum spricht

[1] Vgl. M. Blanchot: L´espace littéraire. Paris, Ed. Gallimard, 1955, S.111.
[2] H. Politzer, a.a.O., S.217.

aus Kafkas Briefen jenes erlesene 'savoir-mourir', das auch Tania Blixen so tief bewunderte. Man wird vom Leben gezwungen, den Preis für die eigene Existenz zu zahlen, und er besteht aus Schmerz, Verlust und Tod. Savoir-mourir wird damit zu einem Ideal, das den Keim zur Selbstzerstörung in sich trägt. Der Selbsthaß ist dann das Schicksal, dem viele magersüchtige Frauen zum Opfer fallen, doch sind ihre Leidensgeschichten erschütternde Dokumente, die Zeugnis ablegen für all die Erniedrigten und Ausgestoßenen: "Wie soll man leben, wenn man weiß, daß Hunderte von Leuten Opfer dieses unmenschlichen Einsperrens sind; Leute, die wunderbar sind in ihrer extremen Verweigerung, die sie der Welt ins Gesicht schreien"[1], ist nach wie vor die Frage, die Valérie Valère uns stellt.

Nach Palazzoli wird die Eßverweigerung in ihrer extremsten Form - dem Hungerstreik - "zu einem idealistischen Schlag für die Freiheit, zur totalen Zurückweisung der Zwänge des Stärksten durch den Schwächsten."[2] Indem sie ihr Leben aufs Spiel setzt, beweist die magersüchtige Frau, daß ihr Wunsch nach Vollständigkeit, nach Ganzheit, nach Absolutem stärker als alles andere ist. Um so eigenwillig zu sein, muß sie aber trotz ihrer herzzerreißenden Wehklagen eine im tiefsten ihres Inneren verwurzelte Hoffnung haben, die Hoffnung, zu einer neuen Menschlichkeit, zu einem anderen Leben zu gelangen. Daher ähnelt die Magersucht einer Initiation. "Werde zu dem, was du bist, und gestatte dafür das Opfer".

In vielen Kulturen finden wir das Symbol des geopferten Sohnes oder der geopferten Tochter, wobei das Opfer einen inneren Sieg, den Sieg der geistigen Natur

[1] V. Valère: Das Haus..., a.a.O., S.152.
[2] M. S. Palazzoli, a.a.O., S.94.

über die Tiernatur feiert. Das Opfer der Magersüchtigen repräsentiert den Wunsch des Menschen nach geistigem Leben und Unschuld. Im sechsten Brief schrieb hierzu Marie-Victoire Rouiller an ihre Tante:
"Am sechsten Tag schuf Gott den Mann und die Frau, damit sie auf der Erde herrschen. Werde ich eines Tages Herrin meines Selbst sein? Werde ich wie die Erde aus dem Meer hervorragen, und mich von Ihnen trennen? Ich versuche, mein inneres Magma zu festigen, aber bei jeder Seite wird es vom Schlamm weggespült. Meine Briefe sind ein Lavastrom, eine Verwerfung schwammigen Lehms, die die Glut, die mich verzehrt, bis zu Ihnen trägt.[1]
Auch bei Violette Leduc finden wir die gleichen Schlammbilder wieder, Symbole der Rückkehr in die ursprüngliche tierische Dunkelheit und in die Undifferenziertheit, die durch die Abwesenheit des Begehrens hervorgerufen werden: "Ich hätte als Statue zur Welt kommen wollen, ich bin eine Nacktschnecke unter meinem Misthaufen." Violette wäre gern androgyn bzw. zugleich weiblich und sodomitisch wie Orpheus gewesen ("Ich verlangte von Gabriel, mich zu lieben wie ein Mann einen anderen Mann liebt. Im Mittelpunkt der Wunsch nach einem homosexuellen Paar auf meinem Lager."[2]), fühlte sich aber hermaphroditisch wie eine Schnecke, geschlechtslos, "kastriert", gefangen im mütterlichen Schlamm.
Eine intelligente Frau zu lieben, sei ein homosexuelles Vergnügen, sagte einmal Baudelaire zu der Beziehung zwischen Mann und Frau. Tania Blixen wie Violette Leduc dachten, er hätte recht, aber sie glaubten, "daß eine solche 'Homosexualität', wahre Freundschaft, Ver-

---

[1] M. V. Rouiller, a.a.O., S.25.
[2] V. Leduc: Die Bastardin, a.a.O., S.253.

ständigung, Freude zwischen zwei gleichen, parallel zueinander laufenden Lebewesen, ein menschliches Ideal war, dessen Verwirklichung die Konventionen bis heute verhindert haben."[1]

Die Position der magersüchtigen Frau ist bald weiblich, bald männlich. Sie verhält sich wie ein Mann, der nach dem Geheimnis der Frau sucht, und diese Suche ist mit Faszination und Schrecken verbunden. Die Geschlechtlichkeit verliert ihre Grenzen, und die Magerkeit (Violette z.B. wog 48 kg bei 172 cm) wird zum Passierschein eines Ausbruchs außerhalb des körperlichen Zwangs und des weiblichen Daseins. Tania Blixen, Violette Leduc und andere versuchten, in einem virilen Bewußtsein Fuß zu fassen und sich den Phallus einzuverleiben, als sie Schriftstellerinnen wurden. Tania bekannte sogar, daß sie, wäre sie ein Mann, sich "ohne Zweifel in eine Schriftstellerin verlieben würde".[2]

Das Überschreiten der geschlechtlichen Trennung durch die Aneignung männlicher Machtinstrumente ermöglicht dennoch keine Auflösung der Andersheit. Eros und Anteros bleiben von Angesicht zu Angesicht, und die Ganzheit wird nicht wiedergefunden. Die Dualität zwischen Fleisch und Geist bleibt bestehen: "Meine Blume war nicht mehr meine Blume, als ich an Ihrer Seite lebte, Maurice Sachs," schrieb Violette. "Eine Spinnwebe zwischen Ihren Seiten von Plato."[3]

Violette trauerte um ihren weiblichen Körper. Sie war der abwesende Körper, um den sie trauerte. Sie zeigte aber auch auf provokante Weise, daß die menschliche Natur nicht aus Standardkategorien besteht, in die die Menschheit hineinzupressen ist. Stattdessen gab sie den

[1] Zitiert von J. Thurman, a.a.O., S.314.
[2] Ebd., S.378.
[3] V. Leduc: Die Bastardin, a.a.O., S.367.

Blick frei auf lange verborgene Zwischenräume, die in jedem von uns existieren. Ihre Transsexualität setzte der idealen Weiblichkeit ebensosehr ein Ende wie der idealisierten Männlichkeit. Sie verkörperte wie der Kastrat des 18. Jahrhundert die Undefinierbarkeit des dritten Geschlechts.

Die Anorexie und die Bulimie sind ein Fegefeuer, das die Frauen einem "narzißtischen Loch" weihen. In der Bulimie wird das Loch und die Angst vor der Leere mit Nahrung ausgefüllt, in der Anorexie wird das Loch bzw. die Leere verzweifelt gesucht. Die Bulimikerin und die Anorektikerin befinden sich in diesem Zwischenraum, in dem alles noch möglich ist ("wenn ich nichts bin, kann ich alles sein"), zwischen Hölle und Paradies, zwischen Erde und Himmel (zwischen dem Weiblichen und dem Männlichen), zwischen dem Loch der unmenschlichen Einsamkeit und der Zwillingszelle, jener letzten Versprechung der fusionellen Liebe. Hier versuchen sie, das Mysterium ihrer Existenz zu durchdringen. ("Die Küche: ein Bauch voller Stille. Die Stille: ein Kind im Entstehen. Es war der Tag in der Nacht."[1])

Wer sehnt sich nicht danach, zumindest einmal im Leben aus seinem sozialen Korsett, aus seiner geschlechtlichen Rolle auszubrechen und ganz neu zu beginnen? Die magersüchtige Frau zeigt auf tragische Weise, daß sie sich nicht von der Gesellschaft gefangen nehmen läßt. Sie bricht aus ihrer weiblichen Rolle, aus dem goldenen Käfig des Überflusses aus, und solidarisiert sich - bewußt oder unbewußt - mit all denen, die Nichts haben, die Nichts sind: die verlassenen Kinder, die Narren, die Ausgehungerten, die Außenseiter, die Verfolgten und all die Menschen zweiter Klasse, die in unserer Gesellschaft nicht zu Wort kommen dürfen.

[1] Ebd., S.396.

Die Magersucht ist eine Botschaft an uns alle. Sie weist uns auf die Vereinsamung, auf die Leere einer Welt ohne feste Werte hin. "Der, der allein ißt, ist tot", schreibt Baudrillard.[1] "Nichts hat einen Sinn. Tiefe und anklagende Zwecklosigkeit. Ich löse mich in Einsamkeit und Traurigkeit auf"[2], fügte Valérie Valère hinzu. Und wenn die magersüchtige Frau an nichts (Nichts) glaubt, ist sie das Spiegelbild einer Welt, die an nichts mehr glaubt, es sei denn an den äußeren Schein, an das Künstliche, an den Erfolg. Eine solche Existenz ist sinnentleert.

Die magersüchtige Frau ist in jedem von uns. Nach der Soziologin Elisabeth Badinter ist das archaische Verlangen nach einer Rückkehr in die mütterliche Symbiose noch nie so stark gewesen wie heute, bei den Männern wie bei den Frauen. Wir leiden alle an der mangelnden mitmenschlichen Solidarität, am ungenügenden Interesse der Menschen füreinander, wir hungern alle nach menschlicher Zuwendung in einer "käuflichen" Welt, die ständig mehr Anpassung an Normen verlangt, die das Zeigen von Gefühlen und sogenannten "weiblichen" Eigenschaften kaum noch gestattet. Und obwohl wir uns alle nach der Zärtlichkeit einer Mutter sehnen, hören wir nicht auf die Hilfeschreie der Leidenden, auf unsere innere Stimme. Wir erkennen uns nicht in der eßgestörten Frau. Diese bleibt die verborgene Seite unserer Identität. In ihrem Abgezehrtsein ist sie nur noch das unheimliche Foto-Negativ der Weiblichkeit. Sie findet sich in der Welt nicht mehr zurecht, verirrt sich in einem riesigen Labyrinth, ohne überhaupt zu wissen, wer sie ist und wo sie steht.

Wer weiß aber schon, wer er ist? Alle hörten wir in

[1] J. Baudrillard: Amérique, a.a.O., S.21.
[2] V. Valère: Das Haus..., a.a.O., S.172.

früher Kindheit, was wir dürfen und vor allem, was wir nicht dürfen. Wir Frauen sind alle potentielle Magersüchtige, Kastraten. Wir singen aber nicht in den höchsten Tönen zum Ruhme Gottes, wir haben unsere Stimme verloren. In uns allen gibt es ein kleines verängstigtes Kind, das bereit ist, die Arme auszustrecken und zu flehen: "Laßt mich nicht allein!" Magersüchtige Frauen sind nicht allein mit ihrer Angst, mit ihren Zweifeln. Letzlich ist es immer das Individuum, das Fragen stellt und Bestehendes anzweifelt. Nur dadurch verändern sich Leben und Welt. Und so ist die Magersucht denn auch zu verstehen: als ein Versuch, eine Passage durch eine unsichtbare Eisenmauer zu bahnen, die eine Grenze zwischen dem Weiblichen und dem Männlichen, zwischen dem Sein und dem Nichts zieht. Hier ist die Hoffnung auf Licht, auf Liebe und Anerkennung, auf Vollständigkeit.

# Bibliographie

Abraham Karl (1924) *Psychonalytische Studien zur Charak-terbildung*, Frankfurt/M., S. Fischer, 1969.

Abraham Nicolas & Torok Maria, *L'écorce et le noyau*, Paris, éd. Flammarion, 1978.

Aimez Pierre & Ravar Judith, *Boulimiques. Origines et traite-ments de la boulimie*, Paris, Santé Ramsay, 1988.

Anzieu Didier, *Le Moi-peau*, Paris, Bordas, 1985.

Aulagnier Piera, *Les destins du plaisir, aliénation-amour-pas-sion*, Paris, éd. P.U.F., 1979.

  *Remarques sur la féminité et ses avatars* in *Le Désir et la Perversion*, Paris, éd. Seuil, 1967, pp.55-79.

Bachelard Gaston, *L'eau et les rêves*, Paris, Librairie José Corti, 1942.

  *La terre et les rêveries du repos*, Paris, Librairie José Corti, 1948.

Badinter Elisabeth, *L'un est l'autre*, Paris, éd. Odile Jacob, 1986.

Balasc Christiane, *Désir de rien. De l'anorexie à la boulimie*, Paris, éd. Aubier, 1990.

Barbier Patrick, *Histoire des castrats*, Paris, éd. Grasset et Fas-quelle, 1989.

343

Battegay Raymond, *Die Hungerkrankheiten. Unersättlichkeiten als krankhaftes Phänomen*, Frankfurt/M., Fischer Taschenbuch Verlag, 1987.

Baudrillard Jean, *De la Séduction. L'horizon sacré des apparences*, Paris, éd. Galilée, 1979.

  *Amérique*, Paris, éd. Grasset et Fasquelle, 1986.

Beauvoir Simone de, *Le deuxième Sexe*, Paris, Gallimard, 1949.

  *Memoiren einer Tochter aus gutem Hause*, Hamburg, Rowohlt Taschenbuch Verlag, 1968.

  Vorwort in *Die Bastardin* von Violette Leduc, Reinbek bei Hamburg, Rowohlt Taschenbuch Verlag, 1978.

Benjamin Jessica, *Die Fesseln der Liebe. Psychoanalyse, Feminismus und das Problem der Macht*, Frankfurt/-M., Stroemfeld/Roter Stern, 1990.

Blanchot Maurice, *L'espace littéraire*, Paris, éd. Gallimard, 1955.

Blank Bettina, *Magersucht in der Literatur. Zur Problematik weiblicher Identitätsfindung*, Frankfurt/M., Fischer Verlag ,1984.

Blixen Tania, *Afrika dunkel lockende Welt*, Reinbek bei Hamburg, Rowohlt Taschenbuch Verlag, 1981.

Boons Marie-Claire, *Exil in der Liebe*, ein Vortrag in *Körper-Bild-Sprache*, Ed. der Frankfurter Frauenschule, April 1991.

Brion Marcel, *Leonor Fini*, Paris, Pauvert, 1962, ohne Seitenangabe.

Brown Peter, *Die Keuschheit der Engel*, München/Wien, Carl Hanser Verlag, 1991.

Bruch Hilde, *Der goldene Käfig. Das Rätsel der Magersucht*, Frankfurt/M., Fischer Taschenbuch Verlag, 1982.

  *Conversations avec des anorexiques*, Paris, éd. Payot, 1990.

Brusset Bernard, *L'assiette et le miroir. L'anorexie mentale de l'enfant et de l'adolescent*, Toulouse, éd. Privat, 1977.

Carloni Glauco & Nobili Daniela, *La mauvaise Mère*, Paris, petite bibliothèque Payot, 1975.

Castillac Denise de & Bastin Christiane, *La Boulimie. Mieux se connaître pour en guérir*, Paris, éd. Robert Laffont, 1988.

Charcot Jean Martin, *De l'isolement dans le traitement de l'hystérie*, in Oeuvres complètes, t.III, Paris, Lecronier et Babé éd., 1890.

Chasseguet-Smirgel (Hrsg.), *Die weiblichen Schuldgefühle* (1964) in *Psychoanalyse der weiblichen Sexualität*, Frankfurt/Main, 1974.

Châtelet Nicole, *La belle et sa bête* in *Histoires de bouches*, Paris, Mercure de France, 1986.

Chevalier Jean & Gheerbrant Alain, *Dictionnaire des Symboles*, Paris, Robert Laffont/Jupiter, 1982.

Clerc Isabelle, *Valérie Valère. Un seul regard m'aurait suffi*, Paris, éd. Perrin "Terre des Femmes", 1987.

Dalley Tessa (Hg), *Kunst als Therapie. Eine Einführung*, Rhaeda-Widenbrück, Daedalus, 1986.

David Christian, *L'état amoureux*, Paris, petite bibliothèque Payot, 1971.

Desalvo Louise, *Virginia Woolf*, Kunstmann Verlag.

Deleuze Gilles & Guattari Felix, *Anti-Ödipus*, Frankfurt/M., Suhrkamp, 1981.

Devereux Georges, *Angst und Methode in den Verhaltenswissenschaften. Anthropologie*, hsg. von Wolf Lepenies/Henning Ritter, Frankfurt/M., ein Ullstein Buch, 1976.

Dolto Françoise, *Sexualité féminine*, Paris, éd. Scarabée et Co., 1982.

*Solitude*, Paris, éd. Vertiges, 1985.

Duerr Hans Peter, *Traumzeit. Über die Grenze zwischen Wildnis und Zivilisation*, Frankfurt/M., Syndikat, 1978.

Fauchery Pierre, *La destinée féminine dans le roman du 18ème Siècle*, Paris, ed. Armand Colin, 1972.

Fenichel Otto., *Die symbolische Gleichung: Mädchen = Phallus*, Internat. Zeitschr. f.Psa.22, 1936, S.299-314.

Fernandez Dominique, *Porporino ou les Mystères de Naples*, Paris, éd. Grasset et Fasquelle, 1974.

Finkielkraut Alain & Bruckner Pascal, *Die neue Liebesunordnung*, Reinbek bei Hamburg, Rowohlt Taschenbuch Verlag, Juli 1989.

Foucault Michel, *Histoire de la folie à l'âge classique*, Paris, éd. Gallimard, 1972.

Freud Sigmund, *Gesammelte Werke*, Frankfurt/M., S. Fischer, 1974. Daraus:

In Psycholgie des Unbewußten, Bd.III:

*Zur Einführung des Narzißmus* (1914)

*Metapsychologische Ergänzung zur Traumlehre* (1917)

*Trauer und Melancholie* (1917)

In Psychologische Schriften, Bd.IV:

*Das Unheimliche* (1919)

In Sexualleben, Bd.V:

*Drei Abhandlungen zur Sexualtheorie* (1905)

*Einige psychische Folgen des anatomischen Geschlechtsunterschieds* (1925)

*Über die weibliche Sexualität* (1931)

In Hysterie und Angst, Bd.VI:

*Hemmung, Symptom und Angst* (1926)

*Nachschrift zur Analyse des kleinen Hans* (1922) in Zwei Kinderneurosen (1918)

Gast Lili, *Magersucht. Der Gang durch den Spiegel*, Centaurus Verlagsgesellschaft, 1986.

Gauthier Xavière, *Surréalisme et sexualité*, Paris, éd. Gallimard, 1971.

Girard Pièr, *Oedipe masqué. Une lecture psychanalytique de l'affamée de Violette Leduc*, Paris, éd. des Femmes, 1986.

Göckel Renate, *Eßsucht oder die Scheu vor dem Leben. Eine exemplarische Therapie*, Reinbek bei Hamburg, Rowohlt Taschenbuch Verlag, 1988.

Graf Andrea, *Die Suppenkasperin. Geschichte einer Magersucht*, Frankfurt/M. Fischer Taschenbuch Verlag, 1986.

Habermas Tilmann, *Heißhunger. Historische Bedingungen der bulimia nervosa*, Frankfurt/M., Fischer Taschenbuch Verlag, 1990.

Holder Maryse, *Ich atme mit dem Herzen*, Reinbek bei Hamburg, Rowohlt Taschenbuch Verlag, 1980.

Igoin Laurence, *La boulimie et son infortune*, Paris, P.U.F., 1979.

Irigaray Luce, *Le temps de la différence*, Paris, Librairie Générale Française, 1989.

Jackson Michael, *Moonwalk*, München, Goldmann Taschenbuch, 1988.

*Dancing the Dream. Gedichte und Gedanken von Michael Jackson*, München, Goldmann Verlag, 1992.

Kafka Franz, *Ein Hungerkünstler* in Sämtliche Erzählungen, Frankfurt/M., Fischer Taschenbuch Verlag, 1970.

*Der Brief an den Vater*, Frankfurt/M., Fischer Taschenbuch Verlag, 1975.

Klein Melanie (1932), *Die Psychoanalyse des Kindes*, Wien, Fischer Taschenbuch Verlag.

347

Kohlhagen N., *Kein Entkommen* in *Durch dick und dünn*. Ein Emma-Buch, Hrsg. Schwarzer Alice, Reinbek bei Hamburg, Rowohlt Taschenbuch Verlag, 1986.

Kott Jan, *Vom Biß der Schlange* in Lettre International, Heft 7, Berlin, Winter 1989.

Kristeva Julia, *Soleil noir. Dépression et Mélancolie*, Paris, Gallimard N.R.F., 1987.

*Etrangers à nous mêmes*, Paris, Fayard, 1988.

*L'infigurable mélancolie* in Magazine littéraire, Numéro 280, Paris, Septembre 1990.

Lacan Jacques, *Ecrits*, Paris, éd. du Seuil, 1966.

Laing Ronald D. & Cooper David G., *Raison et violence*, Paris, petite bibliothèque Payot, 1964.

Laplanche J. & Pontalis J.B., *Das Vokabular der Psychoanalyse*, Frankfurt/M., Suhrkamp Taschenbuch Verlag, 1972.

Laplanche Jean, *Problématiques*, Paris, éd. P.U.F., 1980-1981.

Lawrence Marilyn, *Ich stimme nicht. Identitätskrise und Magersucht*, München, Rowohlt, 1987.

Leclaire Serge, *Psychanaliser*, Paris, éd du Seuil, 1968.

*On tue un enfant*, Paris, éd du Seuil, 1975.

Leduc Violette, *L'affamée*, Paris, éd. Gallimard, 1948.

*La bâtarde*, éd. Gallimard, 1964.

*Die Bastardin*, Reinbek bei Hamburg, Rowohlt Taschenbuch Verlag, 1978.

*Die Frau mit dem kleinen Fuchs*, München, Piper, 1990.

Libis Jean, *Le Mythe de l'androgyne*, Paris, Berg International, 1980.

Liggett Arline & John, *Die Tyrannei der Schönheit*, München, Heyne Verlag, 1990.

MacLeod Sheila, *Hungern, meine einzige Waffe. Ein autobiographisches Bericht über die Magersucht,* München, Knaur, 1983.

Mahler Margaret, *Symbiose und Individuation,* Bd.I. Psychose im frühen Kindesalter, Stuttgart, Klett, 1972.

Margerie Diane de, Préface in: *Orlando* von Virgina Woolf, Paris, éd. Stock, 1974.

Margolis Karen, *Die Knochen zeigen. Über die Sucht zu hungern,* Berlin, Rotbuch Verlag, 1985.

Meier Olga (Hrsg.), *Die Töchter von Karl Marx.* Unveröffentlichte Briefe, Frankfurt/M., Fischer Taschenbuch Verlag, 1983.

Miller Alice, *Am Anfang war Erziehung,* Frankfurt/M., Suhrkamp Taschenbuch, 1983.

Mitscherlich Margarete. *Die friedfertige Frau,* Frankfurt/M., Fischer Taschenbuch Verlag, 1992.

Nagera Humberto, *Psychoanalytische Grundbegriffe. Eine Einführung in Sigmund Freuds Terminologie und Theoriebildung,* Frankfurt/M., Fischer Taschenbuch Verlag, 1976.

Nygaard Gunvor A., *Inger oder Jede Mahlzeit ist ein Krieg,* München, Weismann Verlag, 1985.

Olivier Christiane, *Les enfants de Jocaste. L'empreinte de la mère,* Paris, Denoel/Gonthier, 1980.

Palazzoli Mara Selvini, *Magersucht,* Stuttgart, Klett-Cotta, 1986.

Perls Frederick S., *Das Ich, der Hunger und die Aggression,* Stuttgart, dtv Klett, 1978.

Platon, *Le banquet,* Paris, Belles-Lettres, 1966.

Politzer Heinz (Hsg.), *Das Kafka Buch. Eine innere Biographie in Selbstzeugnissen,* Frankfurt/M., Fischer Bücherei, 1965.

Raimbault Ginette & Eliacheff Caroline, *Les indomptables figures de l'anorexie,* Paris, éd. Odile Jacob, 1989.

Rank Otto, *Das Trauma der Geburt und seine Bedeutung für die Psychoanalyse*, Leipzig/Wien/Zürich, Internationaler Psychoanalytischer Verlag, 1924.

Rilke Rainer Maria, *Duineser Elegien*, Torino, G. Einaudi ed., 1978.

Roche Louise, *Essen als Strafe*, München, Knaur, 1987.

Sontag Susan, *Krankheit als Metapher*, Frankfurt/M., Fischer Taschenbuch Verlag, 1981.

Rosolato Guy, *Essais sur le symbolique*, Paris, Gallimard, 1969.

Rouiller Marie-Victoire, *Un corps en trop*, Aix-en-Provence, éd. Alines, 1988.

Seitz Hanne, *Zur Dekonstruktion des Körperbildes in der Bewegung*, ein Vortrag in *Körper-Bild-Sprache*, Eine Edition der Frankfurter Frauenschule, April 1991.

Serrès Michel, *L'hermaphrodite. Sarrasine sculpteur*, Paris, Flammarion, 1987.

Sibony Daniel, *Le féminin et la séduction*, Paris, éd. Grasset et Fasquelle, 1986.

Schmitz Heike, *Magersucht Schreiben* in *Weibliches Begehren*, Die Philosophin, Forum für feministische Theorie und Philosophie, Heft Nr. 6, Tübingen, ed. Diskord, Oktober 1992.

Sophokles, *Antigone*, Stuttgart, Reclam Verlag, 1955.

Spater George & Parsons Ian, *Porträt einer ungewöhnliche Ehe. Virginia und Leonard Woolf*, Frankfurt/M., Fischer Taschenbuch Verlag, 1980.

Spitz René, *De la naissance à la parole*, Paris, P.U.F., 1976.

Starobinski Jean, *Vide et création* in Magazine Littéraire, Numéro 280, Paris, septembre 1990.

Summers Anthony, *Marilyn Monroe. Die Wahrheit über ihr Leben und Sterben*, Frankfurt/M., Fischer Taschenbuch Verlag, 1988.

Thévoz Michel, *Le corps peint,* Genève, Ed. d´Art Albert Skira, 1984.

Thomä H., *Anorexia nervosa,* Stuttgart, Klett, 1961.

Thurman Judith, *Tania Blixen. Ihr Leben und Werk,* Reinbek bei Hamburg, Rowohlt Taschenbuch Verlag, 1991.

Tournier Michel, *Freitag oder Im Schoß des Pazifik,* Frankfurt/M., Fischer Taschenbuch Verlag, 1982.

Truc Gonzague, *Sainte Catherine de Sienne,* Paris, Albin Michel, 1941.

Valère Valérie, *Das Haus der verrückten Kinder,* Frankfurt / Main, Fischer Taschenbuch Verlag, 1982.

   *Malika,* München, Deutscher Taschenbuch Verlag, 1989.

   *Laisse pleurer la pluie sur tes yeux,* Paris, Librairie Plon, 1987.

Willi Jürg, *Die Zweierbeziehung,* Reinbek bei Hamburg, Rowohlt Verlag, 1975.

Winnicott D.W., *De la pédiatrie à la psychanalyse,* Paris, éd. Payot, 1969.

   *Jeu et réalité, l'espace potentiel,* Paris, éd. Gallimard N.R.F., 1975.

Wolf Naomi, *Der Mythos Schönheit,* Reinbek bei Hamburg, Rowohlt Verlag, 1991.

Wolff Charlotte, *Bisexualität,* Frankfurt/M., Fischer Taschenbuch Verlag, 1979.

Woolf Leonard, *Mein Leben mit Virginia. Erinnerungen,* Frankfurt/M., Fischer Taschenbuch Verlag, 1991.

Woolf Virginia, *Ein Zimmer für sich allein,* Frankfurt/M., Fischer Taschenbuch Verlag, 1981.

   *Augenblicke. Skizzierte Erinnerungen,* Stuttgart, Deutsche Verlags-Anstalt, 1981.

   *Orlando,* Paris, ed. Stock, 1974.